铁路沿线安全环境治理工作适用法规标准应用指南

《铁路沿线安全环境治理工作适用法规标准应用指南》编委会◎编

中国铁道出版社有限公司
CHINA RAILWAY PUBLISHING HOUSE CO., LTD.

图书在版编目（CIP）数据

铁路沿线安全环境治理工作适用法规标准应用指南 /《铁路沿线安全环境治理工作适用法规标准应用指南》编委会编 . —北京：中国铁道出版社有限公司，2024.7（2024.8 重印）
ISBN 978-7-113-31086-8

Ⅰ. ①铁…　Ⅱ. ①铁…　Ⅲ. ①轨道（铁路）- 外部环境-法规- 中国- 指南　Ⅳ. ① D922.296-62

中国国家版本馆 CIP 数据核字（2024）第 053826 号

书　　名：铁路沿线安全环境治理工作适用法规标准应用指南
作　　者：《铁路沿线安全环境治理工作适用法规标准应用指南》编委会

责任编辑：陈　胚　邵乾宇　　　　**编辑部电话：**（010）51873179
封面设计：郑春鹏
责任校对：刘　畅
责任印制：赵星辰

出版发行：中国铁道出版社有限公司（100054，北京市西城区右安门西街 8 号）
网　　址：http://www.tdpress.com
印　　刷：北京盛通印刷股份有限公司
版　　次：2024 年 7 月第 1 版　2024 年 8 月第 2 次印刷
开　　本：710 mm × 1 000 mm　1/16　**印张：**21.5　**字数：**306 千
书　　号：ISBN 978-7-113-31086-8
定　　价：168.00 元

编委会

前　言

铁路作为国家战略性、先导性、关键性重大基础设施，是国民经济大动脉、重大民生工程和综合交通运输体系骨干，在经济社会发展中的地位和作用至关重要。目前我国已建成世界上最大的高速铁路网和先进的铁路网，铁路安全是国家安全、公共安全的重要领域，事关党和国家工作大局。铁路沿线安全环境直接关系铁路运输安全畅通和人民群众生命财产安全，加强铁路沿线安全环境管理对全面构建现代化铁路安全保障体系，促进铁路高质量发展具有十分重要的意义。

为深入贯彻落实习近平总书记关于安全生产的重要论述，特别是对铁路安全工作的重要指示批示精神，贯彻国务院安委会决策部署，贯彻总体国家安全观，深化铁路安全基础建设和安全生产治本攻坚，常态化开展铁路沿线安全环境治理工作，方便广大读者学习掌握相关法规标准，中国国家铁路集团有限公司安监局组织编写了本书。

本书系统全面地梳理了我国现行与铁路沿线安全环境治理工作相关的法律法规、部门规章、国家和行业标准等，包括通用部分以及 12 项铁路沿线安全环境隐患内容，即违法施工类、违建违占类、违法取水类、河道桥梁类、倒落类、树植类、飘浮物类、采矿爆破类、危险物品类、油气管线类、交叉并行类、其他类。书中每一类都列出与其相关的法律、行政法规、部门规章、规范性文件、国家标准、行业标准等，并对相关内容进行节录，以帮助读者系统了解和认识铁路沿线安全环境治理工作。同时还收录了相关法规标准的历次版本，读者可通过扫二维码延伸阅读。本书可供从事铁路沿线安全环境管理工作的人员培训、学习使用。

因时间和水平有限，书中不妥和疏漏之处，敬请广大读者批评指正。

编者

2024 年 3 月

说　明

1.本书推荐为铁路沿线安全环境治理工作管理人员培训教材。

2.本书收录的现行有效的铁路沿线安全环境治理工作常用法律法规包括法律、行政法规、部门规章、国家和部委规范性文件，以及国家、行业标准。

3.本书在正文中对所有法律法规均列明发文字号、施行时间、适用范围等信息，以便了解法律法规的沿革和准确适用。在目录中作简化处理，一般对法律、法规、规章仅标明最新版本的颁布、施行时间，对规范性文件、司法解释标明文号。

4.本书按照铁路沿线安全环境治理工作项点和法律法规的内容合理编排，不纯以法律渊源、制定机关、发布时间等外观表征为标准，以利于集中查找相关的法律法规。

5.部分法律法规、标准规范篇秩较大、内容广泛，本书节录与铁路沿线安全环境治理工作相关的主要内容，其他从略。同时，节录的内容以尊重原文为标准，不同标准规范有可能存在不一致的表述。

6.本书对部分内容提供了二维码，读者通过扫码可以阅读延伸内容。

7.本书正文中部分标准规范的黑色加粗字体为强制性条款。

目 录

通用部分

一、法律 / 002

二、行政法规 / 004

三、部门规章和规范性文件 / 010

违法施工类

违建违占类

一、通用类 / 034

二、违建类 / 037

三、违占类 / 042

违法取水类

河道桥梁类

飘浮物类

一、通用类 / 088

二、硬质飘浮物类 / 090

采矿爆破类

一、通用类 / 104

二、采矿类 / 105

交叉并行类

一、通用类 / 246

二、公铁并行类 / 251

三、立体交叉类 / 268

四、平面交叉类 / 289

其他类

一、违法排放 / 304

二、非法烧荒 / 304

三、放养牲畜 / 305

通用部分

一、法律

中华人民共和国安全生产法

最新版本施行日期：2021 年 9 月 1 日

适用范围：

在中华人民共和国领域内从事生产经营活动的单位的安全生产，适用本法；有关法律、行政法规对消防安全和道路交通安全、铁路交通安全、水上交通安全、民用航空安全以及核与辐射安全、特种设备安全另有规定的，适用其规定。

中华人民共和国铁路法

最新版本施行日期：2015 年 4 月 24 日

适用范围：

本法所称铁路，包括国家铁路、地方铁路、专用铁路和铁路专用线。

国家铁路是指由国务院铁路主管部门管理的铁路。

地方铁路是指由地方人民政府管理的铁路。

专用铁路是指由企业或者其他单位管理，专为本企业或者本单位内部提供运输服务的铁路。

铁路专用线是指由企业或者其他单位管理的与国家铁路或者其他铁路线路接轨的岔线。

中华人民共和国治安管理处罚法

最新版本施行日期：2013 年 1 月 1 日

适用范围：

在中华人民共和国领域内发生的违反治安管理行为，除法律有特别规定的外，适用本法。

节录：

第三十五条 有下列行为之一的，处五日以上十日以下拘留，可以并处五百元以下罚款；情节较轻的，处五日以下拘留或者五百元以下罚款：

（一）盗窃、损毁或者擅自移动铁路设施、设备、机车车辆配件或者安全标志的；

（二）在铁路线路上放置障碍物，或者故意向列车投掷物品的；

（三）在铁路线路、桥梁、涵洞处挖掘坑穴、采石取沙的；

（四）在铁路线路上私设道口或者平交过道的。

第三十六条 擅自进入铁路防护网或者火车来临时在铁路线路上行走坐卧、抢越铁路，影响行车安全的，处警告或者二百元以下罚款。

中华人民共和国标准化法

最新版本施行日期：2018 年 1 月 1 日

适用范围：

本法所称标准（含标准样品），是指农业、工业、服务业以及社会事业等领域需要统一的技术要求。

标准包括国家标准、行业标准、地方标准和团体标准、企业标准。国家标准分为强制性标准、推荐性标准，行业标准、地方标准是推荐性标准。

强制性标准必须执行。国家鼓励采用推荐性标准。

二、行政法规

铁路安全管理条例（国务院令〔2013〕639号）

施行日期：2014年1月1日

节录：

第一条 为了加强铁路安全管理，保障铁路运输安全和畅通，保护人身安全和财产安全，制定本条例。

第一百零九条 专用铁路、铁路专用线的安全管理参照本条例的规定执行。

第一百一十条 本条例所称高速铁路，是指设计开行时速250公里以上（含预留），并且初期运营时速200公里以上的客运列车专线铁路。

历次版本：

《铁路运输安全保护条例》1989年版

施行日期：1989年8月15日

作废日期：2005年4月1日

《铁路运输安全保护条例》2004年版

施行日期：2005年4月1日

作废日期：2014年1月1日

违反《铁路安全管理条例》行政处罚实施办法（交通运输部令〔2013〕22号）

最新版本施行日期：2021年11月19日

适用范围：

国家铁路局和地区铁路监督管理局对违反《铁路安全管理条例》的行为实施行政处罚适用本办法。

北京市铁路沿线安全管理规定（北京市人民政府令〔2023〕308号）

施行日期：2023年4月15日

天津市铁路安全管理规定（天津市人民政府令〔2021〕28号）

施行日期：2022年3月1日

上海市铁路安全管理条例（上海市人大常委会公告〔2020〕59号）

施行日期：2021年3月1日

重庆市铁路安全管理条例（重庆市人大常委会公告〔2022〕175号）

施行日期：2022年5月1日

河北省铁路安全管理规定（河北省人民政府令〔2020〕3号）

最新版本施行日期：2021年2月1日

山西省铁路安全管理办法（山西省人民政府令〔2020〕276号）

施行日期：2021年1月1日

辽宁省铁路安全管理条例（辽宁省人大常委会公告〔2020〕67号）

施行日期：2021年2月1日

吉林省铁路安全管理条例（吉林省人大常委会公告〔2021〕61号）

施行日期：2021年6月1日

黑龙江省铁路安全管理规定（黑龙江省人民政府令〔2021〕2号）

施行日期：2021年6月1日

江苏省铁路安全管理条例（江苏省人大常委会公告〔2021〕73号）

施行日期：2022年5月1日

浙江省铁路安全管理条例（浙江省人大常委会公告〔2022〕72号）

施行日期：2022年7月1日

安徽省铁路安全管理条例（安徽省人大常委会公告〔2022〕71号）

施行日期：2022年10月1日

福建省铁路安全管理条例（福建省人大常委会公告〔2021〕65 号）

施行日期：2022 年 1 月 1 日

江西省铁路安全管理条例（江西省人大常委会公告〔2021〕113 号）

施行日期：2022 年 1 月 1 日

山东省铁路安全管理条例（山东省人大常委会公告〔2021〕151 号）

施行日期：2021 年 5 月 1 日

河南省铁路安全管理规定（河南省人民政府令〔2020〕198 号）

施行日期：2021 年 1 月 1 日

湖北省铁路安全管理办法（湖北省人民政府令〔2017〕395 号）

施行日期：2018 年 1 月 1 日

湖南省铁路安全管理条例（湖南省人大常委会公告〔2020〕61 号）

施行日期：2021 年 1 月 1 日

广东省铁路安全管理条例（广东省人大常委会公告〔2018〕13号）

施行日期：2018年12月1日

海南省铁路安全管理规定（海南省人大常委会公告〔2021〕98号）

施行日期：2022年1月1日

四川省铁路安全管理条例（四川省人大常委会公告〔2022〕111号）

施行日期：2022年5月1日

贵州省铁路安全管理条例（贵州省人大常委会公告〔2021〕27号）

施行日期：2022年1月1日

陕西省铁路安全管理办法（陕西省人民政府令〔2020〕227号）

施行日期：2021年1月15日

甘肃省铁路安全管理规定（甘肃省人民政府令〔2018〕144号）

施行日期：2018年8月1日

青海省铁路安全管理办法（青海省人民政府令〔2022〕131号）

施行日期：2022年3月1日

内蒙古自治区铁路安全管理规定（内蒙古自治区人民政府令〔2019〕241号）

施行日期：2019年11月1日

广西壮族自治区铁路安全管理条例（广西壮族自治区人大常委会公告〔2019〕18号）

施行日期：2019年10月1日

西藏自治区铁路安全管理办法（西藏自治区人民政府令〔2020〕162号）

施行日期：2021年2月1日

宁夏回族自治区铁路安全管理若干规定（宁夏回族自治区人民政府令〔2020〕114号）

施行日期：2021年3月1日

新疆维吾尔自治区铁路安全管理规定（新疆维吾尔自治区人民政府令〔2022〕227号）

施行日期：2022年5月10日

三、部门规章和规范性文件

国务院办公厅转发交通运输部等单位关于加强铁路沿线安全环境治理工作意见的通知（国办函〔2021〕第49号）

施行日期：2021年6月1日

全文：

关于加强铁路沿线安全环境治理工作的意见

铁路沿线安全环境直接关系铁路运输安全畅通。随着我国铁路特别是高速铁路运营里程不断增加，改善铁路沿线安全环境对保障铁路高质量发展和人民群众生命财产安全的作用更加突出。为加强铁路沿线安全环境治理工作，现提出以下意见。

一、总体要求

以习近平新时代中国特色社会主义思想为指导，全面贯彻党的十九大和十九届二中、三中、四中、五中全会精神，坚持人民至上、生命至上，更好统筹发展和安全，树牢底线思维，增强忧患意识，注重标本兼治，构建政府主导、部门指导、企业负责、路地协同、多方共治的工作格局，依法解决突出问题，及时消除事故隐患，去存量、控增量，有效防范化解风险，持续改善铁路沿线安全环境。

二、完善工作机制，压实各方责任，提升多方共治合力

（一）发挥部际联席会议制度统筹协调作用。铁路沿线安全环境治理部际联席会议（简称部际联席会议）按照党中央、国务院决策部署要求，加强对铁路沿线安全环境治理工作的分析研判和统筹协调，推动解决重点难点问题，建立健全治理长效机制，指导督促有关方面共同做好各项工作。各成员单位要认真落实部际联席会议确定的工作任务，畅通信息沟通渠道，联合检查重点问题隐患，主动整改职责内有关问题，积极配合其他单位消除隐患。部际

联席会议办公室要建立问题隐患排查清单和工作进展通报制度，及时跟踪了解情况，积极协调解决问题，适时组织开展督导检查，确保部际联席会议议定事项落实到位。

（二）压实各方治理责任。地方人民政府承担属地治理责任，完善工作机制，明确层级责任，保障经费投入，统一协调做好本地区铁路沿线安全环境治理工作。铁路运输企业承担产权范围内治理责任，加强内部安全管理，及时主动向地方人民政府和有关部门报告影响铁路安全的问题隐患，积极联系配合有关方面做好治理工作，按要求完成职责内治理任务。铁路监管部门承担专业监管责任，完善铁路沿线安全环境治理工作各项制度，加强协调督促，依法依规严格监管执法。国务院有关部门承担涉及本领域有关问题隐患治理的指导督促责任，按照法定职责，落实部际联席会议议定事项，指导督促系统内各单位完成治理任务。

（三）完善护路联防和“双段长”工作机制。发挥平安中国建设护路联防作用，组织专兼职护路队伍加强巡查，及时化解涉及铁路的矛盾纠纷，坚决打击破坏铁路设施和危害乘客安全的违法犯罪活动。地方人民政府分管负责同志和铁路运输企业主管领导牵头负责的“双段长”工作机制要落实巡查制度，妥善处置影响铁路安全的问题隐患，难以处置的按要求主动报告，确保早发现、早治理、早消除。将铁路沿线安全环境治理工作纳入城市运行管理服务平台等协同监管，促进监管政策、措施、力量、资源有效融合。积极组织行业专家、专业机构开展安全咨询服务，做好安全环境评估、治理方案论证等工作，提高专业治理能力。

三、坚持问题导向，实施专项行动，全力消除安全隐患

（四）实施存量隐患集中治理销号行动。以铁路两侧500米范围内的彩钢瓦、石棉瓦、树脂瓦、简易房、塑料薄膜、防尘网、广告牌等轻质物体为重点，建立存量问题隐患库，制定针对性整治方案，实行闭环销号管理，力争2022年底前全部治理完成。依法划定铁路线路安全保护区，确定铁路沿线地下水禁采区、限采区，合力推动拆除铁路线路安全保护区内违章建筑物，加强对山体边坡、跨越航道桥梁、公铁并行交叉线路等隐患点的治理，完善铁路桥梁标志标识和防撞设施，尽快改善铁路沿线安全环境。

（五）实施重点问题合力攻坚行动。加强铁路线路封闭防护管理，加快

对时速 120 公里以上线路实施全封闭改造，未全封闭前采取有效措施，确保安全；噪声影响超出有关标准的，统筹考虑建设隔声屏障。按照有关责任划分和规定程序，加快推进上跨（下穿）铁路的道路、桥梁以及其他铁路代建设施产权移交工作，铁路运输企业要认真做好问题整改工作，地方有关单位要及时组织验收，确保按期完成。加快完成铁路道口“平改立”，优先实施时速 120 公里以上线路、旅客列车径路、机动车通行繁忙道口的改造工程，有效提高安全防护能力。

（六）实施常态化持续整治行动。将铁路线路安全保护区及桥下用地纳入有关规划统筹安排。依法严厉查处在铁路线路安全保护区内未经批准擅自生产储存危险化学品、采石采矿、开采地下水、挖砂挖沟采空作业、穿越油气电管线、堆放垃圾渣土、私设道口或平过道，以及盗割铁路器材、破坏防护设施等违法行为。建立举报投诉制度，及时调查核实处理社会各界反映的问题，依法从严处置和问责，防止问题隐患反弹。

四、健全法治体系，增强监管能力，建立长效治理机制

（七）完善法规制度。加快制修订铁路法、地方铁路安全法规，夯实法治基础。完善有关规划建设、监管执法、应急处置等制度，确保各环节协调一致。编制日常巡查、联合检查、整改评估、跟踪监督等工作指南和操作手册，实现排查治理工作制度化、规范化。

（八）加强督办考核。各省级人民政府要将铁路沿线安全环境治理工作纳入平安中国建设、沿线市县安全生产、安全发展示范城市、文明城市等考核评价，作为重点工作进行督查，并定期向部际联席会议通报工作进展情况，部际联席会议办公室将组织检查。国务院安全生产委员会办公室要将铁路沿线安全环境治理工作作为对省级人民政府安全生产工作考核的内容。

（九）强化科技支撑。充分运用视频监测、自动控制、人工智能、大数据分析等手段，提升铁路沿线安全环境问题隐患排查治理、违法行为信息采集、关键环节远程监测、工作任务闭环管理等能力。建设铁路沿线安全环境治理信息平台，多渠道采集信息，全过程动态掌握工作进展，实行问题隐患验收销号管理，提高信息化、精细化治理水平。

（十）提升应急能力。开展涉及铁路沿线安全环境应急预案的评估修订工作，优化预防预警、应急准备、信息共享、协同处置、事故调查、灾后恢

复等工作程序。建立铁路值班电话与110报警服务台情况互通机制，完善铁路运输企业与公安、自然资源、交通、水利、应急、气象等部门的突发事件报警联动机制，定期组织联合演练，增强协调联动和应急处置能力。

（十一）加强舆论宣传。铁路监管部门、铁路运输企业要结合安全宣传进企业、进农村、进社区、进学校、进家庭工作，会同有关方面充分利用站车、政府网站、电视广播、报刊、新媒体等媒介，主动宣传保护铁路沿线安全环境相关法规、政策等知识，加强爱路护路教育，不断提升全社会共同改善铁路沿线安全环境的意识，营造良好舆论氛围。

国务院办公厅关于印发交通运输领域中央与地方财政事权和支出责任划分改革方案的通知（国办发〔2019〕第33号）

施行日期：2020年1月1日

节录：

二、主要内容

（三）地方财政事权。

3. 铁路。（1）城际铁路、市域（郊）铁路、支线铁路、铁路专用线。建设、养护、管理、运营等具体执行事项由地方实施或由地方委托中央企业实施。（2）由地方决策的铁路公益性运输。地方承担相应的管理职责，具体执行事项由地方实施或由地方委托中央企业实施。（3）其他事项。地方承担铁路沿线（红线外）环境污染治理和铁路沿线安全环境整治，除国家铁路、国家铁路运输企业实际管理合资铁路外的其他铁路的安全保卫职责。上述铁路领域事项由地方承担支出责任。

三、配套措施

（二）落实支出责任，强化投入保障。各地区、各有关部门要根据本方案，按规定做好预算安排和投资计划，切实落实支出责任。对属于地方财政事权的，原则上由地方政府通过自有财力安排，确保地方承担的支出责任落实到位。对地方政府履行财政事权、落实支出责任存在收支缺口的，上级政府可根据不同时期发展目标给予一定的资金支持。

（三）加强省级统筹，推进省以下改革。各地区要根据本方案精神，结合本地实际情况，按照财税体制改革要求，制定省以下交通运输领域财政事权和支出责任划分改革方案，组织推动相关改革工作。要加强省级统筹，适度加强省级政府承担交通运输基本公共服务的职责和能力，避免将过多支出责任交由基层政府承担。

国家铁路局　交通运输部　住房和城乡建设部　中国国家铁路集团有限公司　关于铁路沿线安全环境管理“双段长”制实施指导意见（国铁安监〔2021〕6号）

施行日期：2021年2月6日

全文：

各省、自治区、直辖市、新疆生产建设兵团交通运输厅（局、委）、住房和城乡建设厅（委、管委、局），北京市城市管理委员会，天津市城市管理委员会，上海市绿化和市容管理局，重庆市城市管理局，各铁路局集团公司，各地区铁路监督管理局：

全面推行铁路沿线安全环境管理“双段长”制是认真贯彻落实习近平总书记关于铁路安全工作重要指示精神的具体行动，是落实地方政府铁路沿线安全环境整治主体责任的有效举措，是确保人民群众生命财产安全、保障铁路安全运营和持续健康发展的制度创新。近年来，铁路沿线各级地方政府和铁路运输企业积极探索、组织实施“双段长”制，协调整合各方力量，有力促进了铁路沿线安全环境监管和综合整治等工作。为进一步加强铁路沿线安全环境管理工作，健全长效机制，现就“双段长”制实施提出以下意见。

一、基本原则

各级地方政府和铁路运输企业坚持安全第一、分级领导、问题导向原则，建立健全以地方政府主管领导牵头负责、铁路运输企业主责的责任体系，落实安全责任，协调各方力量，实施“协同监管，综合整治”，形成一级抓一级、层层抓落实的工作格局，解决铁路沿线安全环境监管的突出问题，全面消除安全隐患，有效净化铁路沿线环境。

二、组织形式

铁路沿线市（区）政府与铁路局集团公司层面做好组织协调工作，县

（区）对应铁路站段、乡（镇、街道）对应铁路车间设立两级“双段长”制，村（社区）与铁路班组严格执行巡查任务。由铁路部门主动与地方政府联系协调建立，具体组成由各地根据实际确定。

三、主要任务

（一）县（区）、铁路站段“双段长”工作任务。

1. 负责本行政区域内“双段长”各项工作，制定相关工作制度，定期组织联席会议和工作考核。

2. 研究解决重点安全环境隐患问题，定期组织综合整治和联合执法，消除安全隐患。

3. 制定铁路沿线安全环境联合巡查计划，并严格落实，确保安全隐患得到及时发现和妥善处置。

4. 建立完善的安全隐患问题库，对铁路沿线安全环境隐患实施闭环管理。

5. 加强市政建设和铁路交汇工程的管控，督促指导施工单位按要求办理相关施工手续，确保路地双方工程有序推进。

（二）乡（镇、街道）、铁路车间“双段长”工作任务。

1. 落实“双段长”工作制度，制定巡回图，确保铁路沿线安全环境巡查有序进行。

2. 督促指导村（社区）、班组的日常铁路沿线安全环境巡查工作，建立巡查记录和问题台账。

3. 定期开展联合巡查，及时发现并制止危及铁路安全的违法行为，对不能立即处理的安全隐患问题逐级上报。

4. 现场设置工作公示牌，及时处置群众举报的各类铁路沿线安全环境问题。

5. 定期对现场巡视人员进行业务培训，不断提高铁路沿线安全环境隐患的辨识和处置能力。

四、工作要求

（一）加强组织领导。

铁路沿线各省（自治区、直辖市）政府明确主管部门负责总体工作。铁路沿线市（区）政府会同铁路局集团公司设置双段长制办公室，组织本行政区域内“双段长”各项工作，确保到 2021 年 6 月底前全面建立健全“双段长”制。

（二）健全工作机制。

各级双段长要与相关职能部门建立铁路沿线环境综合整治和管控协调机制，加强日常管理的信息互通，资源共享，协调联动，共同管控铁路沿线安全环境，统一规划铁路沿线环境建设。路地双方要落实经费保障，地方政府应将铁路沿线安全环境治理工作所需经费纳入财政预算。

（三）强化考核问责。

定期对铁路沿线安全环境情况开展检查，结合本地区铁路沿线安全环境隐患问题发生数量和由环境因素引发的铁路交通事故情况，实行绩效评价考核，考核结果作为路地双方党政领导干部综合考核评价的重要依据。

（四）加强社会监督。

建立铁路管理保护信息公开平台，在铁路沿线显著位置设立双段长制公示牌，标明双段长职责、管护目标、监督电话等内容，接受社会监督。进一步做好宣传舆论引导，提高全社会对铁路安全保护工作的责任意识和参与意识。

高速铁路安全防护管理办法（交通运输部令〔2020〕第8号）

施行日期：2020年7月1日

适用范围：

本办法适用于设计开行时速250公里以上（含预留），并且初期运营时速200公里以上的客运列车专线铁路。

节录：

第四十四条　对高速铁路事故隐患，铁路监管部门应当责令有关单位立即排除，并加强督办落实；重大事故隐患排除前或者排除过程中无法保证安全的，铁路监管部门应当责令从危险区域内撤出人员、设备，停止作业，重大事故隐患排除后方可恢复。

相关部门发现铁路安全隐患，属于职责范围内的，应当依法责令有关单位或者个人立即排除。

第四十五条　铁路监管部门和相关部门应当依照法律法规和相关职责规定对影响高速铁路安全的行为进行处罚。

国家铁路局关于印发《铁路安全生产约谈实施办法（试行）》的通知（国铁安监〔2018〕第84号）

施行日期：2023年5月8日

全文：

铁路安全生产约谈实施办法（试行）

第一章　总则

第一条　为贯彻落实《中共中央 国务院关于推进安全生产领域改革发展的意见》（中发〔2016〕32号）精神，按照《铁路安全管理条例》《铁路交通事故应急救援和调查处理条例》等法规规定和《国务院安全生产委员会关于印发安全生产约谈实施办法（试行）的通知》（安委〔2018〕2号）等文件要求，结合铁路实际，制定本办法。

第二条　本办法所称铁路安全生产约谈（以下简称约谈），是指国家铁路局、地区铁路监督管理局、铁路安全监督管理办公室负责人约见下级铁路监督管理部门、责任单位、相关地方人民政府及部门负责人，就安全生产主体责任不落实、监督管理工作不力，发生铁路交通、工程质量安全事故及险情和隐患，进行提醒、告诫，督促整改的谈话。

第三条　国家铁路局进行的约谈，由国家铁路局负责人或指定部门负责人组织实施。地区铁路监督管理局进行的约谈，由地区铁路监督管理局负责人或指定部门负责人组织实施。铁路安全监督管理办公室进行的约谈，由铁路安全监督管理办公室负责人组织实施。

第二章　对铁路监督管理责任的约谈

第四条　国家铁路局对所辖区域铁路安全生产出现严重问题的地区铁路监督管理局、铁路安全监督管理办公室进行约谈，以督促依法履职。

第五条　有下列情形之一的，由国家铁路局负责人约谈涉及的地区铁路监督管理局、铁路安全监督管理办公室负责人：

（一）发生重大事故或6个月内发生2起较大事故的；

（二）发生造成旅客伤亡的较大事故的；

（三）发生性质严重、社会影响恶劣的较大事故的；

（四）未执行国家及行业安全生产政策措施，对存在的重大事故隐患或出现的重大险情，未按要求督促完成整改的；

（五）较大及以上事故未落实责任追究、防范和整改措施的；

（六）事故应急处置不力，致使事故危害扩大，死亡人数达到较大事故的；

（七）其他需要约谈的情形。

第三章 对铁路企业主体责任的约谈

第六条 涉及铁路业务工作的中央管理企业以及铁路局集团公司、合资和地方铁路公司、铁路工程局集团公司（含承建铁路工程的建筑工程企业，下同）、铁路建设工程设计单位、铁路建设工程监理单位、铁路设备造修企业等铁路企业是铁路安全生产的责任主体。对安全生产出现严重问题的有关铁路企业，要通过约谈加强安全监管，督促履行安全主体责任。

第七条 中央管理企业及下属单位有下列情形之一的，由国家铁路局主要负责人约谈中央管理企业负责人：

（一）发生重大事故的；

（二）发生造成旅客伤亡的较大事故的；

（三）未执行国家及行业安全生产政策措施，存在重大事故隐患或多次出现重大险情的；

（四）重大事故未落实责任追究、防范和整改措施的；

（五）其他需要约谈的情形。

第八条 有下列情形之一的，由国家铁路局负责人或指定部门主要负责人约谈铁路局集团公司、合资和地方铁路公司、铁路工程局集团公司、铁路建设工程设计单位、铁路建设工程监理单位、铁路设备造修企业等铁路企业负责人：

（一）6 个月内发生 2 起较大事故的；

（二）事故应急处置不力，致使事故危害扩大，死亡人数达到较大事故的；

（三）较大事故未落实责任追究、防范和整改措施的；

（四）重大事故隐患未按要求完成整改，或出现重大险情的；

（五）其他需要约谈的情形。

第九条 有下列情形之一的，由地区铁路监督管理局主要负责人约谈铁路局集团公司、合资和地方铁路公司、铁路工程局集团公司、铁路建设工程设计单位、铁路建设工程监理单位、铁路设备造修企业等铁路企业负责人：

（一）发生较大事故或 1 个月内发生 2 起性质严重、社会影响较大的一般事故的；

（二）事故应急处置不力，致使事故危害扩大的；

（三）较大事故或性质严重、社会影响大的一般事故未落实责任追究、防范和整改措施的；

（四）事故隐患整改不力，发生严重险情的；

（五）其他需要约谈的情形。

第十条 有下列情形之一的，由地区铁路监督管理局负责人或指定处室主要负责人约谈相关铁路企业分支机构（铁路运输生产站段、铁路工程相关单位、铁路设备造修工厂等，下同）主要负责人：

（一）发生社会影响较大、性质严重的一般事故的；

（二）事故应急处置不力，致使事故危害扩大的；

（三）社会影响较大、性质较为严重的一般事故未落实责任追究、防范和整改措施的；

（四）事故隐患整改不力，发生较大险情的；

（五）其他需要约谈的情形。

第十一条 有下列情形之一的，由铁路安全监督管理办公室主要负责人约谈相关铁路企业分支机构主要负责人：

（一）发生性质严重、造成社会影响的一般事故的；

（二）事故应急处置不力，致使事故危害扩大的；

（三）一般事故未落实责任追究、防范和整改措施的；

（四）事故隐患整改不力，发生险情的；

（五）其他需要约谈的情形。

第四章 铁路外部原因涉及地方人民政府和相关责任单位的约谈

第十二条 铁路安全与铁路沿线外部环境紧密相关，在铁路安全保护区内或铁路沿线违法生产、违法建设、滥采乱挖、冲闯道口、侵入铁路限界、破坏铁路设备设施等情况严重威胁铁路运输安全。对铁路外部原因造成严重问题依法负有责任的地方人民政府和相关责任单位要通过约谈，加强督促和整改工作。

第十三条 管理责任落实不到位，铁路外部原因引起重大事故，有下列情形之一的由国家铁路局主要负责人约谈涉及的省级人民政府分管负责人：

（一）30 日内发生 2 起的；

（二）6 个月内发生 3 起的；

（三）性质严重、社会影响恶劣的；

（四）事故应急处置不力，致使事故危害扩大死亡人数达到重大事故的；

（五）重大事故未落实责任追究、防范和整改措施的；

（六）其他需要约谈的情形。

第十四条 管理责任落实不到位，铁路外部原因导致下列情形之一的，由国家铁路局负责人或指定部门、地区铁路监督管理局主要负责人约谈涉及的省级人民政府相关部门、市级人民政府及相关责任单位负责人：

（一）发生重大事故或 6 个月内发生 3 起较大事故的；

（二）发生性质严重、社会影响恶劣的较大事故的；

（三）事故应急处置不力，致使事故危害扩大，死亡人数达到较大事故的；

（四）较大事故未落实责任追究、防范和整改措施的；

（五）国家铁路局督办的铁路外部原因重大事故隐患，未按要求完成整改的；

（六）铁路环境重大事故隐患久拖不决的；

（七）其他需要约谈的情形。

第十五条 管理责任落实不到位，铁路外部原因导致下列情形之一的，由地区铁路监督管理局负责人或指定处室、铁路安全监督管理办公室主要负责人约谈涉及的市级人民政府相关部门、县级人民政府及相关责任单位负责人：

（一）发生较大事故或 1 个月内发生 2 起一般事故的；

（二）发生性质严重、社会影响较大的一般事故的；

（三）事故应急处置不力，致使事故危害扩大的；

（四）一般事故未落实责任追究、防范和整改措施的；

（五）地区铁路监督管理局督办的铁路外部原因事故隐患，未按要求完成整改的；

（六）其他需要约谈的情形。

第五章　组织实施

第十六条　国家铁路局组织的约谈，由相关部门提出建议，经国家铁路局负责人批准后，抄送国务院安委会办公室，启动约谈程序。其中，对省级地方人民政府和中央管理企业负责人的约谈，报请国务院安委会办公室同意后，启动约谈程序。

地区铁路监督管理局组织的约谈，由相关处室或铁路安全监督管理办公室提出建议，经地区铁路监督管理局负责人批准，抄送国家铁路局安委会办公室，启动约谈程序。

铁路安全监督管理办公室组织的约谈，抄送地区铁路监督管理局安委会办公室，启动约谈程序。

约谈可邀请有关部门共同组织实施。因铁路外部原因组织的约谈，可邀请问题责任单位的上级人民政府主管部门或相关地方人民政府安委会办公室共同组织实施。共同组织实施约谈的，发起约谈的单位应与参加约谈的单位主动沟通，并就约谈事项达成一致。

第十七条　约谈经批准后，由组织约谈单位书面通知被约谈方，告知约谈事项、约谈时间、约谈地点、参加人员、需要提交的材料等。

第十八条　被约谈方应在收到约谈通知书 2 个工作日内以书面或电话形式确认通知事项。被约谈方应根据约谈事项准备书面材料，主要包括基本情况、原因分析、主要教训以及整改方案等。

第十九条　被约谈方应按通知要求组织相关人员参加约谈，涉及铁路装备供应商、服务承包商的，应一并参加约谈。约谈方除主约谈人外，还应组织与约谈事项相关的人员参加约谈。对涉及铁路外部原因的，可邀请相关铁路运输企业列席约谈。

第二十条　根据约谈工作需要，可邀请有关专家、新闻媒体、公众代表等列席约谈。

第二十一条　约谈程序：

（一）约谈方说明约谈事项和目的，通报被约谈方存在的问题；

（二）被约谈方就约谈事项进行陈述说明，提出下一步拟实施的整改方案；

（三）讨论分析确定整改方案；

（四）形成约谈纪要。

国家铁路局组织的约谈，约谈纪要抄送国务院安委会办公室。

地区铁路监督管理局组织的约谈，约谈纪要抄送国家铁路局安委会办公室。

铁路安全监督管理办公室组织的约谈，约谈纪要抄送地区铁路监督管理局安委会办公室。

第二十二条 整改措施落实与督促：

（一）被约谈方应当在约定的时限内将整改方案书面报约谈方，并应及时报告整改方案执行情况；

（二）约谈方跟踪督办整改方案执行情况，必要时进行现场检查；

（三）落实整改方案不力，连续发生事故的，由约谈方给予通报，并抄送被约谈方的上一级监察机关或主管单位，依法依规处理。

第二十三条 约谈方应将约谈纪要和被约谈方报送的材料等资料立卷存档。

第二十四条 组织约谈的单位根据政务公开的要求及时向社会公开约谈情况，接受社会监督。

第六章 附则

第二十五条 各地区铁路监督管理局、铁路安全监督管理办公室可按照本办法制定具体实施细则。

第二十六条 本办法自印发之日起实施。

铁路交通重大事故隐患判定标准（试行）（国铁安监〔2023〕第12号）

施行日期：2023年5月8日

适用范围：

本判定标准适用于判定铁路交通重大事故隐患。

节录：

第三条 铁路交通重大事故隐患主要包括铁路主要行车设备设施、铁路运输生产、铁路沿线环境、安全管理和灾害防范及应急处置等5个方面。

第六条 铁路沿线环境重大事故隐患，是指在铁路沿线一定范围内从事违反法律法规规定的生产经营活动，极易直接导致列车脱轨、冲突、相撞、火灾、爆炸重大及以上事故的隐患，有下列情形之一的：

（一）在高速铁路和旅客列车运行区段铁路线路安全保护区内，擅自建设施工、取土、挖砂、挖沟、采空作业或者其他违法行为，造成或者可能造成线路几何尺寸变化，线路基础空洞、下沉、坍塌、线路中断，或者施工机具侵入铁路建筑限界的；

（二）高速铁路和旅客列车运行区段铁路两侧危险物品生产、加工、销售、储存场所、仓库，不符合国家标准、行业标准规定的安全防护距离且未签订安全生产协议的；

（三）在高速铁路和旅客列车运行区段跨越、穿越铁路铺设，或者与铁路平行埋设，或者架设的油气管道不符合国家及行业相关规定的；

（四）高速铁路和旅客列车运行区段两侧的塔杆等高大设施，公跨铁桥梁、公铁并行道路、渡槽、线缆等设备设施（含防撞护栏、防抛网等附属设施）及日常管理不符合国家及行业相关规定的；

（五）在高速铁路两侧 200 米范围内或者有关部门依法设置的地面沉降区域地下水禁止开采区或者限制开采区抽取地下水，影响铁路基础稳定的；

（六）在高速铁路和旅客列车运行区段铁路两侧，从事采矿、采石或者爆破作业，不遵守有关采矿和民用爆破的法律法规、国家标准、行业标准和铁路安全保护要求的；或者在线路两侧及隧道上方中心线两侧各 1 000 米范围内从事露天采矿、采石或者爆破作业的；

（七）违反国家《生产建设项目水土保持技术标准》规定，擅自在铁路两侧设置弃土（石、渣）场或者采矿（采空）区，开挖山体、河道等动土作业，造成影响行洪、产生泥石流或者山体滑坡的；

（八）在高速铁路和旅客列车运行区段铁路桥梁跨越处，河道上游 500 米、下游规定范围内（桥长不足 100 米的为 1 000 米、桥长 100~500 米的为 2 000 米、桥长 500 米以上的为 3 000 米）采砂、淘金的；

（九）在高速铁路和旅客列车运行区段铁路桥梁跨越处，河道上下游各 1 000 米范围内围垦造田、拦河筑坝、架设浮桥或者修建其他影响铁路桥梁安全设施，或者在河道上下游各 500 米范围内进行疏浚作业的；

（十）在高速铁路和旅客列车运行区段铁路隧道上方山体违规进行钻探作业的；

（十一）高速铁路和旅客列车运行区段两侧铁路地界以外的山坡地水土保持治理不到位，存在溜坍侵入铁路限界现实危险的。

新建铁路项目运营安全评估办法（铁安监〔2021〕196号）

施行日期：2021年12月31日

适用范围：

本办法适用于国铁集团及铁路局集团公司对新建或改建铁路项目（含国家铁路、国铁控股铁路、委托铁路局集团公司运输管理的非控股合资铁路），通过初步验收后开通前进行的运营安全评估。

关于规范开展高速铁路项目依法开通工作的实施办法（铁办〔2020〕82号）

施行日期：2020年5月15日

违法施工类

中华人民共和国安全生产法

最新版本施行日期：2021 年 9 月 1 日

节录：

第四十八条 两个以上生产经营单位在同一作业区域内进行生产经营活动，可能危及对方生产安全的，应当签订安全生产管理协议，明确各自的安全生产管理职责和应当采取的安全措施，并指定专职安全生产管理人员进行安全检查与协调。

第一百零四条 两个以上生产经营单位在同一作业区域内进行可能危及对方安全生产的生产经营活动，未签订安全生产管理协议或者未指定专职安全生产管理人员进行安全检查与协调的，责令限期改正，处五万元以下的罚款，对其直接负责的主管人员和其他直接责任人员处一万元以下的罚款；逾期未改正的，责令停产停业。

中华人民共和国铁路法

最新版本施行日期：2015 年 4 月 24 日

节录：

第四十六条 在铁路线路和铁路桥梁、涵洞两侧一定距离内，修建山塘、水库、堤坝，开挖河道、干渠，采石挖砂，打井取水，影响铁路路基稳定或者危害铁路桥梁、涵洞安全的，由县级以上地方人民政府责令停止建设或者采挖、打井等活动，限期恢复原状或者责令采取必要的安全防护措施。

在铁路线路上架设电力、通讯线路，埋置电缆、管道设施，穿凿通过铁路路基的地下坑道，必须经铁路运输企业同意，并采取安全防护措施。

中华人民共和国水土保持法

最新版本施行日期：2011 年 3 月 1 日

适用范围：

本法所称水土保持，是指对自然因素和人为活动造成水土流失所采取的预防和治理措施。

节录：

第三条 一切单位和个人都有保护水土资源、防治水土流失的义务，并有权对破坏水土资源、造成水土流失的单位和个人进行检举。

第十八条 修建铁路、公路和水工程，应当尽量减少破坏植被；废弃的沙、石、土必须运至规定的专门存放地堆放，不得向江河、湖泊、水库和专门存放地以外的沟渠倾倒；在铁路、公路两侧地界以内的山坡地，必须修建护坡或者采取其他土地整治措施；工程竣工后，取土场、开挖面和废弃的砂、石、土存放地的裸露土地，必须植树种草，防止水土流失。

开办矿山企业、电力企业和其他大中型工业企业，排弃的剥离表土、矸石、尾矿、废渣等必须堆放在规定的专门存放地，不得向江河、湖泊、水库和专门存放地以外的沟渠倾倒；因采矿和建设使植被受到破坏的，必须采取措施恢复表土层和植被，防止水土流失。

第十九条 在山区、丘陵区、风沙区修建铁路、公路、水工程，开办矿山企业、电力企业和其他大中型工业企业，在建设项目环境影响报告书中，必须有水行政主管部门同意的水土保持方案。水土保持方案应当按照本法第十八条的规定制定。

铁路安全管理条例（国务院令〔2013〕639号）

施行日期：2014年1月1日

节录：

第七条 禁止扰乱铁路建设、运输秩序。禁止损坏或者非法占用铁路设施设备、铁路标志和铁路用地。

第九条 从事铁路建设工程勘察、设计、施工、监理活动的单位应当依法取得相应资质，并在其资质等级许可的范围内从事铁路工程建设活动。

第十一条 铁路建设工程的勘察、设计、施工、监理应当遵守法律、行政法规关于建设工程质量和安全管理的规定，执行国家标准、行业标准和技术规范。

第十六条 在铁路线路及其邻近区域进行铁路建设工程施工，应当执行铁路营业线施工安全管理规定。铁路建设单位应当会同相关铁路运输企业和工程设计、施工单位制定安全施工方案，按照方案进行施工。施工完毕应当及时清理现场，不得影响铁路运营安全。

第二十五条 用于铁路运输的安全检测、监控、防护设施设备，集装箱和集装化用具等运输器具，专用装卸机械、索具、篷布、装载加固材料或者装置，以及运输包装、货物装载加固等，应当符合国家标准、行业标准和技术规范。

第三十条 在铁路线路安全保护区内建造建筑物、构筑物等设施，取土、挖砂、挖沟、采空作业或者堆放、悬挂物品，应当征得铁路运输企业同意并签订安全协议，遵守保证铁路安全的国家标准、行业标准和施工安全规范，采取措施防止影响铁路运输安全。铁路运输企业应当派员对施工现场实行安全监督。

第四十六条 设置或者拓宽铁路道口、铁路人行过道，应当征得铁路运输企业的同意。

第五十二条 禁止实施下列危及铁路通信、信号设施安全的行为：

（一）在埋有地下光（电）缆设施的地面上方进行钻探，堆放重物、垃圾，焚烧物品，倾倒腐蚀性物质；

（二）在地下光（电）缆两侧各 1 米的范围内建造、搭建建筑物、构筑物等设施；

（三）在地下光（电）缆两侧各 1 米的范围内挖砂、取土；

（四）在过河光（电）缆两侧各 100 米的范围内挖砂、抛锚或者进行其他危及光（电）缆安全的作业。

第八十九条 未经铁路运输企业同意或者未签订安全协议，在铁路线路安全保护区内建造建筑物、构筑物等设施，取土、挖砂、挖沟、采空作业或者堆放、悬挂物品，或者违反保证铁路安全的国家标准、行业标准和施工安全规范，影响铁路运输安全的，由铁路监督管理机构责令改正，可以处 10 万元以下的罚款。

铁路运输企业未派员对铁路线路安全保护区内施工现场进行安全监督的，由铁路监督管理机构责令改正，可以处 3 万元以下的罚款。

第九十二条 铁路运输企业、道路管理部门或者道路经营企业未履行铁路、道路两用桥检查、维护职责的，由铁路监督管理机构或者上级道路管理部门责令改正；拒不改正的，由铁路监督管理机构或者上级道路管理部门指定其他单位进行养护和维修，养护和维修费用由拒不履行义务的铁路运输企业、道路管理部门或者道路经营企业承担。

历次版本：参见通用部分。

高速铁路安全防护管理办法（交通运输部令〔2020〕8号）

施行日期：2020年7月1日

节录：

第十六条 跨越、下穿或者并行高速铁路线路的油气、供气供热、供排水、电力等管线规划、设计、施工应当满足相关国家标准、行业标准及管理规定。施工前应当向铁路运输企业通报，与铁路运输企业协商一致后方可施工，必要时铁路运输企业可以派员进行安全防护。对跨越高速铁路的电力线路，应当采取可靠的防坠落措施。

第二十二条 在高速铁路线路及其邻近区域进行施工作业，应当符合工程建设安全管理规定，并执行铁路营业线施工安全管理规定。建设单位应当会同设计、施工单位与铁路运输企业共同制定安全施工方案，按照方案进行施工。施工完毕应当及时清理现场，不得影响高速铁路运营安全。

铁路运输企业应当向社会公布办理铁路营业线施工手续的部门以及相应的渠道，及时办理相关手续。

在高速铁路线路安全保护区内和纳入邻近营业线施工计划的施工，铁路运输企业应当按照国家规定派员对施工现场实行安全监督。

第四十五条 铁路监管部门和相关部门应当依照法律法规和相关职责规定对影响高速铁路安全的行为进行处罚。

国家铁路局关于印发《铁路营业线施工安全管理办法》的通知（国铁运输监〔2021〕31号）

施行日期：2021年12月1日

适用范围：

本办法适用于国家铁路、地方铁路营业线施工安全管理。邻近营业线施工纳入营业线施工安全管理范畴。

铁路营业线施工是指影响营业线设备稳定、使用和行车安全的作业。

邻近营业线施工是指在营业线邻近区域，影响或可能影响铁路营业线设备稳定、使用和行车安全的作业。

节录：

第三条　铁路营业线施工应当坚持人民至上、生命至上，把保护人民生命安全摆在首位，树牢安全发展理念，坚持安全第一、预防为主、综合治理的方针，从源头上防范化解安全风险。

第四条　营业线施工各参与单位应当牢固树立安全意识，全面落实安全生产主体责任，严格执行各项规章制度，建立健全安全责任制，加强从业人员教育和培训，保障安全投入，落实安全措施，正确处理施工与行车安全的关系，构建安全风险分级管控和隐患排查治理双重预防机制，健全风险防范化解机制，提高安全管理水平，确保安全生产。

第五条　参与营业线施工的各单位主要负责人是本单位营业线施工安全生产第一责任人，对本单位的安全生产工作全面负责。其他负责人对职责范围内的安全生产工作负责。

第二十二条　非铁路运输企业和个人涉及铁路营业线施工，应当向铁路运输企业提出申请。铁路运输企业接到申请后，按规定及时办理。

第二十五条　营业线施工中，施工单位应当在施工调度命令指定的时间内完成作业。严格执行技术标准、作业标准、工艺流程和安全防护、作业卡控措施，严禁无计划、超范围、无命令作业，确保施工质量。设备管理单位应当认真配合并严格把关。

第四十六条　施工（维修）负责人应当具备必需的施工（维修）安全素质，对施工（维修）项目的安全工作全面负责。

施工项目经理、副经理，安全、技术、质量等主要负责人应当经过铁路运输企业营业线施工安全培训，未经培训或培训不合格的人员不得担任上述工作。

营业线施工单位的安全员、防护员、联络员、带班人员和工班长应当经过铁路运输企业营业线施工相关知识培训，未经培训或培训不合格的人员不得担任上述工作。

第五十条 营业线施工单位应当严格执行铁路各项规章制度。对于营业线施工前超范围准备、施工中挖断光电缆、爆破损坏行车设备、作业车辆溜逸、轨道车辆违章行驶、施工后线路未达到放行列车条件违章放行列车、开通后整修线路不及时、机械和料具侵限、使用封连线和违章使用手摇把等危及行车安全的问题，应当制定防范措施，坚决杜绝此类问题发生。施工料具应当集中管理，必要时派人看守。对影响行车的各个环节，应当加强管理，落实措施，严密防范，确保安全。

第五十四条 铁路监管部门应当及时查处和制止影响铁路安全的营业线施工违法违规行为，依法实施行政处罚、责任追究，按规定进行公告；依法对因铁路营业线施工发生的铁路交通事故进行调查分析、定责处理。

第五十七条 铁路监管部门应当及时处理对营业线施工安全事故、事故隐患或监督检查人员违法行为的检举、控告和投诉。

高速铁路安全防护设计规范（TB 10671—2019）

施行日期：2020 年 2 月 1 日

适用范围：

本规范适用于高速铁路安全防护工程设计。

节录：

4.5.8 高速铁路浅埋隧道及城市隧道沿线应当设立安全保护区，安全保护区范围应符合有关标准的规定。不得在安全保护区内从事打桩、取土、挖沟、采空或者堆放等危害隧道结构正常使用功能的作业。在安全保护区内建造建筑物、构筑物等设施应进行安全评估，并征得铁路运输企业同意。

违建违占类

一、通用类

中华人民共和国行政强制法

施行日期：2012 年 1 月 1 日

适用范围：

行政强制的设定和实施，适用本法。

节录：

第四十四条 对违法的建筑物、构筑物、设施等需要强制拆除的，应当由行政机关予以公告，限期当事人自行拆除。当事人在法定期限内不申请行政复议或者提起行政诉讼，又不拆除的，行政机关可以依法强制拆除。

第五十条 行政机关依法作出要求当事人履行排除妨碍、恢复原状等义务的行政决定，当事人逾期不履行，经催告仍不履行，其后果已经或者将危害交通安全、造成环境污染或者破坏自然资源的，行政机关可以代履行，或者委托没有利害关系的第三人代履行。

铁路安全管理条例（国务院令〔2013〕639 号）

施行日期：2014 年 1 月 1 日

节录：

第二十七条 铁路线路两侧应当设立铁路线路安全保护区。铁路线路安全保护区的范围，从铁路线路路堤坡脚、路堑坡顶或者铁路桥梁（含铁路、道路两用桥，下同）外侧起向外的距离分别为：

（一）城市市区高速铁路为 10 米，其他铁路为 8 米；

（二）城市郊区居民居住区高速铁路为 12 米，其他铁路为 10 米；

（三）村镇居民居住区高速铁路为 15 米，其他铁路为 12 米；

（四）其他地区高速铁路为 20 米，其他铁路为 15 米。

前款规定距离不能满足铁路运输安全保护需要的，由铁路建设单位或者铁路运输企业提出方案，铁路监督管理机构或者县级以上地方人民政府依照本条第三款规定程序划定。

在铁路用地范围内划定铁路线路安全保护区的，由铁路监督管理机构组织铁路建设单位或者铁路运输企业划定并公告。在铁路用地范围外划定铁路线路安全保护区的，由县级以上地方人民政府根据保障铁路运输安全和节约用地的原则，组织有关铁路监督管理机构、县级以上地方人民政府国土资源等部门划定并公告。

铁路线路安全保护区与公路建筑控制区、河道管理范围、水利工程管理和保护范围、航道保护范围或者石油、电力以及其他重要设施保护区重叠的，由县级以上地方人民政府组织有关部门依照法律、行政法规的规定协商划定并公告。

新建、改建铁路的铁路线路安全保护区范围，应当自铁路建设工程初步设计批准之日起 30 日内，由县级以上地方人民政府依照本条例的规定划定并公告。铁路建设单位或者铁路运输企业应当根据工程竣工资料进行勘界，绘制铁路线路安全保护区平面图，并根据平面图设立标桩。

第二十八条 设计开行时速 120 公里以上列车的铁路应当实行全封闭管理。铁路建设单位或者铁路运输企业应当按照国务院铁路行业监督管理部门的规定在铁路用地范围内设置封闭设施和警示标志。

第三十条 在铁路线路安全保护区内建造建筑物、构筑物等设施，取土、挖砂、挖沟、采空作业或者堆放、悬挂物品，应当征得铁路运输企业同意并签订安全协议，遵守保证铁路安全的国家标准、行业标准和施工安全规范，采取措施防止影响铁路运输安全。铁路运输企业应当派员对施工现场实行安全监督。

第三十一条 铁路线路安全保护区内既有的建筑物、构筑物危及铁路运输安全的，应当采取必要的安全防护措施；采取安全防护措施后仍不能保证安全的，依照有关法律的规定拆除。

拆除铁路线路安全保护区内的建筑物、构筑物，清理铁路线路安全保护区内的植物，或者对他人在铁路线路安全保护区内已依法取得的采矿权等合法权利予以限制，给他人造成损失的，应当依法给予补偿或者采取必要的补救措施。但是，拆除非法建设的建筑物、构筑物的除外。

第八十九条 未经铁路运输企业同意或者未签订安全协议，在铁路线路安全保护区内建造建筑物、构筑物等设施，取土、挖砂、挖沟、采空作业或者堆放、悬挂物品，或者违反保证铁路安全的国家标准、行业标准和施工安全规范，影响铁路运输安全的，由铁路监督管理机构责令改正，可以处 10 万元以下的罚款。

铁路运输企业未派员对铁路线路安全保护区内施工现场进行安全监督的，由铁路监督管理机构责令改正，可以处 3 万元以下的罚款。

历次版本： 参见通用部分。

高速铁路安全防护管理办法（交通运输部令〔2020〕8 号）

施行日期：2020 年 7 月 1 日

节录：

第十三条　禁止在高速铁路线路安全保护区内烧荒、放养牲畜。

禁止向高速铁路线路安全保护区排污、倾倒垃圾以及其他危害铁路安全的物质。

禁止擅自进入、毁坏、移动高速铁路安全防护设施。

在高速铁路线路安全保护区内建造建筑物、构筑物等设施，取土、挖砂、挖沟、采空作业或者堆放、悬挂物品，必须符合保证高速铁路安全的国家标准、行业标准，征得铁路运输企业同意并签订安全协议，遵守施工安全规范，采取措施防止影响铁路运输安全。铁路运输企业应当公布办理相关手续的部门以及相应的渠道，及时办理相关手续，并派员对施工现场实行安全监督。

第二十六条　高速铁路应当实行全封闭管理，范围包括线路、车站、动车存放场所、隧道斜井和竖井的出入口，以及其他与运行相关的附属设备设施处所。铁路建设单位或者铁路运输企业应当按照国家铁路局的规定在铁路用地范围内设置封闭设施和警示标志。

高速铁路高架桥下的铁路用地，应当根据周边生产、生活环境情况，按照确保高速铁路设备设施安全的要求，实行封闭管理或者保护性利用管理。

第二十八条　铁路运输企业应当在高速铁路沿线桥头、隧道口、路基地段等易进入重点区段安装、设置周界入侵报警系统。站台两端应当安装、设置警示标志和封闭设施，防止无关人员进入高速铁路线路。高速铁路周界入侵报警系统应当符合相关国家标准、行业标准。

高速铁路沿线视频监控建设应当纳入当地公共安全视频监控建设联网应用工作体系，并充分利用公共通信杆塔等资源，减少重复建设。

国务院关于保护铁路设施确保铁路运输安全畅通的通知

施行日期：1982 年 12 月 20 日

节录：

一、凡是铁路部门按一九五〇年中央人民政府政务院颁布的《铁路留用土地办法》和一九八二年国务院颁布的《国家建设征用土地条例》的规定，合法留用和征用的土地，均属铁路用地，由铁路部门管理。铁路用地不得视为征而未用的土地，严禁随意占用。任何单位和个人，未经铁路部门同意，不得在铁路用地内修建永久性或临时性建筑物。

各地在编制城建规划时，要注意铁路的发展规划，考虑铁路用地的需要。

现已被外单位和个人占用的铁路用地，由铁路部门报请当地人民政府及土地管理部门，按国家颁布的有关法令，根据具体情况加以解决。

二、任何单位都不得在铁路地界内（如地界不明，在距路堤护道坡脚十米范围内）和路堑堑顶至铁路一侧分水岭的自然山坡上开垦种植和挖渠修塘。

三、凡在铁路路基边坡、护道上、水沟中以及铁路两侧的滑坡禁耕区种上农作物和果树的，限期在收获以后一律禁种，并将果树迁出铁路地界。在铁路用地界内的坟墓，亦应限期迁出。未迁出之前，占用单位必须采取措施，确保铁路路基稳定。

二、违建类

中华人民共和国城乡规划法

最新版本施行日期：2019 年 4 月 23 日

适用范围：

制定和实施城乡规划，在规划区内进行建设活动，必须遵守本法。

本法所称城乡规划，包括城镇体系规划、城市规划、镇规划、乡规划和村庄规划。城市规划、镇规划分为总体规划和详细规划。详细规划分为控制性详细规划和修建性详细规划。

本法所称规划区，是指城市、镇和村庄的建成区以及因城乡建设和发展需要，必须实行规划控制的区域。规划区的具体范围由有关人民政府在组织编制的城市总体规划、镇总体规划、乡规划和村庄规划中，根据城乡经济社会发展水平和统筹城乡发展的需要划定。

节录：

第四十四条 在城市、镇规划区内进行临时建设的，应当经城市、县人民政府城乡规划主管部门批准。临时建设影响近期建设规划或者控制性详细规划的实施以及交通、市容、安全等的，不得批准。

临时建设应当在批准的使用期限内自行拆除。

临时建设和临时用地规划管理的具体办法，由省、自治区、直辖市人民政府制定。

第四十五条 县级以上地方人民政府城乡规划主管部门按照国务院规定对建设工程是否符合规划条件予以核实。未经核实或者经核实不符合规划条件的，建设单位不得组织竣工验收。

建设单位应当在竣工验收后六个月内向城乡规划主管部门报送有关竣工验收资料。

第六十四条 未取得建设工程规划许可证或者未按照建设工程规划许可证的规定进行建设的，由县级以上地方人民政府城乡规划主管部门责令停止建设；尚可采取改正措施消除对规划实施的影响的，限期改正，处建设工程造价百分之五以上百分之十以下的罚款；无法采取改正措施消除影响的，限期拆除，不能拆除的，没收实物或者违法收入，可以并处建设工程造价百分之十以下的罚款。

第六十五条 在乡、村庄规划区内未依法取得乡村建设规划许可证或者未按照乡村建设规划许可证的规定进行建设的，由乡、镇人民政府责令停止建设、限期改正；逾期不改正的，可以拆除。

第六十六条 建设单位或者个人有下列行为之一的，由所在地城市、县人民政府城乡规划主管部门责令限期拆除，可以并处临时建设工程造价一倍以下的罚款：

（一）未经批准进行临时建设的；

（二）未按照批准内容进行临时建设的；

（三）临时建筑物、构筑物超过批准期限不拆除的。

第六十七条 建设单位未在建设工程竣工验收后六个月内向城乡规划主管部门报送有关竣工验收资料的，由所在地城市、县人民政府城乡规划主管部门责令限期补报；逾期不补报的，处一万元以上五万元以下的罚款。

第六十八条 城乡规划主管部门作出责令停止建设或者限期拆除的决定后，当事人不停止建设或者逾期不拆除的，建设工程所在地县级以上地方人民政府可以责成有关部门采取查封施工现场、强制拆除等措施。

中华人民共和国土地管理法

最新版本施行日期：2020 年 1 月 1 日

节录：

第八十三条 依照本法规定，责令限期拆除在非法占用的土地上新建的建筑物和其他设施的，建设单位或者个人必须立即停止施工，自行拆除；对继续施工的，作出处罚决定的机关有权制止。建设单位或者个人对责令限期拆除的行政处罚决定不服的，可以在接到责令限期拆除决定之日起十五日内，向人民法院起诉；期满不起诉又不自行拆除的，由作出处罚决定的机关依法申请人民法院强制执行，费用由违法者承担。

中华人民共和国防洪法

最新版本施行日期：2016 年 7 月 2 日

节录：

第二十六条 对壅水、阻水严重的桥梁、引道、码头和其他跨河工程设施，根据防洪标准，有关水行政主管部门可以报请县级以上人民政府按照国务院规定的权限责令建设单位限期改建或者拆除。

第二十七条 建设跨河、穿河、穿堤、临河的桥梁、码头、道路、渡口、管道、缆线、取水、排水等工程设施，应当符合防洪标准、岸线规划、航运要求和其他技术要求，不得危害堤防安全，影响河势稳定、妨碍行洪畅通；其可行性研究报告按照国家规定的基本建设程序报请批准前，其中的工程建设方案应当经有关水行政主管部门根据前述防洪要求审查同意。

前款工程设施需要占用河道、湖泊管理范围内土地，跨越河道、湖泊空间或者穿越河床的，建设单位应当经有关水行政主管部门对该工程设施建设的位置和界限审查批准后，方可依法办理开工手续；安排施工时，应当按照水行政主管部门审查批准的位置和界限进行。

中华人民共和国土地管理法实施条例（国务院令〔2021〕743号）

施行日期：2021年9月1日

节录：

第五十二条 违反《土地管理法》第五十七条的规定，在临时使用的土地上修建永久性建筑物的，由县级以上人民政府自然资源主管部门责令限期拆除，按占用面积处土地复垦费5倍以上10倍以下的罚款；逾期不拆除的，由作出行政决定的机关依法申请人民法院强制执行。

第五十三条 违反《土地管理法》第六十五条的规定，对建筑物、构筑物进行重建、扩建的，由县级以上人民政府自然资源主管部门责令限期拆除；逾期不拆除的，由作出行政决定的机关依法申请人民法院强制执行。

国有土地上房屋征收与补偿条例（国务院令〔2011〕590号）

施行日期：2011年1月21日

节录：

第二十四条 市、县级人民政府及其有关部门应当依法加强对建设活动的监督管理，对违反城乡规划进行建设的，依法予以处理。

市、县级人民政府作出房屋征收决定前，应当组织有关部门依法对征收范围内未经登记的建筑进行调查、认定和处理。对认定为合法建筑和未超过批准期限的临时建筑的，应当给予补偿；对认定为违法建筑和超过批准期限的临时建筑的，不予补偿。

村庄和集镇规划建设管理条例（国务院令〔1993〕116号）

施行日期：1993年11月1日

适用范围：

制定和实施村庄、集镇规划，在村庄、集镇规划区内进行居民住宅、乡（镇）村企业、乡（镇）村公共设施和公益事业等的建设，必须遵守本条例。但是，国家征用集体所有的土地进行的建设除外。

在城市规划区内的村庄、集镇规划的制定和实施，依照城市规划法及其实施条例执行。

节录：

第三十六条 在村庄、集镇规划区内，未按规划审批程序批准而取得建设用地批准文件，占用土地的，批准文件无效，占用的土地由乡级以上人民政府责令退回。

第三十七条 在村庄、集镇规划区内，未按规划审批程序批准或者违反规划的规定进行建设，严重影响村庄、集镇规划的，由县级人民政府建设行政主管部门责令停止建设，限期拆除或者没收违法建筑物、构筑物和其他设施；影响村庄、集镇规划，尚可采取改正措施的，由县级人民政府建设行政主管部门责令限期改正，处以罚款。

农村居民未经批准或者违反规划的规定建住宅的，乡级人民政府可以依照前款规定处罚。

第四十条 擅自在村庄、集镇规划区内的街道、广场、市场和车站等场所修建临时建筑物、构筑物和其他设施的，由乡级人民政府责令限期拆除，并可处以罚款。

三、违占类

中华人民共和国铁路法

最新版本施行日期：2015 年 4 月 24 日

节录：

第三十七条 已经取得使用权的铁路建设用地，应当依照批准的用途使用，不得擅自改作他用；其他单位或者个人不得侵占。侵占铁路建设用地的，由县级以上地方人民政府土地管理部门责令停止侵占、赔偿损失。

中华人民共和国城乡规划法

最新版本施行日期：2019 年 4 月 23 日

节录：

第三条 城市和镇应当依照本法制定城市规划和镇规划。城市、镇规划区内的建设活动应当符合规划要求。

县级以上地方人民政府根据本地农村经济社会发展水平，按照因地制宜、切实可行的原则，确定应当制定乡规划、村庄规划的区域。在确定区域内的乡、村庄，应当依照本法制定规划，规划区内的乡、村庄建设应当符合规划要求。

县级以上地方人民政府鼓励、指导前款规定以外的区域的乡、村庄制定和实施乡规划、村庄规划。

第九条 任何单位和个人都应当遵守经依法批准并公布的城乡规划，服从规划管理，并有权就涉及其利害关系的建设活动是否符合规划的要求向城乡规划主管部门查询。

任何单位和个人都有权向城乡规划主管部门或者其他有关部门举报或者控告违反城乡规划的行为。城乡规划主管部门或者其他有关部门对举报或者控告，应当及时受理并组织核查、处理。

第四十条　在城市、镇规划区内进行建筑物、构筑物、道路、管线和其他工程建设的，建设单位或者个人应当向城市、县人民政府城乡规划主管部门或者省、自治区、直辖市人民政府确定的镇人民政府申请办理建设工程规划许可证。

申请办理建设工程规划许可证，应当提交使用土地的有关证明文件、建设工程设计方案等材料。需要建设单位编制修建性详细规划的建设项目，还应当提交修建性详细规划。对符合控制性详细规划和规划条件的，由城市、县人民政府城乡规划主管部门或者省、自治区、直辖市人民政府确定的镇人民政府核发建设工程规划许可证。

城市、县人民政府城乡规划主管部门或者省、自治区、直辖市人民政府确定的镇人民政府应当依法将经审定的修建性详细规划、建设工程设计方案的总平面图予以公布。

第四十一条　在乡、村庄规划区内进行乡镇企业、乡村公共设施和公益事业建设的，建设单位或者个人应当向乡、镇人民政府提出申请，由乡、镇人民政府报城市、县人民政府城乡规划主管部门核发乡村建设规划许可证。

在乡、村庄规划区内使用原有宅基地进行农村村民住宅建设的规划管理办法，由省、自治区、直辖市制定。

在乡、村庄规划区内进行乡镇企业、乡村公共设施和公益事业建设以及农村村民住宅建设，不得占用农用地；确需占用农用地的，应当依照《中华人民共和国土地管理法》有关规定办理农用地转用审批手续后，由城市、县人民政府城乡规划主管部门核发乡村建设规划许可证。

建设单位或者个人在取得乡村建设规划许可证后，方可办理用地审批手续。

中华人民共和国固体废物污染环境防治法

最新版本施行日期：2020 年 9 月 1 日

适用范围：

固体废物污染环境的防治适用本法。

节录：

第十七条 建设产生、贮存、利用、处置固体废物的项目，应当依法进行环境影响评价，并遵守国家有关建设项目环境保护管理的规定。

第二十条 产生、收集、贮存、运输、利用、处置固体废物的单位和其他生产经营者，应当采取防扬散、防流失、防渗漏或者其他防止污染环境的措施，不得擅自倾倒、堆放、丢弃、遗撒固体废物。

第三十一条 任何单位和个人都有权对造成固体废物污染环境的单位和个人进行举报。

第三十九条 产生工业固体废物的单位应当取得排污许可证。排污许可的具体办法和实施步骤由国务院规定。

第四十九条 产生生活垃圾的单位、家庭和个人应当依法履行生活垃圾源头减量和分类投放义务，承担生活垃圾产生者责任。

任何单位和个人都应当依法在指定的地点分类投放生活垃圾。禁止随意倾倒、抛撒、堆放或者焚烧生活垃圾。

第六十三条 工程施工单位应当编制建筑垃圾处理方案，采取污染防治措施，并报县级以上地方人民政府环境卫生主管部门备案。

工程施工单位应当及时清运工程施工过程中产生的建筑垃圾等固体废物，并按照环境卫生主管部门的规定进行利用或者处置。

工程施工单位不得擅自倾倒、抛撒或者堆放工程施工过程中产生的建筑垃圾。

第七十二条 禁止擅自倾倒、堆放、丢弃、遗撒城镇污水处理设施产生的污泥和处理后的污泥。

第七十九条 产生危险废物的单位，应当按照国家有关规定和环境保护标准要求贮存、利用、处置危险废物，不得擅自倾倒、堆放。

第八十条 从事收集、贮存、利用、处置危险废物经营活动的单位，应当按照国家有关规定申请取得许可证。许可证的具体管理办法由国务院制定。

中华人民共和国土地管理法

最新版本施行日期：2020 年 1 月 1 日

节录：

第二条 任何单位和个人不得侵占、买卖或者以其他形式非法转让土地。土地使用权可以依法转让。

第十二条 依法登记的土地的所有权和使用权受法律保护，任何单位和个人不得侵犯。

第五十六条 建设单位使用国有土地的，应当按照土地使用权出让等有偿使用合同的约定或者土地使用权划拨批准文件的规定使用土地；确需改变该幅土地建设用途的，应当经有关人民政府自然资源主管部门同意，报原批准用地的人民政府批准。其中，在城市规划区内改变土地用途的，在报批前，应当先经有关城市规划行政主管部门同意。

第七十七条 未经批准或者采取欺骗手段骗取批准，非法占用土地的，由县级以上人民政府自然资源主管部门责令退还非法占用的土地，对违反土地利用总体规划擅自将农用地改为建设用地的，限期拆除在非法占用的土地上新建的建筑物和其他设施，恢复土地原状，对符合土地利用总体规划的，没收在非法占用的土地上新建的建筑物和其他设施，可以并处罚款；对非法占用土地单位的直接负责的主管人员和其他直接责任人员，依法给予行政处分；构成犯罪的，依法追究刑事责任。

超过批准的数量占用土地，多占的土地以非法占用土地论处。

第七十八条 农村村民未经批准或者采取欺骗手段骗取批准，非法占用土地建住宅的，由县级以上人民政府农业农村主管部门责令退还非法占用的土地，限期拆除在非法占用的土地上新建的房屋。

超过省、自治区、直辖市规定的标准，多占的土地以非法占用土地论处。

第七十九条 无权批准征收、使用土地的单位或者个人非法批准占用土地的，超越批准权限非法批准占用土地的，不按照土地利用总体规划确定的用途批准用地的，或者违反法律规定的程序批准占用、征收土地的，其批准文件无效，对非法批准征收、使用土地的直接负责的主管人员和其他直接责任人员，依法给予处分；构成犯罪的，依法追究刑事责任。非法批准、使用的土地应当收回，有关当事人拒不归还的，以非法占用土地论处。

非法批准征收、使用土地，对当事人造成损失的，依法应当承担赔偿责任。

第八十一条 依法收回国有土地使用权当事人拒不交出土地的，临时使用土地期满拒不归还的，或者不按照批准的用途使用国有土地的，由县级以上人民政府自然资源主管部门责令交还土地，处以罚款。

中华人民共和国建筑法

最新版本施行日期：2019 年 4 月 23 日

适用范围：

在中华人民共和国境内从事建筑活动，实施对建筑活动的监督管理，应当遵守本法。

本法所称建筑活动，是指各类房屋建筑及其附属设施的建造和与其配套的线路、管道、设备的安装活动。

节录：

第六十四条 违反本法规定，未取得施工许可证或者开工报告未经批准擅自施工的，责令改正，对不符合开工条件的责令停止施工，可以处以罚款。

城市建筑垃圾管理规定（建设部令〔2005〕139 号）

施行日期：2005 年 6 月 1 日

适用范围：

本规定适用于城市规划区内建筑垃圾的倾倒、运输、中转、回填、消纳、利用等处置活动。

本规定所称建筑垃圾，是指建设单位、施工单位新建、改建、扩建和拆除各类建筑物、构筑物、管网等以及居民装饰装修房屋过程中所产生的弃土、弃料及其他废弃物。

节录：

第九条 任何单位和个人不得将建筑垃圾混入生活垃圾，不得将危险废物混入建筑垃圾，不得擅自设立弃置场受纳建筑垃圾。

第十五条 任何单位和个人不得随意倾倒、抛撒或者堆放建筑垃圾。

违法取水类

中华人民共和国水法

最新版本施行日期：2016 年 9 月 1 日

适用范围：

在中华人民共和国领域内开发、利用、节约、保护、管理水资源，防治水害，适用本法。

节录：

第四十八条 直接从江河、湖泊或者地下取用水资源的单位和个人，应当按照国家取水许可制度和水资源有偿使用制度的规定，向水行政主管部门或者流域管理机构申请领取取水许可证，并缴纳水资源费，取得取水权。但是，家庭生活和零星散养、圈养畜禽饮用等少量取水的除外。实施取水许可制度和征收管理水资源费的具体办法，由国务院规定。

第六十九条 有下列行为之一的，由县级以上人民政府水行政主管部门或者流域管理机构依据职权，责令停止违法行为，限期采取补救措施，处二万元以上十万元以下的罚款；情节严重的，吊销其取水许可证：

（一）未经批准擅自取水的；

（二）未依照批准的取水许可规定条件取水的。

取水许可和水资源费征收管理条例（国务院令〔2006〕460 号）

最新版本施行日期：2017 年 3 月 1 日

节录：

第二条 本条例所称取水，是指利用取水工程或者设施直接从江河、湖泊或者地下取用水资源。

取用水资源的单位和个人，除本条例第四条规定的情形外，都应当申请领取取水许可证，并缴纳水资源费。

本条例所称取水工程或者设施，是指闸、坝、渠道、人工河道、虹吸管、水泵、水井以及水电站等。

铁路安全管理条例（国务院令〔2013〕639 号）

施行日期：2014 年 1 月 1 日

节录：

第三十五条　高速铁路线路路堤坡脚、路堑坡顶或者铁路桥梁外侧起向外各 200 米范围内禁止抽取地下水。

在前款规定范围外，高速铁路线路经过的区域属于地面沉降区域，抽取地下水危及高速铁路安全的，应当设置地下水禁止开采区或者限制开采区，具体范围由铁路监督管理机构会同县级以上地方人民政府水行政主管部门提出方案，报省、自治区、直辖市人民政府批准并公告。

历次版本：参见通用部分。

地下水管理条例（国务院令〔2008〕545 号）

施行日期：2021 年 12 月 1 日

适用范围：

本条例适用于中华人民共和国沿海和内河的航道、航道设施以及与通航有关的设施。

节录：

第三十二条　省、自治区、直辖市人民政府水行政主管部门应当会同本级人民政府自然资源等主管部门，统筹考虑地下水超采区划定、地下水利用情况以及地质环境条件等因素，组织划定本行政区域内地下水禁止开采区、限制开采区，经省、自治区、直辖市人民政府批准后公布，并报国务院水行政主管部门备案。

地下水禁止开采区、限制开采区划定后，确需调整的，应当按照原划定程序进行调整。

第三十三条　有下列情形之一的，应当划为地下水禁止开采区：

（一）已发生严重的地面沉降、地裂缝、海（咸）水入侵、植被退化等地质灾害或者生态损害的区域；

（二）地下水超采区内公共供水管网覆盖或者通过替代水源已经解决供水

需求的区域；

（三）法律、法规规定禁止开采地下水的其他区域。

第三十四条 有下列情形之一的，应当划为地下水限制开采区：

（一）地下水开采量接近可开采量的区域；

（二）开采地下水可能引发地质灾害或者生态损害的区域；

（三）法律、法规规定限制开采地下水的其他区域。

第三十五条 除下列情形外，在地下水禁止开采区内禁止取用地下水：

（一）为保障地下工程施工安全和生产安全必须进行临时应急取（排）水；

（二）为消除对公共安全或者公共利益的危害临时应急取水；

（三）为开展地下水监测、勘探、试验少量取水。

除前款规定的情形外，在地下水限制开采区内禁止新增取用地下水，并逐步削减地下水取水量；前款规定的情形消除后，应当立即停止取用地下水。

高速铁路安全防护管理办法（交通运输部令〔2020〕8号）

施行日期：2020年7月1日

节录：

第十九条 禁止违反有关规定在高速铁路桥梁跨越处河道上下游的一定范围内采砂、淘金。县级以上地方人民政府水行政主管部门、自然资源主管部门应当按照各自职责划定并公告禁采区域、设置禁采标志，制止非法采砂、淘金行为。

禁止在高速铁路线路路堤坡脚、路堑坡顶或者铁路桥梁外侧起向外各200米范围内抽取地下水；200米范围外，高速铁路线路经过的区域属于地面沉降区域，抽取地下水危及高速铁路安全的，应当设置地下水禁止开采区或者限制开采区，具体范围由地区铁路监督管理局会同县级以上地方人民政府水行政主管部门提出方案，报省、自治区、直辖市人民政府批准并公告。

高速铁路工程测量规范（TB 10601—2009）

施行日期：2009年12月1日

适用范围：

本规范适用于新建 250 km/h~350 km/h 高速铁路工程测量。

节录：

8.6.11　应对先对沿线的取水井进行调查。距离线路中线 100~200 m 以内的浅井和 500 m 以内的深井应封闭。

河道桥梁类

中华人民共和国铁路法

最新版本施行日期：2015 年 4 月 24 日

节录：

第四十六条　在铁路线路和铁路桥梁、涵洞两侧一定距离内，修建山塘、水库、堤坝，开挖河道、干渠，采石挖砂，打井取水，影响铁路路基稳定或者危害铁路桥梁、涵洞安全的，由县级以上地方人民政府责令停止建设或者采挖、打井等活动，限期恢复原状或者责令采取必要的安全防护措施。

中华人民共和国航道法

最新版本施行日期：2016 年 9 月 1 日

节录：

第三十六条　在河道内采砂，应当依照有关法律、行政法规的规定进行。禁止在河道内依法划定的砂石禁采区采砂、无证采砂、未按批准的范围和作业方式采砂等非法采砂行为。

第四十三条　在河道内依法划定的砂石禁采区采砂、无证采砂、未按批准的范围和作业方式采砂等非法采砂的，依照有关法律、行政法规的规定处罚。

违反本法规定，在航道和航道保护范围内采砂，损害航道通航条件的由负责航道管理的部门责令停止违法行为，没收违法所得，可以扣押或者没收非法采砂船舶，并处五万元以上三十万元以下罚款；造成损失的，依法承担赔偿责任。

中华人民共和国防洪法

最新版本施行日期：2016 年 7 月 2 日

节录：

第二十二条　河道、湖泊管理范围内的土地和岸线的利用，应当符合行洪、输水的要求。

禁止在河道、湖泊管理范围内建设妨碍行洪的建筑物、构筑物，倾倒垃圾、渣土，从事影响河势稳定、危害河岸堤防安全和其他妨碍河道行洪的活动。

禁止在行洪河道内种植阻碍行洪的林木和高秆作物。

在船舶航行可能危及堤岸安全的河段，应当限速航行。限定航速的标志，由交通主管部门与水行政主管部门商定后设置。

第三十四条 大中城市，重要的铁路、公路干线，大型骨干企业，应当列为防洪重点，确保安全。

受洪水威胁的城市、经济开发区、工矿区和国家重要的农业生产基地等，应当重点保护，建设必要的防洪工程设施。

城市建设不得擅自填堵原有河道沟叉、贮水湖塘洼淀和废除原有防洪围堤。确需填堵或者废除的，应当经城市人民政府批准。

铁路安全管理条例（国务院令〔2013〕639号）

施行日期：2014年1月1日

节录：

第三十七条 任何单位和个人不得擅自在铁路桥梁跨越处河道上下游各1 000米范围内围垦造田、拦河筑坝、架设浮桥或者修建其他影响铁路桥梁安全的设施。

因特殊原因确需在前款规定的范围内进行围垦造田、拦河筑坝、架设浮桥等活动的，应当进行安全论证，负责审批的机关在批准前应当征求有关铁路运输企业的意见。

第三十八条 禁止在铁路桥梁跨越处河道上下游的下列范围内采砂、淘金：

（一）跨河桥长500米以上的铁路桥梁，河道上游500米，下游3 000米；

（二）跨河桥长100米以上不足500米的铁路桥梁，河道上游500米，下游2 000米；

（三）跨河桥长不足100米的铁路桥梁，河道上游500米，下游1 000米。

有关部门依法在铁路桥梁跨越处河道上下游划定的禁采范围大于前款规定的禁采范围的，按照划定的禁采范围执行。

县级以上地方人民政府水行政主管部门、国土资源主管部门应当按照各自职责划定禁采区域、设置禁采标志，制止非法采砂、淘金行为。

第三十九条 在铁路桥梁跨越处河道上下游各 500 米范围内进行疏浚作业，应当进行安全技术评价，有关河道、航道管理部门应当征求铁路运输企业的意见，确认安全或者采取安全技术措施后，方可批准进行疏浚作业。但是，依法进行河道、航道日常养护、疏浚作业的除外。

第四十条 铁路、道路两用桥由所在地铁路运输企业和道路管理部门或者道路经营企业定期检查、共同维护，保证桥梁处于安全的技术状态。

铁路、道路两用桥的墩、梁等共用部分的检测、维修由铁路运输企业和道路管理部门或者道路经营企业共同负责，所需费用按照公平合理的原则分担。

第四十二条 船舶通过铁路桥梁应当符合桥梁的通航净空高度并遵守航行规则。

桥区航标中的桥梁航标、桥柱标、桥梁水尺标由铁路运输企业负责设置、维护，水面航标由铁路运输企业负责设置，航道管理部门负责维护。

第九十一条 有下列行为之一的，分别由铁路沿线所在地县级以上地方人民政府水行政主管部门、国土资源主管部门或者无线电管理机构等依照有关水资源管理、矿产资源管理、无线电管理等法律、行政法规的规定处罚：

（三）在铁路桥梁跨越处河道上下游各 1 000 米范围内围垦造田、拦河筑坝、架设浮桥或者修建其他影响铁路桥梁安全的设施；

（四）在铁路桥梁跨越处河道上下游禁止采砂、淘金的范围内采砂、淘金。

历次版本：参见通用部分。

中华人民共和国航道管理条例（国务院令〔2008〕545 号）

施行日期：2009 年 1 月 1 日

适用范围：

本条例适用于中华人民共和国沿海和内河的航道、航道设施以及与通航有关的设施。

节录：

第七条　航道发展规划应当依据统筹兼顾、综合利用的原则，结合水利水电、城市建设以及铁路、公路、水运发展规划和国家批准的水资源综合规划制定。

第十二条　建设航道及其设施，不得危及水利水电工程、跨河建筑物和其他设施的安全。

因建设航道及其设施损坏水利水电工程、跨河建筑物和其他设施的，建设单位应当给予赔偿或者修复。

第十七条　对通航河流上碍航的闸坝、桥梁和其他建筑物以及由建筑物所造成的航道淤积，由地方人民政府按照"谁造成碍航谁恢复通航"的原则，责成有关部门改建碍航建筑物或者限期补建过船、过木、过鱼建筑物，清除淤积，恢复通航。

第三十条　本条例下列用语的含义是：

"与通航有关的设施"是指对航道的通航条件有影响的闸坝、桥梁、码头、架空电线、水下电缆、管道等拦河、跨河、临河建筑物和其他工程设施。

国务院关于保护铁路设施确保铁路运输安全畅通的通知

施行日期：1982 年 12 月 20 日

节录：

七、在铁路桥涵上下游一定范围内保持河床的稳定，直接关系到桥涵的安危。任何单位都不得在桥梁上下游一定范围内（桥长一百米以上的大桥为五百米，桥长二十至一百米的中桥为三百米，桥长二十米及以下的小桥为二百米）拦河筑坝，围垦造田，采集沙石，以及修建其他工程设施，以保证铁路桥涵安全。已经发生上述情况的，由铁路部门报请当地人民政府责成有关单位限期解决。

高速铁路安全防护管理办法（交通运输部令〔2020〕8 号）

施行日期：2020 年 7 月 1 日

节录：

第十九条 禁止违反有关规定在高速铁路桥梁跨越处河道上下游的一定范围内采砂、淘金。县级以上地方人民政府水行政主管部门、自然资源主管部门应当按照各自职责划定并公告禁采区域、设置禁采标志，制止非法采砂、淘金行为。

第三十二条 船舶通过高速铁路桥梁应当符合桥梁的通航净空高度并遵守航行规则。桥区航标中的桥梁航标、桥柱标、桥梁水尺标由铁路运输企业负责设置、维护，水面航标由铁路运输企业负责设置，航道管理部门负责维护。

建设跨越通航水域的高速铁路桥梁，应当根据有关规定同步设计、同步建设桥梁防撞设施。铁路运输企业或者铁路桥梁产权单位负责防撞设施的维护管理。

内河航标管理办法（交通运输部令〔1996〕2号）

施行日期：1996年8月1日

适用范围：

本办法适用于江河、湖泊、水库、运河等内河通航水域的航标管理。

节录：

第三十五条 委托航标管理机构代设、代管专设航标时，委托方必须提供与设标有关的技术资料，签订委托代设、代管的协议，负担航标设施和维护管理的费用。

桥区水上的航标，其维护费由桥梁管理单位和航标管理部门各负担全部维护费用的一半。

第三十六条 修建桥梁、闸坝时，建设单位应按国家有关规定设置航标，其有关经费列入工程总概算。

在特殊河段建设桥梁，经论证需要增设的航标及其他设施，可由航标管理部门与桥梁建设单位协商确定，并由桥梁建设单位负责建设。

第三十七条 桥梁施工期及桥梁建成后，桥区水上航标的维护管理，桥梁建设、管理单位宜委托航标管理机构负责。桥涵标及桥柱灯由桥梁管理单位自行维护管理，也可委托航标管理机构维护管理。桥梁管理单位自行维护管理桥区水上航标时，必须执行以下规定：

（一）要按国家标准《内河助航标志》、《内河助航标志的主要外形尺寸》和《内河航道维护技术规范》及本办法的有关规定编制航标配布图报航标管理机构审批；

（二）根据需要设立维护管理桥区航标的机构，按航标管理机构的要求对航标进行维护和管理。确保桥区航标与主航道标志的衔接，保证航道畅通；

（三）变更通航桥孔或调整桥区航标配布时，必须报航标管理机构同意，并通知有关部门和承担航标管理机构发布航道通告的费用；变更通航桥孔时，桥梁上的桥涵标及桥柱灯应与水上航标同步调整。

内河通航标准（GB 50139—2014）

施行日期：2015 年 1 月 1 日

适用范围：

本标准适用于天然河流、渠化河流、湖泊、水库、运河和渠道等通航内河船舶或海轮的航道、船闸、过河建筑物、临河建筑物的规划设计和通航安全影响论证。

节录：

5.5.1 **水上过河建筑物在通航水域设有墩柱时，应设置助航标志、警示标志和必要的墩柱防撞保护设施。必要时尚应设置航标维护管理和安全监督管理设施。**

5.5.2 **水上过河建筑物的墩柱承台出露在水面以上，或承台顶部以上水深不满足通航要求时，应设置助航标志。**

历次版本：

《内河通航标准》（GBJ 139—1990）

施行日期：1991 年 8 月 1 日

作废日期：2004 年 5 月 1 日

《内河通航标准》（GB 50139—2004）

施行日期：2004 年 5 月 1 日

作废日期：2015 年 1 月 1 日

内河助航标志（GB 5863—2022）

施行日期：2023 年 7 月 1 日

适用范围：

本文件适用于中华人民共和国境内的江、河、湖泊、水库、运河等内陆水域所配布的助航标志。

节录：

5.1.11　桥涵标的功能、形状、颜色和灯质应符合下列规定。

a）功能：由桥涵标牌、桥柱灯和通航净空标牌组成，指引船舶通过桥梁；桥涵标牌设在单向通航桥孔迎船面的桥桁的适当位置，或这在双向通航桥孔的上、下行航路迎船面上方桥桁的适当位置，标示桥梁的通航孔位置；桥柱灯设在通航桥孔迎船面的水中桥柱上，标示通航孔水中桥柱位置；通航净空标牌设在桥梁通航孔桥桁两侧，标示满足设计通航净空尺度标准的范围。

b）形状：桥涵标牌分为正方形标牌和圆形标牌，正方形标牌不区分大小轮通航孔时表示桥梁通航孔，区分时表示大轮通航孔；圆形标牌表示小轮通航孔；通航净空标牌为菱形标牌，以垂直对角线为界分成左右两个共底等腰直角三角形，垂直对角线与水面垂直设置，并与通航桥孔内满足设计通航净空尺度的边线重合（见图 10）。

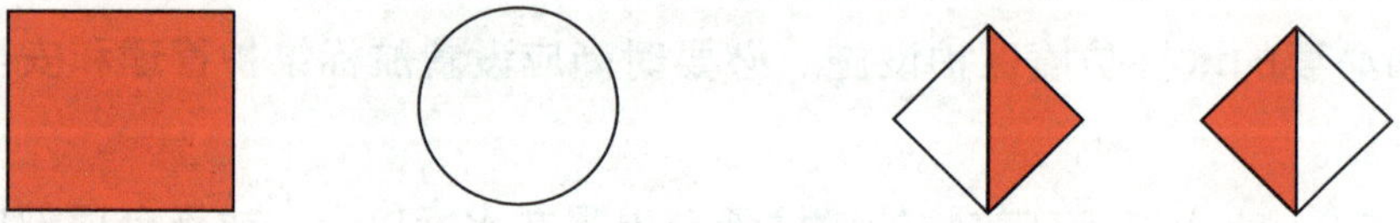

（a）桥涵标牌　　（b）通航净空标牌

图 10　桥涵标

c）颜色：正方形标牌为红色；圆形标牌为白色；菱形标牌左右两个直角三角形用红白两色区分，红色三角形的直角顶点指向航道一侧；桥梁背景颜色与标牌颜色相近时，在标牌四周加装隔离色带。

d）灯质：桥涵标灯为单色单面定光灯，当与正方形桥涵标牌同址设置时为红色单面定光，当与圆形桥涵标牌同址设置时为绿色单面定光；通航净空标灯为黄色单面定光；桥柱灯为垂直设置的绿色单面定光灯 2 盏 ~4 盏，具体数量根据桥墩高度和通航标准确定。

附　录　A

（规范性）

视觉航标主要外形尺寸

A.10　桥涵标的外形尺寸应符合图 A.10 及表 A.10 的规定。

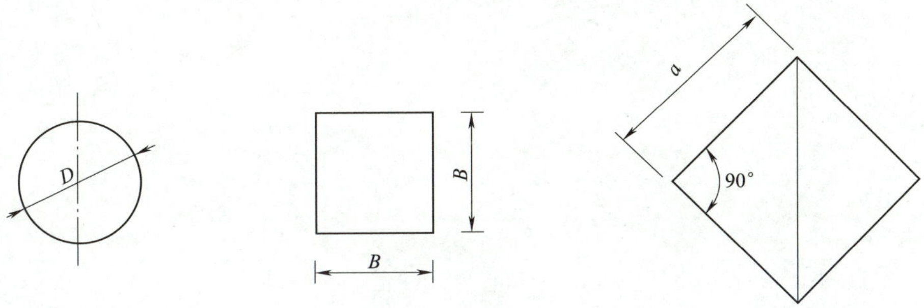

（a）小轮通航孔桥涵标牌　（b）大轮通航孔桥涵标牌或大小轮共用通航孔桥涵标牌　（c）通航净空标牌

图 A.10　桥涵标的外形示意图

表 A.10　桥涵标的外形尺寸

序号	小轮通航孔桥涵标牌外形尺寸 m	大轮通航孔桥涵标牌或大小轮共用通航孔桥涵标牌外形尺寸 m	视距 km	通航净空标牌外形尺寸 m	视距 km
	D	*B*		*a*	
1	1.0	1.0	1.0	1.2	0.9
2	1.5	1.5	1.5	1.5	1.3
3	2.0	2.0	2.0	2.0	1.8

注：视距系指大气透明系数约为 0.74 条件下的显形视距。

国家铁路局综合司　公安部办公厅　交通运输部办公厅　中国国家铁路集团有限公司办公厅关于进一步加强公路水路与铁路并行交汇地段安全隐患治理工作意见（国铁综安监〔2022〕7 号）

施行日期：2022 年 11 月 16 日

倒落类

铁路安全管理条例（国务院令〔2013〕639号）

施行日期：2014年1月1日

节录：

第三十二条　在铁路线路安全保护区及其邻近区域建造或者设置的建筑物、构筑物、设备等，不得进入国家规定的铁路建筑限界。

第四十五条　架设、铺设铁路信号和通信线路、杆塔应当符合国家标准、行业标准和铁路安全防护要求。铁路运输企业、为铁路运输提供服务的电信企业应当加强对铁路信号和通信线路、杆塔的维护和管理。

历次版本：参见通用部分。

电力设施保护条例（国务院令〔1998〕239号）

最新版本施行日期：2011年1月8日

适用范围：

本条例适用于中华人民共和国境内已建或在建的电力设施（包括发电设施、变电设施和电力线路设施及其有关辅助设施）。

节录：

第十七条　任何单位或个人必须经县级以上地方电力管理部门批准，并采取安全措施后，方可进行下列作业或活动：

（二）起重机械的任何部位进入架空电力线路保护区进行施工；

（三）小于导线距穿越物体之间的安全距离，通过架空电力线路保护区；

（四）在电力电缆线路保护区内进行作业。

第十八条　任何单位或个人不得从事下列危害电力设施建设的行为：

（三）破坏、封堵施工道路，截断施工水源或电源。

第二十一条　新建架空电力线路不得跨越储存易燃、易爆物品仓库的区域；一般不得跨越房屋，特殊情况需要跨越房屋时，电力建设企业应采取安全措施，并与有关单位达成协议。

高速铁路安全防护管理办法（交通运输部令〔2020〕8号）

施行日期：2020年7月1日

节录：

第二十三条　邻近高速铁路的杆塔应当按照国家标准、行业标准和铁路安全防护要求进行设计安装，杆塔产权单位应当建立定期检查维护制度，确保杆塔牢固稳定。

风力发电场设计规范（GB 51096—2015）

施行日期：2015年11月1日

适用范围：

本规范适用于并网型风力发电场的设计。

节录：

4.3.3　风力发电机组布置应符合下列规定：

1　风力发电机组的塔筒中心与公路、铁路、机场、输电线路、通信线路、天然气石油管线等设施的避让距离宜大于轮毂高度与叶轮半径之和的1.5倍。

66 kV及以下架空电力线路设计规范（GB 50061—2010）

施行日期：2010年7月1日

适用范围：

本规范适用于66 kV及以下交流架空电力线路（以下简称架空电力线路）的设计。

节录：

12.0.16　架空电力线路与铁路、道路、河流、管道、索道及各种架空线路交叉或接近的要求，应符合表12.0.16的规定。

表 12.0.16　架空电力线路与铁路、道路、河流、管道、索道及各种架空线路交叉接近的要求

项目		铁路			公路和道路	电车道（有轨及无轨）		通航河流		不通航河流		架空明线弱电线路	电力线路	特殊管道	一般管道、索道
导线或地线在跨越档接头		标准轨距：不得接头 窄轨：不限制			高速公路和一、二级公路及城市一、二级道路：不得接头 三、四级公路和城市三级道路：不限制	不得接头		不得接头		不限制		一、二级：不得接头 三级：不限制	35 kV 及以上：不得接头 10 kV 及以下：不限制	不得接头	不得接头
交叉档导线最小截面		35 kV 及以上采用钢芯铝绞线为 35 mm²； 10 kV 及以下采用铝绞线或铝合金线为 35 mm²； 其他导线为 16 mm²						—							
交叉档距绝缘子固定方式		双固定			高速公路和一、二级公路及城市 一、二级道路为双固定	双固定		双固定		不限制		10 kV 及以下线路跨一、二级为双固定	10 kV 线路跨 6 kV~20 kV 线路为双固定	双固定	双固定
最小垂直距离（m）	线路电压	至标准轨顶	至窄轨轨顶	至承力索或接触线	至路面	至路面	至承力索或接触线	至常年高水位	至最高航行水位的最高船桅杆	至最高洪水位	冬季至冰面	至被跨越线	至被跨越线	至管造任何部分	至索道任何部分
	35 kV ~ 66 kV	7.5	7.5	3.0	7.0	10.0	3.0	6.0	2.0	3.0	5.0	3.0	3.0	4.0	3.0
	3 kV ~ 10 kV	7.5	6.0	3.0	7.0	9.0	3.0	6.0	1.5	3.0	5.0	2.0	2.0	3.0	2.0
	3 kV 以下	7.5	6.0	3.0	6.0	9.0	3.0	6.0	1.0	3.0	5.0	1.0	1.0	1.5	1.5

续上表

项目		铁路		公路和道路			电车道（有轨及无轨）		通航河流	不通航河流	架空明线弱电线路		电力线路		特殊管道	一般管道、索道
		杆塔外缘至轨道中心		杆塔外缘至路基边缘			杆塔外缘至路基边缘		边导线至斜坡上缘（线路与拉纤小路平行）		边导线间		至被跨越线		边导线至管道、索道任何部分	
	线路电压	交叉	平行	开阔地区	路径受限制地区	市区内	开阔地区	路径受限制地区			开阔地区	路径受限制地区	开阔地区	路径受限制地区	开阔地区	路径受限制地区
最小水平距离（m）	35 kV ~ 66 kV	30	最高杆（塔）高加 3 m	交叉：8.0 平行：最高杆塔高	5.0	0.5	交叉：8.0 平行：最高杆塔高	5.0	最高杆（塔）高		最高杆（塔）高	4.0	最高杆（塔）高	5.0	最高杆（塔）高	4.0
	3 kV ~ 10 kV	5		0.5	0.5	0.5	0.5	0.5				2.0		2.5		2.0
	3 kV 以下	5		0.5	0.5	0.5	0.5	0.5				1.0		2.5		1.5

续上表

项　目	铁　路	公路和道路	电车道（有轨及无轨）	通航河流	不通航河流	架空明线弱电线路	电力线路	特殊管道	一般管道、索道
其他要求	35 kV~66 kV 不宜在铁路出站信号机以内跨越	在不受环境和规划限制的地区架空电力线路与国道的距离不宜小于 20 m，省道不宜小于 15 m，县道不宜小于 10 m，乡道不宜小于 5 m	—	最高洪水位时，有抗洪抢险船只航行的河流，垂直距离应协商确定		电力线应架设在上方；交叉点应尽量靠近杆塔，但不应小于 7 m（市区除外）	电压高的线路应架设在电压低的线路上方；电压相同时公用线应在专用线上方	与索道交叉，如索道在上方，下方索道应装设保护措施；交叉点不应选在管道检查井处；与管道、索道平行、交叉时，管道、索道应接地	

注：1　特殊管道指架设在地面上输道易燃、易爆物的管道；
2　管道、索道上的附属设施，应视为管道、索道的一部分；
3　常年高水位是指 5 年一遇洪水位，最高洪水位对 35 kV 及以上架空电力线路是指百年一遇洪水位，对 10 kV 及以下架空电力线路是指 50 年一遇洪水位；
4　不能通航河流指不能通航，也不能浮运的河流；
5　对路径受限制地区的最小水平距离的要求，应计及架空电力线路导线的最大风偏；
6　对电气化铁路的安全距离主要是电力线导线与承力索和接触线的距离控制，因此，对电气化铁路轨顶的距离按实际情况确定。

历次版本：

《66 kV 及以下架空电力线路设计规范》(GB 50061—1997)

施行日期：1998 年 6 月 1 日

作废日期：2010 年 7 月 1 日

110 kV~750 kV 架空输电线路设计规范（GB 50545—2010）

施行日期：2010 年 7 月 1 日

适用范围：

本规范适用于交流 110 kV~750 kV 架空输电线路的设计其中交流 110 kV~50 kV 适用于单回同塔双回及同塔多回输电线路设计，交流 750 kV 适用于单回输电线路设计。

节录：

13.0.11 **输电线路与铁路、道路、河流、管道、索道及各种架空线路交叉或接近的基本要求，应符合表 13.0.11 的规定。**

表 13.0.11　输电线路与铁路、公路、河流、管道、索道及各种架空线路交叉或接近的基本要求（节录）

<table>
<tr><th colspan="2">项　目</th><th colspan="4">铁　路</th><th colspan="2">公　路</th><th colspan="2">电车道（有轨及无轨）</th></tr>
<tr><td colspan="2">导线或地线在跨越档内接头</td><td colspan="4">标准轨距：不得接头
窄轨：不得接头</td><td colspan="2">高速公路、一级公路：不得接头
二、三、四级公路：不限制</td><td colspan="2">不得接头</td></tr>
<tr><td colspan="2">邻档断线情况的检验</td><td colspan="4">标准轨距：检验
窄轨：不检验</td><td colspan="2">高速公路、一级公路：检验
二、三、四级公路：不检验</td><td colspan="2">检验</td></tr>
<tr><td rowspan="2">邻档断线情况的最小垂直距离（m）</td><td>标称电压（kV）</td><td colspan="3">至轨顶</td><td>至承力索或接触线</td><td colspan="2">至路面</td><td>至路面</td><td>至承力索或接触线</td></tr>
<tr><td>110</td><td colspan="3">7.0</td><td>2.0</td><td colspan="2">6.0</td><td>—</td><td>2.0</td></tr>
<tr><td rowspan="3">最小垂直距离（m）</td><td rowspan="2">标称电压（kV）</td><td colspan="3">至轨顶</td><td rowspan="2">至承力索或接触线</td><td colspan="2" rowspan="2">至路面</td><td rowspan="2">至路面</td><td rowspan="2">到承力索或接触线</td></tr>
<tr><td>标准轨</td><td>窄轨</td><td>电气轨</td></tr>
<tr><td>110
220
330
500
750</td><td>7.5
8.5
9.5
14.0
19.5</td><td>7.5
7.5
8.5
13.0
18.5</td><td>11.5
12.5
13.5
16.0
21.5</td><td>3.0
4.0
5.0
6.0
7.0（10）</td><td colspan="2">7.0
8.0
9.0
14.0
19.5</td><td>10.0
11.0
12.0
16.0
21.5</td><td>3.0
4.0
5.0
6.5
7（10）</td></tr>
<tr><td rowspan="3">最小水平距离（m）</td><td rowspan="2">标称电压（kV）</td><td colspan="4" rowspan="2">杆塔外缘至轨道中心</td><td colspan="2">杆塔外缘至路基边缘</td><td colspan="2">杆塔外缘至路基边缘</td></tr>
<tr><td>开阔地区</td><td>路径受限制地区</td><td>开阔地区</td><td>路径受限制地区</td></tr>
<tr><td>110
220
330
500
750</td><td colspan="4">交叉：塔高加 3.1 m，无法满足要求时可适当减小，但不得小于 30 m
平行：塔高加 3.1 m，困难时双方协商确定</td><td>交叉：
8 m
10 m（750 kV）
平行：
最高杆（塔）高</td><td>5.0
5.0
6.0
8.0（15）
10（20）</td><td>交叉：
8 m
10 m（750 kV）
平行：
最高杆（塔）高</td><td>5.0
5.0
6.0
8.0
10.0</td></tr>
<tr><td colspan="2">附加要求</td><td colspan="4">不宜在铁路出站信号机以内跨越</td><td colspan="2">括号内为高速公路数值。高速公路路基边缘指公路下缘的排水沟</td><td>—</td><td>—</td></tr>
<tr><td colspan="2">备注</td><td colspan="4">—</td><td colspan="2">公路分级见附录 G，城市道路分级可参照公路的规定</td><td>—</td><td></td></tr>
</table>

110 kV~750 kV 架空输电线路施工及验收规范（GB 50545—2010）

施行日期：2015 年 8 月 1 日

适用范围：

本规范适用于电压等级为 110 kV~750 kV 的交流架空输电线路的新建改建及扩建工程的施工与验收。

节录：

A.0.6　输电线与铁路、公路河流、管道、索道及各种交叉或接近距离的基本要求应符合 A.0.6 的规定：交叉时，安全距离等于塔高加 3.1 米，无法满足要求时适当减小，但不得小于 30 米。平行时，安全距离等于塔高加 3.1 米，困难时双方协调商定。

历次版本：

《110~500 kV 架空电力线路施工及验收规范》（GBJ 233—1990）

施行日期：1991 年 5 月 1 日

作废日期：2015 年 8 月 1 日

《750 kV 架空送电线路施工及验收规范》（GB 50389—2006）

施行日期：2007 年 4 月 1 日

作废日期：2015 年 8 月 1 日

铁路电力设计规范（TB 10008—2015）

施行日期：2016 年 4 月 1 日

适用范围：

本规范适用于 110 kV 及以下的铁路电力工程设计。

节录：

7.7.1　非铁路管辖的架空电力线路不宜在上下行出站信号机之间的站场范围内跨越铁路。

7.7.3　架空电力线路与铁路交叉或接近时，应符合表 7.7.3 的要求和以下规定：

表 7.7.3　架空线路与铁路交叉或接近的规定

	标准轨距铁路	窄轨铁路	电气化铁路
交叉档导线最小截面	35 kV 及以上采用钢芯铝绞线 35 mm^2 10（6）kV 及以下采用钢芯铝绞线、铝绞线、铝合金线或铜导线 35 mm^2		
导线在交叉档内接头	不允许	不限制	不允许
交叉档导线支持方式（针式绝缘子或瓷横担）	独立耐张段 双固定、双挂点、双联串等	双固定、双挂点、 双联串等	独立耐张段 双固定、双挂点、双联串等
导线最大弧垂时最小垂直距离（m）			
线路电压（kV）	至轨顶		至接触网最上部导体 或至架桥机顶
0.38 及以下	7.5	6.0	不允许
10（6）	7.5	6.0	不允许
35~66	7.5	7.5	3.0
110	7.5	7.5	3.0
220	8.5	7.5	4.0
330	9.5	8.5	5.0
500	14.0	13.0	6.0
750	19.5	18.5	7.0（10.0）
1 000 单回	27.0	26.0	10.0（16.0）
1 000 双回	25.0	25.0	10（14.0）
± 500	16.0	16.0	7.6（8.5）
± 660 单回	18.0	18.0	10.0（12.5）
± 660 双回			10.5（12.5）
± 800	21.5	21.5	15.0*
最小水平距离（m）			
线路电压（kV）	杆塔外缘至轨道中心		
0.38 及以下 10（6）	路内：3.1； 路外：平行时杆塔高加 3.1； 交叉时 5		路内：10； 路外：平行时杆塔高加 3.1； 交叉时 10
35~66	平行：杆塔高加 3.1； 交叉：30		
110 220 330 500 750	平行：杆塔高加 3.1，无法满足时可通过双方协商确定。 交叉：杆塔高加 3.1，无法满足时可通过双方协商，适当减少，但不得小于 30		

续上表

	标准轨距铁路	窄轨铁路	电气化铁路
1 000	平行：杆塔高加 3.1，无法满足时可通过双方协商确定。 交叉：杆塔高加 3.1，无法满足时可通过双方协商，适当减少，但不得小于 40		
± 500			
± 660			
± 800			

注：1　括号内的数据表示架空电力线路跨越接触网杆（塔）时，导线最大弧垂时距杆（塔）顶的垂直距离。

2　导线距架桥机顶的最小垂直距离要求也适用于非电气化铁路。

3　考虑架桥机施工作业的安全距离要求时，一般按架桥机高度与导线至架桥机顶最小距离要求的数值相加，推算距轨顶的最小距离值。

4　使用本表确定最小垂直距离时，应按至接触网和至架桥机计算后，与至轨顶距离的规定值相比，取其中较大者。

*：± 800 kV 输电线路跨越铁路桥梁地段，考虑架桥机施工作业的安全距离要求时，导线距轨顶的最小垂直距离不应小于 24 m。

1　66 kV 及以下架空线路与铁路交叉，应根据最高气温或覆冰情况计算最大弧垂。

2　110 kV 及以上架空线路与铁路交叉，应根据导线运行温度 +40 ℃（导线允许温度按 +80 ℃设计时，运行温度取 +50 ℃）计算最大弧垂，重覆冰区还应校验不均匀覆冰和验算覆冰情况下的弧垂增大。

3　当跨越铁路的架空线路档距超过 200 m 时，应按导线允许温度计算最大弧垂，导线允许温度应按不同要求取 +70 ℃或 +80 ℃。

4　交流 1 000 kV、直流 ± 800 kV 架空线路与铁路交叉时，导线验算覆冰厚度应比同区域常规线路增加 10 mm，架空地线覆冰厚度增加 15 mm。

5　架空线路与铁路平行时，导线最大风偏时至铁路建筑限界的距离，10（6）kV 不应小于 1.5 m，0.38 kV 不应小于 1 m。

6　架空线路在跨越货场、煤场时，其导体对门型吊车、卸煤机等移动设备的外部应保持安全距离：35 kV 为 3 m，10（6）kV 为 2 m，0.38 kV 及以下为 1.5 m。

7　架空线路在灯桥、门型吊车、卸煤机等铁路设施上方跨越时，其导体与上述设施被跨越部位的最小垂直距离，应参照相应的导体对交通困难地。

8　500 kV 及以下架空电力线路与铁路交叉角度不宜小于 30°；500 kV 以上及直流输电架空电力线路与铁路交叉角度不宜小于 45°，困难情况下可协商确定。

历次版本：

《铁路电力设计规范》（TB 10008—2006）

施行日期：2007 年 3 月 3 日

作废日期：2016 年 4 月 1 日

关于中国移动通信公司在铁路用地范围内设置网络通信设备的意见（铁运〔2008〕184 号）

施行日期：2008 年 9 月 28 日

节录：

二、工程管理

5　公众移动通信设施设置在铁路隧道外时，应设置在线路两侧绿化带外方。天线杆塔内缘至线路中心的水平距离应不小于杆（塔）高加 3 100 mm。设置在铁路车站，安装位置和设施外观还应符合铁路车站的景观设计要求。

国家电网公司输电线路跨（钻）越高铁设计技术要求（国家电网基建〔2012〕1049 号）

施行日期：2012 年 7 月 24 日

适用范围：

本技术要求中，高铁是指列车设计最高行车速度达到 250 公里 / 小时及以上的铁路。

本技术要求适用于 110（66）kV 及以上新建输电线路跨（钻）越高铁区段的设计、新建高铁钻越 110（66）kV 及以上已建输电线路的改造区段设计。其他电压等级线路可参照执行。

节录：

一、总体要求

3　对于跨越高铁隧道等非直接跨越的输电线路，按常规线路设计。

4　新建输电线路跨越高铁区段的设计，应满足电力和铁路行业的技术标准，建筑结构安全等级按一级设计。

5　电网系统规划设计和线路路径选择应尽量减少跨越高铁的次数。

6 结合远期规划，双回或多回同塔架设的输电线路在跨越高铁段宜一次建成。

7 电缆线路钻越高铁区段，应预留至少一回备用通道。

8 输电线路跨（钻）越高铁的设计，除按本技术要求执行外，还应遵循相应的设计规程、规范。

三、跨（钻）越位置

1 跨（钻）越位置应结合一般段线路路径方案，经综合技术经济比较确定。

2 选择跨（钻）越高铁位置应综合考虑微地形、微气象以及水文、地质等条件，避开影响输电线路安全运行的地带，无法避开时应采取必要的措施，确保安全可靠。

3 输电线路不宜在高铁出站信号机以内跨越。

4 电缆钻越高铁宜选取高铁桥梁段、不影响高铁桥墩基础稳定的位置进行钻越。

5 电缆钻越高铁段，在满足安全和各方要求的条件下，应保证电缆路径长度最短。

6 跨越杆塔应满足与机动车道路等安全距离的相关要求。当无法满足时，应采取必要的防撞等防外力破坏措施。

九、杆塔

1 杆塔结构重要性系数取 1.1。

2 直线杆塔和耐张杆塔均应计算线路正常运行情况、断线（含分裂导线时纵向不平衡张力）情况和安装情况下的荷载组合，必要时尚应验算地震等稀有情况。

3 杆塔钢材质量等级应满足不低于 B 级钢的质量要求，对应结构的连接型式和工作温度确定钢材的质量等级。

4 杆塔铁件应采用热浸镀锌防腐，或采用其他等效的防腐措施。

5 受剪螺栓的螺纹不应进入剪切面。

6 跨越档两侧的杆塔全塔螺栓采用防卸措施。其他杆塔的受拉螺栓及位于横担、顶架等易振动部位的螺栓应采取防松措施；靠近地面的塔腿的连接螺栓采取防卸措施。

7 跨越高铁独立耐张段的铁塔不应采用拉线塔。

十一、交叉跨越

2 输电线路跨越高铁时，输电线路与高铁的垂直距离、水平距离、交叉角度的基本要求如下表（表 11.1）。

表 11.1

<table>
<tr><th>项　目</th><th colspan="2">最小垂直距离（m）</th><th>最小水平距离（m）</th><th>交叉角度</th></tr>
<tr><td>标称电压（kV）</td><td>至轨顶</td><td>至承力索、接触线或架桥机顶</td><td>杆塔外缘至轨道中心</td><td></td></tr>
<tr><td>66</td><td></td><td>3.0</td><td rowspan="6">塔高加 3.1 m，无法满足要求时可适当减小，但不得小于 30 m</td><td rowspan="5">一般情况下，不得小于 30°，困难情况下协商确定</td></tr>
<tr><td>110</td><td>11.5</td><td>3.0</td></tr>
<tr><td>220</td><td>12.5</td><td>4.0</td></tr>
<tr><td>330</td><td>13.5</td><td>5.0</td></tr>
<tr><td>500</td><td>16</td><td>6.0</td></tr>
<tr><td>750</td><td>21.5</td><td>7.0（10）</td><td rowspan="7">一般情况下，不得小于 45°，困难情况下协商确定</td></tr>
<tr><td rowspan="2">1 000</td><td>单 27</td><td>单 10（16）</td><td rowspan="6">最高杆（塔）高加 3.1 m，无法满足要求时可适当减小，但不得小于 40 m</td></tr>
<tr><td>双（逆相序）25</td><td>双（逆相序）10（14）</td></tr>
<tr><td>± 500</td><td>16</td><td>7.6（8. 5）</td></tr>
<tr><td rowspan="2">± 660</td><td rowspan="2">18</td><td>单 10（12.5）</td></tr>
<tr><td>双 10.5（12.5）</td></tr>
<tr><td>± 800</td><td>21.5</td><td>15*</td></tr>
</table>

注：1 仅在输电线路与高铁双方同期建设或拟建高铁有明确线位时，方考虑架桥机施工作业的安全距离要求。± 800 kV 输电线路跨越拟建铁路桥梁地段，考虑架桥机施工作业的安全距离要求时，导线距轨顶的最小垂直距离不应小于 24 m。

2 括号内数值用于跨越杆顶。

3 导线距架桥机顶的最小距离按跨线考虑，不取括号中数值。且要求架桥机施工作业时，其顶端不得站人。

*：仅针对导线至承力索、接触线的最小垂直距离。

铁路技术管理规程（普速铁路部分）

最新版本施行日期：2021 年 12 月 1 日

节录：

第 204 条　35 kV 以下的电线路（包括通信线路、广播电视线路等）不得跨越接触网，应由地下穿过铁路。接触网支柱不应附挂通信、有线电视等非供电线路设施，特殊情况需附挂时，应经铁路局批准。

第 209 条　135 kV 及以上铁路电力线路的杆塔内缘至铁路线路中心的水平距离不小于杆高加 3 100 mm。35 kV 以下铁路电力线路的杆塔内缘至铁路线路中心的水平距离不小于 3 100 mm。

邻近铁路线路的路外电力线路杆塔内缘至铁路线路中心的最小水平距离应满足国家、行业相关标准规定，并采取防护措施防止杆塔倾倒后侵入铁路建筑限界。

铁路技术管理规程（高速铁路部分）

最新版本施行日期：2021 年 12 月 1 日

节录：

第 131 条　邻近线路的通信杆、塔应采取必要的防护措施，防止杆、塔倾倒侵入铁路限界。

第 184 条　35 kV 及以下的电线路（包括通信线路、广播电视线路等）不得跨越接触网，应由地下穿过铁路。

接触网支柱不应附挂通信、有线电视等非供电线路设施，特殊情况需附挂时，应经铁路总公司批准。

树植类

中华人民共和国铁路法

最新版本施行日期：2015 年 4 月 24 日

节录：

第四十六条 在铁路弯道内侧、平交道口和人行过道附近，不得修建妨碍行车瞭望的建筑物和种植妨碍行车瞭望的树木。种植妨碍行车瞭望的树木的，由县级以上地方人民政府责令有关单位或者个人限期迁移或者修剪、砍伐。

中华人民共和国电力法

最新版本施行日期：2018 年 12 月 29 日

适用范围：

本法适用于中华人民共和国境内的电力建设、生产、供应和使用活动。

节录：

第五十三条 电力管理部门应当按照国务院有关电力设施保护的规定，对电力设施保护区设立标志。

任何单位和个人不得在依法划定的电力设施保护区内修建可能危及电力设施安全的建筑物、构筑物，不得种植可能危及电力设施安全的植物，不得堆放可能危及电力设施安全的物品。

在依法划定电力设施保护区前已经种植的植物妨碍电力设施安全的，应当修剪或者砍伐。

第五十四条 任何单位和个人需要在依法划定的电力设施保护区内进行可能危及电力设施安全的作业时，应当经电力管理部门批准并采取安全措施后，方可进行作业。

第五十五条 电力设施与公用工程、绿化工程和其他工程在新建、改建或者扩建中相互妨碍时，有关单位应当按照国家有关规定协商，达成协议后方可施工。

第六十九条 违反本法第五十三条规定，在依法划定的电力设施保护区内修建建筑物、构筑物或者种植植物、堆放物品，危及电力设施安全的，由当地人民政府责令强制拆除、砍伐或者清除。

中华人民共和国森林法

最新版本施行日期：2020 年 7 月 1 日

适用范围：

在中华人民共和国领域内从事森林、林木的保护、培育、利用和森林、林木、林地的经营管理活动，适用本法。

节录：

第四十三条 各级人民政府应当组织各行各业和城乡居民造林绿化。

宜林荒山荒地荒滩，属于国家所有的，由县级以上人民政府林业主管部门和其他有关主管部门组织开展造林绿化；属于集体所有的，由集体经济组织组织开展造林绿化。

城市规划区内、铁路公路两侧、江河两侧、湖泊水库周围，由各有关主管部门按照有关规定因地制宜组织开展造林绿化；工矿区、工业园区、机关、学校用地，部队营区以及农场、牧场、渔场经营地区，由各该单位负责造林绿化。组织开展城市造林绿化的具体办法由国务院制定。

第五十六条 采伐林地上的林木应当申请采伐许可证，并按照采伐许可证的规定进行采伐；采伐自然保护区以外的竹林，不需要申请采伐许可证，但应当符合林木采伐技术规程。

农村居民采伐自留地和房前屋后个人所有的零星林木，不需要申请采伐许可证。

非林地上的农田防护林、防风固沙林、护路林、护岸护堤林和城镇林木等的更新采伐，由有关主管部门按照有关规定管理。

采挖移植林木按照采伐林木管理。具体办法由国务院林业主管部门制定。

禁止伪造、变造、买卖、租借采伐许可证。

第六十一条 采伐林木的组织和个人应当按照有关规定完成更新造林。更新造林的面积不得少于采伐的面积，更新造林应当达到相关技术规程规定的标准。

铁路安全管理条例（国务院令〔2013〕639 号）

施行日期：2014 年 1 月 1 日

节录：

第二十九条 禁止在铁路线路安全保护区内烧荒、放养牲畜、种植影响铁路线路安全和行车瞭望的树木等植物。

禁止向铁路线路安全保护区排污、倾倒垃圾以及其他危害铁路安全的物质。

第八十八条 在铁路线路安全保护区内烧荒、放养牲畜、种植影响铁路线路安全和行车瞭望的树木等植物，或者向铁路线路安全保护区排污、倾倒垃圾以及其他危害铁路安全的物质的，由铁路监督管理机构责令改正，对单位可以处 5 万元以下的罚款，对个人可以处 2 000 元以下的罚款。

历次版本：参见通用部分。

电力设施保护条例（国务院令〔1998〕239 号）

最新版本施行日期：2011 年 1 月 8 日

适用范围：

本条例适用于中华人民共和国境内已建或在建的电力设施（包括发电设施、变电设施和电力线路设施及其有关辅助设施）。

节录：

第十五条 任何单位或个人在架空电力线路保护区内，必须遵守下列规定：

（四）不得种植可能危及电力设施安全的植物。

第十六条 任何单位或个人在电力电缆线路保护区内，必须遵守下列规定：

（一）不得在地下电缆保护区内堆放垃圾、矿渣、易燃物、易爆物，倾倒酸、碱、盐及其他有害化学物品，兴建建筑物、构筑物或种植树木、竹子。

第二十二条 公用工程、城市绿化和其他工程在新建、改建或扩建中妨碍电力设施时，或电力设施在新建、改建或扩建中妨碍公用工程、城市绿化和其他工程时，双方有关单位必须按照本条例和国家有关规定协商，就迁移、采取必要的防护措施和补偿等问题达成协议后方可施工。

第二十四条 新建、改建或扩建电力设施，需要损害农作物，砍伐树木、竹子，或拆迁建筑物及其他设施的，电力建设企业应按照国家有关规定给予一次性补偿。

在依法划定的电力设施保护区内种植的或自然生长的可能危及电力设施安全的树木、竹子，电力企业应依法予以修剪或砍伐。

电力设施保护条例实施细则（国经贸令〔1999〕第8号）

最新版本施行日期：2024年3月1日

适用范围：

本细则适用于中华人民共和国境内国有、集体、外资、合资、个人已建或在建的电力设施。

节录：

第五条 架空电力线路保护区，是为了保证已建架空电力线路的安全运行和保障人民生活的正常供电而必须设置的安全区域。在厂矿、城镇、集镇、村庄等人口密集地区，架空电力线路保护区为导线边线在最大计算风偏后的水平距离和风偏后距建筑物的水平安全距离之和所形成的两平行线内的区域。各级电压导线边线在计算导线最大风偏情况下，距建筑物的水平安全距离如下：

1千伏以下	1.0米
1—10千伏	1.5米
35千伏	3.0米
66—110千伏	4.0米
154—220千伏	5.0米
330千伏	6.0米
500千伏	8.5米

第七条 地下电力电缆保护区的宽度为地下电力电缆线路地面标桩两侧各0.75米所形成两平行线内区域。

发电设施附属的输油、输灰、输水管线的保护区依本条规定确定。

在保护区内禁止使用机械掘土、种植林木；禁止挖坑、取土、兴建建筑物和构筑物；不得堆放杂物或倾倒酸、碱、盐及其他有害化学物品。

第十三条 在架空电力线路保护区内，任何单位或个人不得种植可能危及电力设施和供电安全的树木、竹子等高杆植物。

第十六条 架空电力线路建设项目和公用工程、城市绿化及其他工程之间发生妨碍时，按下述原则处理：

（一）新建架空电力线路建设工程、项目需穿过林区时，应当按国家有关电力设计的规程砍伐出通道，通道内不得再种植树木；对需砍伐的树木由架空电力线路建设单位按国家的规定办理手续和付给树木所有者一次性补偿费用，并与其签定不再在通道内种植树木的协议。

（二）架空电力线路建设项目、计划已经当地城市建设规划主管部门批准的，园林部门对影响架空电力线路安全运行的树木，应当负责修剪，并保持今后树木自然生长最终高度和架空电力线路导线之间的距离符合安全距离的要求。

（三）根据城市绿化规划的要求，必须在已建架空电力线路保护区内种植树木时，园林部门需与电力管理部门协商，征得同意后，可种植低矮树种，并由园林部门负责修剪以保持树木自然生长最终高度和架空电力线路导线之间的距离符合安全距离的要求。

第十八条 在依法划定的电力设施保护区内，任何单位和个人不得种植危及电力设施安全的树木、竹子或高杆植物。

电力企业对已划定的电力设施保护区域内新种植或自然生长的可能危电力设施安全的树木、竹子，应当予以砍伐，并不予支付林木补偿费、林地补偿费、植被恢复费等任何费用。

森林防火工程技术标准（LYJ 127—2012）

施行日期：2012 年 1 月 1 日

适用范围：

本标准适用于我国国有林区和集体林区新建、扩建和改建的森林防火工程建设。

节录：

4.2 林火阻隔带

4.2.1 林火阻隔带是指林区内，所有由人工开设或自然形成的，规格符合规定标准，能有效阻隔林火蔓延的障碍物或屏障。

4.2.7　穿越林内或林缘的道路不得作为林火阻隔带单独使用，应在道路的两侧或紧挨林地的一侧设置其他林火障碍物，形成组合阻隔带。设置的其他林火障碍物的一侧宽度应满足以下条件：

1　标准铁路的风口险段不得小于 40 米，其他地段不得小于 30 米。

2　森林铁路的风口险段不得小于 30 米，其他地段不得小于 20 米。

3　高速公路不得小于 15 米，其他公路不得小于 10 米。

历次版本：

《森林防火工程技术标准》（LYJ 127—1991）

施行日期：1991 年 7 月 1 日

作废日期：2012 年 1 月 1 日

高速铁路安全防护管理办法（交通运输部令〔2020〕8 号）

施行日期：2020 年 7 月 1 日

节录：

第二十三条　在高速铁路线路安全保护区内，禁止种植妨碍行车瞭望或者有倒伏危险可能影响线路、电力、牵引供电安全的树木等植物；对已种植的，应当依法限期迁移或者修剪、砍伐。

铁路运输企业发现高速铁路线路安全保护区内既有的林木存在可能危及高速铁路安全隐患的，应当告知其产权人或者管理人及时采取措施消除安全隐患。产权人或者管理人拒绝或者怠于处置的，铁路运输企业应当及时向铁路沿线林业主管部门报告，由林业主管部门协调产权人或者管理人采取措施消除安全隐患。

铁路工程设计防火规范（TB 10063—2016）

最新版本施行日期：2020 年 6 月 9 日

适用范围：

本规范适用于新建、改建铁路工程的防火设计。

节录：

3.1.6 铁路用地界内不应种植油脂性植物。

3.1.7 铁路通过林区时，距林木最近的铁路线路中心线至林木垂直投影边缘的防火隔离带宽度不应小于 30 m。

3.1.8 铁路通过重点草原防火区时，应设置自铁路用地界至草地边缘不小于 20 m 的防火隔离带。

铁路技术管理规程（普速铁路部分）

最新版本施行日期：2021 年 12 月 1 日

节录：

第 142 条 信号传输线路，可采用电缆、光缆等传输手段。通信传输线路以光缆为主。

架空线线路下面，地下光缆和电缆线路上面，禁止植树。架空线线路附近的树枝与线条的距离，在市区内不小于 1 000 mm，在市区外不小于 2 000 mm。地下光缆和电缆线路与树木的平行距离，在市区内不小于 750 mm，在市区外不小于 2 000 mm。

第 410 条 在规定的信号显示距离内，不得种植影响信号显示的树木。对影响信号显示的树木，其处理办法由铁路局规定。

铁路技术管理规程（高速铁路部分）

最新版本施行日期：2021 年 12 月 1 日

节录：

第 462 条 在规定的信号显示距离内，不得种植影响信号显示的树木。

飘浮物类

一、通用类

中华人民共和国道路交通安全法

最新版本施行日期：2021 年 4 月 29 日

适用范围：

中华人民共和国境内的车辆驾驶人、行人、乘车人以及与道路交通活动有关的单位和个人，都应当遵守本法。

节录：

第四十八条 机动车载物应当符合核定的载质量，严禁超载；载物的长、宽、高不得违反装载要求，不得遗洒、飘散载运物。

第九十条 机动车驾驶人违反道路交通安全法律、法规关于道路通行规定的，处警告或者二十元以上二百元以下罚款。本法另有规定的，依照规定处罚。

铁路安全管理条例（国务院令〔2013〕639 号）

施行日期：2014 年 1 月 1 日

节录：

第三十二条 在铁路线路安全保护区及其邻近区域建造或者设置的建筑物、构筑物、设备等，不得进入国家规定的铁路建筑限界。

历次版本：参见通用部分。

国务院办公厅转发交通运输部等单位关于加强铁路沿线安全环境治理工作意见的通知（国办函〔2021〕49 号）

施行日期：2021 年 6 月 1 日

节录：

三、坚持问题导向，实施专项行动，全力消除安全隐患

（四）实施存量隐患集中治理销号行动。以铁路两侧500米范围内的彩钢瓦、石棉瓦、树脂瓦、简易房、塑料薄膜、防尘网、广告牌等轻质物体为重点，建立存量问题隐患库，制定针对性整治方案，实行闭环销号管理，力争2022年底前全部治理完成。

高速铁路安全防护管理办法（交通运输部令〔2020〕8号）

施行日期：2020年7月1日

节录：

第二十四条 在高速铁路电力线路导线两侧各500米范围内不得升放风筝、气球、孔明灯等飘浮物体，不得使用弓弩、弹弓、汽枪等攻击性器械从事可能危害高速铁路安全的行为。在高速铁路电力线路导线两侧升放无人机的，应当遵守国家有关规定。

对高速铁路线路两侧的塑料大棚、彩钢棚、广告牌、防尘网等 轻质建筑物、构筑物，其所有权人或者实际控制人应当采取加固防护措施，并对塑料薄膜、锡箔纸、彩钢瓦、铁皮等建造、构造材料及时清理，防止大风天气条件下危害高速铁路安全。

生活垃圾填埋场污染控制标准（GB 16889—2008）

施行日期：2008年7月1日

适用范围：

本标准适用于生活垃圾填埋场建设、运行和封场后的维护与管理过程中的污染控制和监督管理。本标准的部分规定也适用于与生活垃圾填埋场配套建设的生活垃圾转运站的建设、运行。

节录：

4.5 生活垃圾填埋场场址的位置及与周围人群的距离应依据环境影响评价结论确定，并经地方环境保护行政主管部门批准。

在对生活垃圾填埋场场址进行环境影响评价时，应考虑生活垃圾填埋场产生的渗滤液、大气污染物（含恶臭物质）、滋养动物（蚊、蝇、鸟类等）等因素，根据其所在地区的环境功能区类别，综合评价其对周围环境、居住人群的身体健康、日常生活和生产活动的影响，确定生活垃圾填埋场与常住居民居住场所、地表水域、高速公路、交通主干道（国道或省道）、铁路、飞机场、军事基地等敏感对象之间合理的位置关系以及合理的防护距离。环境影响评价的结论可作为规划控制的依据。

5.2 生活垃圾填埋场应建设围墙或栅栏等隔离设施，并在填埋区边界周围设置防飞扬设施、安全防护设施及防火隔离带。

7.1 填埋作业应分区、分单元进行，不运行作业面应及时覆盖。不得同时进行多作业面填埋作业或者不分区全场敞开式作业。中间覆盖应形成一定的坡度。每天填埋作业结束后，应对作业面进行覆盖；特殊气象条件下应加强对作业面的覆盖。

山东省铁路沿线彩钢板房、塑料大棚、防尘网、防晒网加固参考指南（鲁铁环治办函〔2021〕1号）

施行日期：2021年9月30日

二、硬质飘浮物类

中华人民共和国固体废物污染环境防治法

最新版本施行日期：2020年9月1日

适用范围：

固体废物污染环境的防治适用本法。

节录：

第一百二十四条 本法下列用语的含义：

（一）固体废物，是指在生产、生活和其他活动中产生的丧失原有利用价值或者虽未丧失利用价值但被抛弃或者放弃的固态、半固态和置于容器中的气态的物品、物质以及法律、行政法规规定纳入固体废物管理的物品、物质。经无害化加工处理，并且符合强制性国家产品质量标准，不会危害公众健康和生态安全，或者根据固体废物鉴别标准和鉴别程序认定为不属于固体废物的除外。

（二）工业固体废物，是指在工业生产活动中产生的固体废物。

（三）生活垃圾，是指在日常生活中或者为日常生活提供服务的活动中产生的固体废物，以及法律、行政法规规定视为生活垃圾的固体废物。

（四）建筑垃圾，是指建设单位、施工单位新建、改建、扩建和拆除各类建筑物、构筑物、管网等，以及居民装饰装修房屋过程中产生的弃土、弃料和其他固体废物。

（五）农业固体废物，是指在农业生产活动中产生的固体废物。

（六）危险废物，是指列入国家危险废物名录或者根据国家规定的危险废物鉴别标准和鉴别方法认定的具有危险特性的固体废物。

（七）贮存，是指将固体废物临时置于特定设施或者场所中的活动。

（八）利用，是指从固体废物中提取物质作为原材料或者燃料的活动。

（九）处置，是指将固体废物焚烧和用其他改变固体废物的物理、化学、生物特性的方法，达到减少已产生的固体废物数量、缩小固体废物体积、减少或者消除其危险成分的活动，或者将固体废物最终置于符合环境保护规定要求的填埋场的活动。

城市市容和环境卫生管理条例（国务院令〔1992〕101号）

最新版本施行日期：2017年3月1日

适用范围：

在中华人民共和国城市内，一切单位和个人都必须遵守本条例。

节录：

第十一条 在城市中设置户外广告、标语牌、画廊、橱窗等，应当内容健康、外型美观，并定期维修、油饰或者拆除。

大型户外广告的设置必须征得城市人民政府市容环境卫生行政主管部门同意后，按照有关规定办理审批手续。

无人驾驶航空器飞行管理条例（国务院令〔2023〕761号）

施行日期：2024年1月1日

节录：

第十九条　国家根据需要划设无人驾驶航空器管制空域（以下简称管制空域）。

真高120米以上空域，空中禁区、空中限制区以及周边空域，军用航空超低空飞行空域，以及下列区域上方的空域应当划设为管制空域：

（五）发电厂、变电站、加油（气）站、供水厂、公共交通枢纽、航电枢纽、重大水利设施、港口、高速公路、铁路电气化线路等公共基础设施以及周边一定范围的区域和饮用水水源保护区。

城市户外广告和招牌设施技术标准（CJJ/T 149—2021）

施行日期：2022年3月1日

节录：

4.2.5　大型高立柱户外广告设施设置应符合下列规定：

3　广告设施整体高度不宜超过22 m，规格尺寸、最小间距应分别符合表4.2.5–1和表4.2.5–2的规定。

表4.2.5–1　大型高立柱户外广告设施单面尺寸

道路类别	牌面尺寸（m×m）
城市道路、主要公路、次要公路	5×15或6×18
高速公路、铁路、轻轨、地铁	6×18或7×21

表4.2.5–2　大型高立柱户外广告设施的最小间距

道路类别	最小间距（m）
次要公路	300

续上表

道路类别	最小间距（m）
城市道路、主要公路	400
高速公路、铁路、轻轨、地铁	500

注："最小间距"是指任意两个大型高立柱户外广告设施之间的距离。

压型金属板工程应用技术规范（GB 50896—2013）

施行日期：2014 年 7 月 1 日

适用范围：

本规范适用于新建、扩建和改建的工业与民用建筑压型金属板系统的设计、施工、验收和维护。

节录：

5.2.2　压型金属板系统设计应符合下列规定：

5　在风荷载大的地区，屋脊、檐口、山墙转角、门窗、勒脚处应加密固定点或增加其他固定措施；对开敞建筑，屋面有较大负风压时，应采取加强连接的构造措施。

6.1.5　压型金属板屋面系统，宜经抗风揭试验验证系统的整体抗风揭能力。

10.2.1　压型金属板交付使用后宜定期进行检查、维护，并做好相应记录。检查宜按表 10.2.1 的规定进行。

10.2.5　压型金属板在使用及检查、维护中当发现有严重锈蚀、涂（镀）层脱落、变形、连接破坏等影响正常使用的情况时，应进行评估、鉴定及维修。

建筑金属板围护系统检测鉴定及加固技术标准（GB/T 51422—2021）

施行日期：2021 年 10 月 1 日

适用范围：

本标准适用于新建或既有建筑金属板围护系统的检测、鉴定、加固与改造。

节录：

5.1.5 根据建筑金属板围护系统的安全性及使用功能需求，检测项目应符合表 5.1.5 的规定。

表 5.1.5 金属板围护系统的检测项目

序号	检测项目名称	检测目的	检测类别	检测试件要求
1	材料	安全性	●	本标准第 5.3 节规定
2	连接部件抗拉性能	安全性	●	每个检验批连接总数的 0.1% 且不少于 3 件
3	抗风揭性能（静态）	安全性	●	同类型系统至少测试 1 个试件
4	抗风揭性能（动态）	安全性	○	同类型系统至少测试 1 个试件
5	水密性能	使用性	○	同类型系统至少测试 1 个试件
6	气密性能	使用性	○	同类型系统至少测试 1 个试件
7	热工性能	节能性	○	同类型系统至少测试 1 个试件
8	隔声性能	使用性	○	同类型系统至少测试 1 个试件
9	抗踩踏性能	安全性	○	同类型系统至少测试 1 个试件

注：表中●为应进行的检测项目，○为根据设计或相关标准要求进行的检测项目。

单层卷材屋面系统抗风揭试验方法（GB/T 31543—2015）

施行日期：2016 年 4 月 1 日

适用范围：

本标准规定了模拟抗风揭拉拔测试方法、静态正压或负压抗风揭测试方法和动态负压抗风揭测试方法三种测试单层卷材屋面系统抗风揭性能的试验方法。

本标准适用于采用机械固定或满粘施工的单层卷材屋面系统。

节录：

4.3 本标准测评以下几种类型的屋面抗风揭性能：

a）在屋面构造中采用机械固定件、胶粘剂、热沥青、热风焊或这些方式的组合，将保温材料、防水卷材和其他部件固定至单层或多层构造的屋面基层上。

b）在屋面构造中采用结构混凝土和轻质绝热混凝作为屋面基层

c）在屋面构造中采用纤维增强水泥作为屋面基层。

d）在屋面构造中采用压型金属板和木板作为屋面基层。

9 试验报告

试验报告应包括下属内容：

a）试验所采用的标准名称及试样编号；

b）试验室名称和试验日期；

c）受检单位、生产单位、材料名称；

d）试验所用材料及安装方式的详细描述。包括钢板的厚度和屈服强度、保温板尺寸规格和抗压强度、固定件规格、固定方式、间距、卷材厚度和宽度、焊接温度、焊接速度等；

e）试件安装形式的描述（需要时提供照片）；

f）试验方法、试验样品和试验结果的相关信息；

g）风压等级、合格判定等试验结果。

钢结构工程施工质量验收标准（GB 50205—2020）

施行日期：2020 年 8 月 1 日

适用范围：

本标准适用于工业与民用建筑及构筑物的钢结构工程施工质量的验收。

节录：

12.6 金属屋面系统

12.6.2 对于下列情况之一，金属屋面系统应按本标准附录 C 的规定进行抗风揭性能检测，检测结果应满足设计要求：

1 建筑结构安全等级为一级的金属屋面；

2 防水等级Ⅰ、Ⅱ级的大型公共建（构）筑物金属屋面；

3 采用新材料、新板型或新构造的金属屋面；

4 设计文件提出检测要求的金属屋面。

检查数量：每个金属屋面系统 3 组（个）试件。

检验方法：按本标准附录 C 执行。

三、轻质飘浮物类

中华人民共和国环境保护法

最新版本施行日期：2015 年 1 月 1 日

适用范围：

本法适用于中华人民共和国领域和中华人民共和国管辖的其他海域。

节录：

第四十九条　各级人民政府及其农业等有关部门和机构应当指导农业生产经营者科学种植和养殖，科学合理施用农药、化肥等农业投入品，科学处置农用薄膜、农作物秸秆等农业废弃物，防止农业面源污染。

中华人民共和国固体废物污染环境防治法

最新版本施行日期：2020 年 9 月 1 日

适用范围：

固体废物污染环境的防治适用本法。

节录：

第五十条　清扫、收集、运输、处理城乡生活垃圾，应当遵守国家有关环境保护和环境卫生管理的规定，防止污染环境。

第五十二条　农贸市场、农产品批发市场等应当加强环境卫生管理，保持环境卫生清洁，对所产生的垃圾及时清扫、分类收集、妥善处理。

第六十五条　产生秸秆、废弃农用薄膜、农药包装废弃物等农业固体废物的单位和其他生产经营者，应当采取回收利用和其他防止污染环境的措施。

禁止在人口集中地区、机场周围、交通干线附近以及当地人民政府划定的其他区域露天焚烧秸秆。

第六十九条 国家依法禁止、限制生产、销售和使用不可降解塑料袋等一次性塑料制品。

第一百零六条 违反本法规定，未遵守国家有关禁止、限制使用不可降解塑料袋等一次性塑料制品的规定，或者未按照国家有关规定报告塑料袋等一次性塑料制品的使用情况的，由县级以上地方人民政府商务、邮政等主管部门责令改正，处一万元以上十万元以下的罚款。

第一百一十一条 违反本法规定，有下列行为之一，由县级以上地方人民政府环境卫生主管部门责令改正，处以罚款，没收违法所得：

（一）随意倾倒、抛撒、堆放或者焚烧生活垃圾的；

（二）擅自关闭、闲置或者拆除生活垃圾处理设施、场所的；

（三）工程施工单位未编制建筑垃圾处理方案报备案，或者未及时清运施工过程中产生的固体废物的；

（四）工程施工单位擅自倾倒、抛撒或者堆放工程施工过程中产生的建筑垃圾，或者未按照规定对施工过程中产生的固体废物进行利用或者处置的；

（五）产生、收集厨余垃圾的单位和其他生产经营者未将厨余垃圾交由具备相应资质条件的单位进行无害化处理的；

（六）畜禽养殖场、养殖小区利用未经无害化处理的厨余垃圾饲喂畜禽的；

（七）在运输过程中沿途丢弃、遗撒生活垃圾的。

单位有前款第一项、第七项行为之一，处五万元以上五十万元以下的罚款；单位有前款第二项、第三项、第四项、第五项、第六项行为之一，处十万元以上一百万元以下的罚款；个人有前款第一项、第五项、第七项行为之一，处一百元以上五百元以下的罚款。

违反本法规定，未在指定的地点分类投放生活垃圾的，由县级以上地方人民政府环境卫生主管部门责令改正；情节严重的，对单位处五万元以上五十万元以下的罚款，对个人依法处以罚款。

铁路安全管理条例（国务院令〔2013〕639号）

施行日期：2014年1月1日

节录：

第五十三条 禁止实施下列危害电气化铁路设施的行为：

（二）在铁路电力线路导线两侧各500米的范围内升放风筝、气球等低空飘浮物体。

历次版本： 参见通用部分。

城市市容和环境卫生管理条例（国务院令〔1992〕101号）

最新版本施行日期： 2017年3月1日

适用范围：

在中华人民共和国城市内，一切单位和个人都必须遵守本条例。

节录：

第十四条 任何单位和个人都不得在街道两侧和公共场地堆放物料，搭建建筑物、构筑物或者其他设施。因建设等特殊需要，在街道两侧和公共场地临时堆放物料，搭建非永久性建筑物、构筑物或者其他设施的，必须征得城市人民政府市容环境卫生行政主管部门同意后，按照有关规定办理审批手续。

第十五条 在市区运行的交通运输工具，应当保持外型完好、整洁，货运车辆运输的液体、散装货物，应当密封、包扎、覆盖，避免泄漏、遗撒。

第十六条 城市的工程施工现场的材料、机具应当堆放整齐，渣土应当及时清运；临街工地应当设置护栏或者围布遮挡；停工场地应当及时整理并作必要的覆盖；竣工后，应当及时清理和平整场地。

城市生活垃圾管理办法（建设部令〔2007〕157号）

最新版本施行日期： 2019年9月16日

适用范围：

本办法适用于中华人民共和国境内城市生活垃圾的清扫、收集、运输、处置及相关管理活动。

节录：

第二十条 从事城市生活垃圾经营性清扫、收集、运输的企业应当履行以下义务：

（一）按照环境卫生作业标准和作业规范，在规定的时间内及时清扫、收运城市生活垃圾；

（二）将收集的城市生活垃圾运到直辖市、市、县人民政府建设（环境卫生）主管部门认可的处理场所；

（三）清扫、收运城市生活垃圾后，对生活垃圾收集设施及时保洁、复位，清理作业场地，保持生活垃圾收集设施和周边环境的干净整洁；

（四）用于收集、运输城市生活垃圾的车辆、船舶应当做到密闭、完好和整洁。

农用薄膜管理办法（农业部令〔2020〕4号）

施行日期：2020年9月1日

适用范围：

本办法所称农用薄膜，是指用于农业生产的地面覆盖薄膜和棚膜。农用薄膜的生产、销售、使用、回收、再利用及其监督管理适用本办法。

节录：

第十一条 农用薄膜销售者应当查验农用薄膜产品的包装、标签、质量检验合格证，不得采购和销售未达到强制性国家标准的农用薄膜，不得将非农用薄膜销售给农用薄膜使用者。

农用薄膜销售者应当依法建立销售台账，如实记录销售农用薄膜的名称、规格、数量、生产者、生产日期和供货人名称及其联系方式、进货日期等内容。销售台账应当至少保存两年。

第十二条 农用薄膜使用者应当按照产品标签标注的期限使用农用薄膜。农业生产企业、农民专业合作社等使用者应当依法建立农用薄膜使用记录，如实记录使用时间、地点、对象以及农用薄膜名称、用量、生产者、销售者等内容。农用薄膜使用记录应当至少保存两年。

第十五条 农用薄膜使用者应当在使用期限到期前捡拾田间的非全生物降解农用薄膜废弃物，交至回收网点或回收工作者，不得随意弃置、掩埋或者焚烧。

第十七条 农用薄膜回收网点和回收再利用企业应当依法建立回收台账，如实记录废旧农用薄膜的重量、体积、杂质、缴膜人名称及其联系方式、回收时间等内容。回收台账应当至少保存两年。

第二十条 农用薄膜回收再利用企业应当依法做好回收再利用厂区和周边环境的环境保护工作，避免二次污染。

农业农村部关于贯彻实施《中华人民共和国固体废物污染环境防治法》的意见（农科教发〔2021〕8号）

施行日期：2018年8月20日

节录：

二、明确贯彻实施《固废法》的重点任务

（三）全力抓好地膜回收利用。强化农膜使用控制，开展地膜覆盖技术适宜性评价，动地膜使用“零增长”。以主要覆膜区域为重点，以回收利用、减量替代为主要治理方式，大力推进标准地膜应用、机械化捡拾、专业化回收、资源化利用，有效防控农田“白色污染”。加强农膜生产、销售、使用和回收等环节的全链条监管，配合有关部门推进地膜强制性国标的贯彻执行，全面普及标准地膜。加强西北地区100个农膜回收重点县建设，推动生产者、销售者、使用者等相关主体落实回收责任，完善回收网络体系，试点推进农膜区域性补偿制度。做好全生物降解地膜评价应用，加大成熟产品与技术的推介力度。做好农膜残留国控监测点例行监测，及时掌握农膜残留污染及回收利用情况。

种植塑料大棚工程技术规范（GB/T 51507—2013）

施行日期：2015年6月1日

适用范围：

本规范适用于种植用装配式热浸镀锌钢架结构塑料大棚的设计、施工、验收和运行维护。

节录：

9.2 塑料薄膜

9.2.1 日常管理中应保证塑料薄膜始终处于绷紧状态，保证塑料薄膜固定牢固、表面无破损。

9.2.5 塑料大棚长时间不用时宜将薄膜卸下，合理保存。

9.5 临时加固措施

9.5.1 大风、大雪、暴雨来临之前应全面检查大棚的密封性能，紧闭门窗，绷紧塑料薄膜、拉紧压膜线。

温室覆盖材料安装与验收规范 塑料薄膜（NY/T 1966—2010）

施行日期：2011 年 2 月 1 日

适用范围：

本标准适用于以塑料薄膜作为覆盖材料，以卡槽 - 卡簧和卡槽 - 压条方式固定薄膜的新建和改扩建温室。日光温室和塑料棚的塑料薄膜安装和更换可参照执行。

节录：

4.4 塑料薄膜按照设计要求的尺寸裁剪或焊合后，缠卷到表面无毛刺的钢管、木棒或纸管上，按不同规格分类包装并放置。缠卷塑料薄膜的钢管、木棒或纸管两端应至少各长出塑料薄膜 20 cm；薄膜焊缝应平整、连续；塑料薄膜放置处应清扫干净，防止划伤。

4.5 塑料薄膜应存放在遮阳、干燥处，不得日晒雨淋，存放地严禁烟火，存放期应不超过 6 个月。如在冬季安装塑料薄膜，宜在室温下放置 2 d~3 d 后进行。

5.4.15 卷膜轴上安装的塑料薄膜，至少要在卷膜轴上缠绕两圈。卡具应按设计要求牢固固定塑料薄膜，不得将损坏或失效的卡具安装在卷膜轴上。

5.5.3 压膜线的两个固定端应固定牢固，并留出 50 mm 以上的余量。

5.5.5 扁平压膜线应平整紧压在塑料薄膜上，不得出现扭拧现象。

采矿爆破类

一、通用类

铁路安全管理条例（国务院令〔2013〕639号）

施行日期：2014年1月1日

节录：

第三十四条　在铁路线路两侧从事采矿、采石或者爆破作业，应当遵守有关采矿和民用爆破的法律法规，符合国家标准、行业标准和铁路安全保护要求。

在铁路线路路堤坡脚、路堑坡顶、铁路桥梁外侧起向外各1 000米范围内，以及在铁路隧道上方中心线两侧各1 000米范围内，确需从事露天采矿、采石或者爆破作业的，应当与铁路运输企业协商一致，依照有关法律法规的规定报县级以上地方人民政府有关部门批准，采取安全防护措施后方可进行。

第九十一条　有下列行为之一的，分别由铁路沿线所在地县级以上地方人民政府水行政主管部门、国土资源主管部门或者无线电管理机构等依照有关水资源管理、矿产资源管理、无线电管理等法律、行政法规的规定处罚：

（一）未经批准在铁路线路两侧各1 000米范围内从事露天采矿、采石或者爆破作业；

（二）在地下水禁止开采区或者限制开采区抽取地下水。

历次版本：参见通用部分。

高速铁路安全防护管理办法（交通运输部令〔2020〕8号）

施行日期：2020年7月1日

节录：

第十八条　在高速铁路线路两侧从事采矿、采石或者爆破作业的，应当遵守有关采矿和民用爆炸物品的法律法规，符合保障安全生产的国家标准、行业标准和铁路安全保护的相关要求。

在高速铁路线路路堤坡脚、路堑坡顶、铁路桥梁外侧起向外各 1 000 米范围内，以及在铁路隧道上方中心线两侧各 1 000 米范围内，确需从事露天采矿、采石或者爆破作业的，应当充分考虑高速铁路安全需求，依法进行安全评估、安全监理，与铁路运输企业协商一致，依照法律法规规定报经有关主管部门批准，并采取相应的安全防护措施。

矿产资源开采过程中，在矿井、水平、采区设计时，对高速铁路及其主要配套建筑物、构筑物应当划定保护矿柱。

新建高速铁路用地与探矿权人的矿产资源勘查范围、采矿权人的采矿采石影响范围发生重叠或者在尾矿库溃坝冲击范围的，或者新建高速铁路线路跨越上述范围的，铁路建设单位应当与有关权利主体协商一致，签订安全协议，共同制定安全保障措施，按照国家有关规定处理，确保矿山生产经营单位安全生产条件符合相关规定。

二、采矿类

中华人民共和国矿产资源法

最新版本施行日期：2009 年 8 月 27 日

适用范围：

在中华人民共和国领域及管辖海域勘查、开采矿产资源，必须遵守本法。

节录：

第二十条　非经国务院授权的有关主管部门同意，不得在下列地区开采矿产资源：

（三）铁路、重要公路两侧一定距离内；

第三十三条　在建设铁路、工厂、水库、输油管道、输电线路和各种大型建筑物或者建筑群之前，建设单位必须向所在省、自治区、直辖市地质矿产主管部门了解拟建工程所在地区的矿产资源分布和开展情况。非经国务院授权的部门批准，不得压覆重要矿床。

中华人民共和国矿产资源法实施细则（国务院令〔1994〕152号）

施行日期：1994年3月26日

适用范围：

在中华人民共和国领域及管辖的其他海域勘查、开采矿产资源，必须遵守本细则。

节录：

第二十二条 探矿权人在没有农作物和其他附着物的荒岭、荒坡、荒地、荒漠、沙滩、河滩、湖滩、海滩上进行勘查的，不予补偿；但是，勘查作业不得阻碍或者损害航运、灌溉、防洪等活动或者设施，勘查作业结束后应当采取措施，防止水土流失，保护生态环境。

第三十五条 建设单位在建设铁路、公路、工厂、水库、输油管道、输电线路和各种大型建筑物前，必须向所在地的省、自治区、直辖市人民政府地质矿产主管部门了解拟建工程所在地区的矿产资源分布情况，并在建设项目设计任务书报请审批时附具地质矿产主管部门的证明。在上述建设项目与重要矿床的开采发生矛盾时，由国务院有关主管部门或者省、自治区、直辖市人民政府提出方案，经国务院地质矿产主管部门提出意见后，报国务院计划行政主管部门决定。

电力设施保护条例（国务院令〔1998〕239号）

最新版本施行日期：2011年1月8日

适用范围：

本条例适用于中华人民共和国境内已建或在建的电力设施（包括发电设施、变电设施和电力线路设施及其有关辅助设施）。

节录：

第十四条 任何单位或个人，不得从事下列危害电力线路设施的行为：

（八）在杆塔、拉线基础的规定范围内取土、打桩、钻探、开挖或倾倒酸、碱、盐及其他有害化学物品；

（九）在杆塔内（不含杆塔与杆塔之间）或杆塔与拉线之间修筑道路；

（十一）其他危害电力线路设施的行为。

第十五条 任何单位或个人在架空电力线路保护区内，必须遵守下列规定：

（一）不得堆放谷物、草料、垃圾、矿渣、易燃物、易爆物及其他影响安全供电的物品；

（三）不得兴建建筑物、构筑物；

第十六条 任何单位或个人在电力电缆线路保护区内，必须遵守下列规定：

（一）不得在地下电缆保护区内堆放垃圾、矿渣、易燃物、易爆物，倾倒酸、碱、盐及其他有害化学物品，兴建建筑物、构筑物或种植树木、竹子。

国务院关于保护铁路设施确保铁路运输安全畅通的通知

施行日期：1982 年 12 月 20 日

节录：

四、在铁路两侧山坡地带，由于盲目开山采石采矿，随意弃碴，人为地造成或正在形成泥石流灾害的地点，由铁路部门报请当地人民政府责成有关单位限期解决，以保证铁路运输安全。

生产建设项目水土保持技术标准（GB 50433—2018）

施行日期：2019 年 4 月 1 日

适用范围：

本标准适用于建设或生产过程中可能引起水土流失的生产建设项目的水土流失防治。

节录：

3.2.2 建设方案应符合下列规定：

1 公路、铁路工程在高填深挖路段，应采用加大桥隧比例的方案，减少大填大挖；填高大于 20 m，挖深大于 30 m 的，应进行桥隧替代方案论证；路堤、路堑在保证边坡稳定的基础上，应采用植物防护或工程与植物防护相结合的设计方案；

2 城镇区的建设项目应提高植被建设标准，注重景观效果，配套建设灌溉、排水和雨水利用设施；

3 山丘区输电工程塔基应采用不等高基础，经过林区的应采用加高杆塔跨越方式；

4 对无法避让水土流失重点预防区和重点治理区的生产建设项目，建设方案应符合下列规定：

1）应优化方案，减少工程占地和土石方量；公路、铁路等项目填高大于 8 m 宜采用桥梁方案；管道工程穿越宜采用隧道、定向钻、顶管等方式；山丘区工业场地宜优先采取阶梯式布置。

2）截排水工程、拦挡工程的工程等级和防洪标准应提高一级。

3）宜布设雨洪集蓄、沉沙设施。

4）提高植物措施标准，林草覆盖率应提高 1 个 ~2 个百分点。

3.2.3 **严禁在崩塌和滑坡危险区、泥石流易发区内设置取土（石、砂）场。**

3.2.5 **严禁在对公共设施、基础设施、工业企业、居民点等有重大影响的区域设置弃土（石、渣、灰、矸石、尾矿）场。**

3.2.6 弃土（石、渣、灰、矸石、尾矿）场设置应符合下列规定：

1 涉及河道的应符合河流防洪规划和治导线的规定，不得设置在河道、湖泊和建成水库管理范围内；

2 在山丘区宜选择荒沟、凹地、支毛沟，平原区宜选择凹地、荒地，风沙区宜避开风口；

3 应充分利用取土（石、砂）场、废弃采坑、沉陷区等场地；

4 应综合考虑弃土（石、渣、灰、矸石、尾矿）结束后的土地利用。

水土保持工程设计规范（GB 51018—2014）

施行日期：2015 年 8 月 1 日

节录：

12.2.2　弃渣场选址应符合下列规定：

2　**严禁在对重要基础设施、人民群众生命财产安全及行洪安全有重大影响的区域布设弃渣场；**

3　弃渣场不应影响河流、沟谷的行洪安全，弃渣不应影响水库大坝、水利工程取用水建筑物、泄水建筑物、灌（排）干渠（沟）功能，不应影响工矿企业、居民区、交通干线或其他重要基础设施的安全。

铁路建设项目水土保持方案技术标准（TB 10503—2005）

施行日期：2005 年 4 月 25 日

节录：

5.2.1　弃土（碴）场位置的选择应进行优化比选，并应符合下列规定：

1　选择储碴量大的低洼地形；

2　选择不易受水流冲刷的荒沟、荒地；

3　沿江河、湖泊地段不宜作为弃碴场地，当不可避免时必须采取可靠的工程防护措施，并应符合 50 年一遇洪水频率的防洪要求；

4　不良地质地段不宜作为弃土（碴）场，严禁在泥石流沟设置弃土（碴）场；

5　弃土（碴）场不得影响河流、沟谷、排灌沟渠的行洪与灌溉功能，并必须保证下游农田、建筑物的安全。

建筑物、水体、铁路及主要井巷煤柱留设与压煤开采规范（安监总煤装〔2017〕66 号）

施行日期：2017 年 12 月 7 日

适用范围：

在中华人民共和国领域及管辖的其他海域勘查、开采矿产资源，必须遵守本细则。

节录：

第五十四条　铁路的保护等级分为五级（表 6）。

表 6　铁路保护等级划分

保护等级	铁路等级
特	国家高速铁路、设计速度 200 km/h 的城际铁路和客货共线铁路等
Ⅰ	国家Ⅰ级铁路、设计速度 160 km/h 及以下的城际铁路等
Ⅱ	国家Ⅱ级铁路等
Ⅲ	Ⅲ级铁路等
Ⅳ	Ⅳ级铁路等

注：为某一地区或者企业服务具有地方运输性质、近期年客货运量小于 10 Mt 且大于或等于 5 Mt 的铁路属于Ⅲ级铁路；为某一地区或者企业服务具有地方运输性质、近期年客货运量小于 5 Mt 者的铁路属于Ⅳ级铁路。铁路车站按其相应铁路保护等级保护。其他铁路配套建筑物（构筑物），可以参照第二章和第三章，依据其重要性、用途等划分其保护等级；对于不易确定者，可以组织专门论证审定。

第五十五条　在矿井、水平、采区设计时，对铁路及其主要配套建筑物（构筑物）应当划定保护煤柱。对矿井排水易引发地表沉降区域的铁路线路，应当评估排水等因素对保护煤柱的影响。

第五十六条　铁路保护煤柱受护范围按下列要求确定：

（一）路堤应当以两侧路堤坡脚外 1 m 为界加围护带。

（二）路堑应当以两侧堑顶边缘外 1 m 为界加围护带。

（三）桥梁应当以基础外边缘外 1 m 为界加围护带。

（四）隧道应当以建筑界线外 1 m 为界加围护带。

围护带宽度根据受护对象的保护等级确定，按表 7 规定的数值选用。

表 7　铁路各保护等级的围护带宽度

保护等级	特	Ⅰ	Ⅱ	Ⅲ	Ⅳ
围护带宽度 /m	50	20	15	10	5

注：对于特级保护等级的有砟轨道铁路，特殊情况下围护带宽度可适当减少，但不得小于 30 m。

第五十七条　特级铁路保护煤柱按边界角留设，其他铁路保护煤柱按移动角留设。煤柱留设后预计地表移动变形值应当符合铁路技术标准的相关规定。保护煤柱宜采用垂线法或者垂直剖面法设计。

第五十八条　为了减少压煤量，在设计矿区专用铁路线时，应当充分考虑铁路线路与煤层的位置关系，必要时可使线路局部绕道。

第五十九条　取得试采成功经验的矿区，符合下列条件之一者，铁路压煤允许采用全部垮落法进行开采：

（一）Ⅲ级铁路：

薄及中厚单一煤层的采深与单层采厚比大于或者等于60；

厚煤层及煤层群的采深与分层采厚比大于或者等于80。

（二）Ⅳ级铁路：

薄及中厚单一煤层的采深与单层采厚比大于或者等于40；

厚煤层及煤层群的采深与分层采厚比大于或者等于60。

（三）不满足上述条件但本矿井在铁路下采煤有成功经验和可靠数据的铁路。

第六十条 符合下列条件之一者，铁路（指有缝线路）压煤允许采用全部垮落法进行试采。

（一）国家Ⅰ级铁路：

薄及中厚单一煤层的采深与单层采厚比大于或者等于150；

厚煤层及煤层群的采深与分层采厚比大于或者等于200。

（二）国家Ⅱ级铁路：

薄及中厚单一煤层的采深与单层采厚比大于或者等于100；

厚煤层及煤层群的采深与分层采厚比大于或者等于150。

（三）Ⅲ级铁路：

薄及中厚单一煤层的采深与单层采厚比大于或者等于40，小于60；

厚煤层及煤层群的采深与分层采厚比大于或者等于60，小于80。

（四）Ⅳ级铁路：

薄及中厚单一煤层的采深与单层采厚比大于或者等于20，小于40；

厚煤层及煤层群的采深与分层采厚比大于或者等于40，小于60。

（五）不满足上述条件但本矿井在铁路下采煤有一定经验和数据的铁路。

铁路压煤试采，除自营线路外，应当事先征得铁路运输企业和铁路行业监督管理部门同意。

第六十一条 铁路下采煤应当采取相应的减少开采影响的技术措施，对采深采厚比小于本规范第五十九条、第六十条要求的缓倾斜、倾斜煤层，在技术上可能和经济上合理的条件下，可以进行开采或者试采；对急倾斜煤层，必须根据煤层顶底板岩性、覆岩破坏规律，采取相应的采煤方法和顶板管理方法，保证地表不出现突然下沉。

第六十二条 铁路下采煤时，应当及时维修受采动影响的铁路。铁路线的维修标准和要求应当按照铁路管理部门有关规定执行，并满足铁路安全运营要求。

第六十三条 铁路压煤开采应当有开采方案设计，在征得铁路运输企业同意，方案得到批准后实施。方案设计应当包含下列基本内容：

（一）铁路特征及其压煤开采的必要性、可能性和安全可靠性。

（二）实现铁路下采煤的各种技术方案，其中包括采煤方法和顶板管理方法的选择与论证，开采技术措施、行车安全措施及铁路的维修方法。

（三）地表移动与变形值预计，包括选用的计算公式和参数，铁路所在处地表的下沉、下沉速度、纵向和横向移动及水平变形值计算结果及曲线图。

（四）铁路路基及其上部建筑的维修方法与维修周期。

（五）开采技术方案及维修方案的技术、经济评价和费用概算。

（六）方案的综合分析对比和选定。

（七）铁路及地表移动观测站设计。

第六十四条 铁路压煤开采方案设计应当具备下列技术资料和工程图：

（一）地质开采技术条件。煤层的层数、层间距、倾角、埋藏深度、开采范围、压煤量、上覆岩层性质、地质断裂构造位置及落差、流砂、溶洞、老采空区的空间位置、活化的可能性及其对地表和线路的影响等。工程图有井上下对照图、采掘工程平面图、地质地形图、地质剖面图及钻孔柱状图等。

（二）受采动影响铁路的技术特征。铁路等级、股道数量、运输量、每昼夜列车通过对数、最高行车速度、最小行车间隔时间、线路路基及上部建筑物（构筑物）的构成，线路标高、变坡点、坡度以及线路直线段、曲线段和缓和曲线段的位置。曲率半径、曲线长度、道岔、信号和通信设备及线路周围地形等。工程图有线路平面图和纵、横剖面图等。

（三）铁路其他建筑物（构筑物）的技术特征。对于铁路桥，应当标明桥梁及桥墩、台的结构、材质、建筑年月、过水断面、桥下最高洪水位及流量等。工程图有桥梁的平面位置图，桥梁、墩、台的结构图，支座座构造图等。断面、桥下最高洪水位及流量等。工程图有桥梁的平面位置图，桥梁、墩、台的结构图，支座构造图等。

第六十五条 在铁路下试采时，必须对线路进行相应的巡视及观测研究工作，观测数据及分析报告应当及时抄送铁路运输企业。试采结束后，对各项观测资料进行系统分析和总结，提出成果，上报原审批单位，并抄送铁路运输企业。在符合本规范第五十九条规定进行铁路下采煤时，或者本矿井已进行过铁路下采煤时，可根据具体情况只作局部或单项观测。观测数据及分析报告应当及时抄送铁路运输企业。铁路线路观测的主要内容有线路下沉量、下沉速度及纵、横向水平移动等。其他各项观测研究工作及铁路车站建筑物（构筑物）的观测研究工作按本规范第三十二条和第五十三条的有关规定执行。

尾矿库安全监督管理规定（国安监令〔2015〕78号）

施行日期：2015年7月1日

适用范围：

尾矿库的建设、运行、回采、闭库及其安全管理与监督工作，适用本规定。

核工业矿山尾矿库、电厂灰渣库的安全监督管理工作，不适用本规定。

节录：

第十条 尾矿库的勘察单位应当具有矿山工程或者岩土工程类勘察资质。设计单位应当具有金属非金属矿山工程设计资质。安全评价单位应当具有尾矿库评价资质。施工单位应当具有矿山工程施工资质。施工监理单位应当具有矿山工程监理资质。

第十一条 尾矿库建设项目应当进行安全设施设计，对尾矿库库址及尾矿坝稳定性、尾矿库防洪能力、排洪设施和安全观测设施的可靠性进行充分论证。

第十三条 尾矿库建设项目应当进行安全设施设计并经安全生产监督管理部门审查批准后方可施工。无安全设施设计或者安全设施设计未经审查批准的，不得施工。

严禁未经设计并审查批准擅自加高尾矿库坝体。

第十六条 尾矿库建设项目安全设施试运行应当向安全生产监督管理部门书面报告，试运行时间不得超过6个月，且尾砂排放不得超过初期坝坝顶标高。试运行结束后，建设单位应当组织安全设施竣工验收，并形成书面报告备查。

第十八条 对生产运行的尾矿库，未经技术论证和安全生产监督管理部门的批准，任何单位和个人不得对下列事项进行变更：

（一）筑坝方式；

（二）排放方式；

（三）尾矿物化特性；

（四）坝型、坝外坡坡比、最终堆积标高和最终坝轴线的位置；

（五）坝体防渗、排渗及反滤层的设置；

（六）排洪系统的型式、布置及尺寸；

（七）设计以外的尾矿、废料或者废水进库等。

第十九条 尾矿库应当每三年至少进行一次安全现状评价。安全现状评价应当符合国家标准或者行业标准的要求。

尾矿库安全现状评价工作应当有能够进行尾矿坝稳定性验算、尾矿库水文计算、构筑物计算的专业技术人员参加。

上游式尾矿坝堆积至二分之一至三分之二最终设计坝高时，应当对坝体进行一次全面勘察，并进行稳定性专项评价。

第二十条 尾矿库经安全现状评价或者专家论证被确定为危库、险库和病库的，生产经营单位应当分别采取下列措施：

（一）确定为危库的，应当立即停产，进行抢险，并向尾矿库所在地县级人民政府、安全生产监督管理部门和上级主管单位报告；

（二）确定为险库的，应当立即停产，在限定的时间内消除险情，并向尾矿库所在地县级人民政府、安全生产监督管理部门和上级主管单位报告；

（三）确定为病库的，应当在限定的时间内按照正常库标准进行整治，消除事故隐患。

第二十一条 生产经营单位应当建立健全防汛责任制，实施24小时监测监控和值班值守，并针对可能发生的垮坝、漫顶、排洪设施损毁等生产安全事故和影响尾矿库运行的洪水、泥石流、山体滑坡、地震等重大险情制定并及时修订应急救援预案，配备必要的应急救援器材、设备，放置在便于应急时使用的地方。

第二十八条 尾矿库运行到设计最终标高或者不再进行排尾作业的，应当在一年内完成闭库。特殊情况不能按期完成闭库的，应当报经相应的安全生产监督管理部门同意后方可延期，但延长期限不得超过6个月。

第二十九条 尾矿库运行到设计最终标高的前12个月内，生产经营单位应当进行闭库前的安全现状评价和闭库设计，闭库设计应当包括安全设施设计。

历次版本：

《尾矿库安全监督管理规定》（国安监令〔2006〕6号）

施行日期：2006年4月21日

作废日期：2011年7月1日

《尾矿库安全监督管理规定》（国安监令〔2011〕38号）

施行日期：2011年7月1日

作废日期：2015年1月1日

尾矿库安全规程（GB 39496—2020）

施行日期：2021年9月1日

适用范围：

本标准规定了尾矿库在建设、生产运行、回采、闭库、安全检查、生产经营单位应急管理、安全评价等方面的安全要求。

本标准适用于中华人民共和国境内尾矿库。

节录：

5.2.1 尾矿库不应设在下列地区：

国家法律、法规规定禁止建设尾矿库的区域；

尾矿库失事将使下游重要城镇、工矿企业、铁路干线或高速公路等遭受严重威胁区域。

历次版本：

《尾矿库安全技术规程》（AQ 2006—2005）

施行日期：2006年3月1日

作废日期：2021年9月1日

冶金矿山排土场设计规范（GB 51119—2015）

施行日期：2016年5月1日

适用范围：

本规范适用于新建、改建和扩建的冶金矿山排土场设计。

节录：

3　基本规定

3.1　排土场设计原则

3.1.1　排土场设计应符合矿山建设的总体规划，并应与当地土地利用总体规划、农田水利规划、交通运输规划相协调。

3.4　设计基础资料

3.4.2　排土场周边地区有关规划情况应包括当地土地利用总体规划、农田水利规划、交通运输规划以及排土场现状资料和既有设施状况。

4　场址选择

4.1　一般规定

4.1.1　排土场场址应满足与采矿场、工业场地（厂区）、居民点、铁路、公路、输电及通信干线、水域、隧洞等设施的安全防护距离的要求。

4.2　排土场场址

4.2.1　排土场不应布置在具有形成泥石流条件、排水不良、可能危及露天采矿场、井（硐）口、工业场地、居住区、村镇、交通干线等重要建（构）筑物的上游。

5　排土工艺

5.4　防护距离

5.4.1　不具有形成泥石流条件、基底工程地质或水文地质条件良好的排土场，设计最终坡底线与主要设施、场地、居住区等的安全距离应满足下列规定：

1　当不设置防护工程时，排土场设计安全防护距离应按表5.4.1确定；

2　当设置防护工程时，应按采取工程措施要求确定。

5.4.2　复杂及不良场地条件的排土场，其设计最终坡底线与主要设施、场地、居住区等的安全距离应根据所采取的安全措施论证确定，一般场地排土场设计安全防护距离应满足本规范表 5.4.1 的要求。

表 5.4.1 排土场设计安全防护距离

序号	名称	排土场等级			
		一	二	三	四
1	国家铁（公）路、航道、高压线路铁塔等重要设施	≥ 1.5 *H*	≥ 1.5 *H*	≥ 1.25 *H*	≥ 1.0 *H*
2	矿山铁（公）路干线（不包括露天采场生产道路）等	≥ 1.0 *H*	≥ 1.0 *H*	≥ 0.75 *H*	≥ 0.75 *H*
3	露天采场开采终了境界线	应根据边坡稳定性及坡底线外地面坡度情况确定，当地画坡度逆坡时，不应小于 30 m；当地面坡度顺坡时，不应小于 1.0 *H*			
4	村庄、居住区、工业场地等	≥ 2.0 *H*	≥ 2.0 *H*	≥ 2.0 *H*	≥ 2.0 *H*

注：1 表中 *H* 值为排土场设计最终堆置高度。

2 安全防护距离，航道应由设计水位的水位线算起；铁路、公路由其设施边缘算起；建（构）筑物应由其边缘算起；工业场地应由其边缘或围墙算起。

6 排土场安全稳定性

6.1 一般规定

6.1.1 可行性研究阶段应进行排土场灾害可能性分析，初步设计阶段应进行排土场稳定性分析。改、扩建矿山应对现状排土场进行稳定性论证。

金属非金属矿山安全标准化规范尾矿库实施指南（AQ/T 2050.4—2016）

施行日期：2007 年 7 月 1 日

适用范围：

本标准规定了创建尾矿库安全标准化系统的要求。

本标准适用于金属非金属矿山企业或独立选厂所属的尾矿库安全标准化建设与监督管理。

节录：

3.7 外部联系与内部沟通

3.7.1 外部联系

3.7.1.1 企业应建立外部联系渠道，并明确职责，确保与外界就相关安全生产事项进行及时有效的联系。

3.7.1.2 企业应采用文件的形式，及时向外界披露重大安全生产事项，特别是可能影响周边居民及其他相关方的安全生产事项。

7.3.2.3 汛期前应对排洪设施进行检查、维修和疏浚，确保排洪设施畅通。库内应设置清晰醒目的水位观测标尺，标明正常运行水位和警戒水位。

三、爆破类

爆破安全规程（GB 6722—2014）

施行日期：2015 年 7 月 1 日

适用范围：

本标准规定了爆破作业和爆破作业单位购买、运输、贮存、使用、加工、检验与销毁爆破器材的安全技术要求。

本标准适用于各种民用爆破作业和中国人民解放军、中国人民武装警察部队从事的非军事目的的工程爆破。

节录：

3.5 爆破有害效应 adverse effects of blasting

爆破时对爆区附近保护对象可能产生的有害影响。如爆破引起的振动、个别飞散物、空气冲击波、噪声、水中冲击波、动水压力、涌浪、粉尘、有害气体等。

3.22 爆炸加工 explosion working

利用炸药爆炸的瞬态高温和高压，使物料高速变形、切断、相互复合（焊接）或物质结构相变的加工方法。包括爆炸成形、焊接、复合、合成金刚石、硬化与强化、烧结、消除焊件残余应力等。

4 爆破工程分级

4.1 爆破工程按工程类别、一次爆破总药量、爆破环境复杂程度和爆破物特征，分 A、B、C、D 四个级别，实行分级管理。工程分级列于表 1。

表 1　爆破工程分级

作业范围	分级计量标准	级别			
		A	B	C	D
岩土爆破[a]	一次爆破药量 Q/t	$100 \leqslant Q$	$10 \leqslant Q < 100$	$0.5 \leqslant Q < 10$	$Q < 0.5$
拆除爆破	高度 H^{b}/m	$50 \leqslant H$	$30 \leqslant H < 50$	$20 \leqslant H < 30$	$H < 20$
	一次爆破药量 Q^{c}/t	$0.5 \leqslant Q$	$0.2 \leqslant Q < 0.5$	$0.05 \leqslant Q < 0.2$	$Q < 0.05$
特种爆破[d]	单张复合板使用药量 Q/t	$0.4 \leqslant Q$	$0.2 \leqslant Q < 0.4$	$Q < 0.2$	

[a] 表中药量对应的级别指露天深孔爆破。其他岩土爆破相应级别对应的药量系数：地下爆破 0.5；复杂环境深孔爆破 0.25；露天硐室爆破 5.0；地下硐室爆破 2.0；水下钻孔爆破 0.1，水下炸礁及清淤、挤淤爆破 0.2。

[b] 表中高度对应的级别指楼房、厂房及水塔的拆除爆破；烟囱和冷却塔拆除爆破相应级别对应的高度系数为 2 和 1.5。

[c] 拆除爆破按一次爆破药量进行分级的工程类别包括：桥梁、支撑、基础、地坪、单体结构等；城镇浅孔爆破也按此标准分级；围堰拆除爆破相应级别对应的药量系数为 20。

[d] 第 12 章所列其他特种爆破都按 D 级进行分级管理。

4.2　B、C、D 级一般岩土爆破工程，遇下列情况应相应提高一个工程级别：

距爆区 1 000 m 范围内有国家一、二级文物或特别重要的建（构）筑物、设施；

距爆区 500 m 范围内有国家三级文物、风景名胜区、重要的建（构）筑物、设施；

距爆区 300 m 范围内有省级文物、医院、学校、居民楼、办公楼等重要保护对象。

4.3　B、C、D 级拆除爆破及城镇浅孔爆破工程，遇下列情况应相应提高一个工程级别：

距爆破拆除物或爆区 5 m 范围内有相邻建（构）筑物或需重点保护的地表、地下管线；

爆破拆除物倒塌方向安全长度不够，需用折叠爆破时；

爆破拆除物或爆区处于闹市区、风景名胜区时。

5　爆破设计施工、安全评估与安全监理

5.1　一般规定

5.1.1　爆破设计施工、安全评估与安全监理应按 GA 990 和 GA 991 执行。

5.1.2 爆破设计施工、安全评估与安全监理应由具备相应资质和从业范围的爆破作业单位承担。

5.1.3 爆破设计施工、安全评估与安全监理负责人及主要人员应具备相应的资格和作业范围。

5.1.4 爆破作业单位不得对本单位的设计进行安全评估，不得监理本单位施工的爆破工程。

5.1.5 从事爆破设计施工、安全评估与安全监理的爆破作业单位，应当按照有关法律、法规和本标准的规定实施爆破设计施工、安全评估与安全监理，并承担相应的法律责任。

5.3 安全评估

5.3.1 需经公安机关审批的爆破作业项目，提交申请前，均应进行安全评估。

5.3.3 爆破安全评估的内容应包括：

爆破作业单位的资质是否符合规定；

爆破作业项目的等级是否符合规定；

设计所依据的资料是否完整；

设计方法、设计参数是否合理；

起爆网路是否可靠；

设计选择方案是否可行；

存在的有害效应及可能影响的范围是否全面；

保证工程环境安全的措施是否可行；

制定的应急预案是否适当。

5.3.4 A、B级爆破工程的安全评估应至少有3名具有相应作业级别和作业范围的持证爆破工程技术人员参加；环境十分复杂的重大爆破工程应邀请专家咨询，并在专家组咨询意见的基础上，编写爆破安全评估报告。

5.3.5 爆破安全评估报告内容应该翔实，结论应当明确。

5.3.6 经安全评估通过的爆破设计，施工时不得任意更改。经安全评估否定的爆破技术设计文件，应重新编写，重新评估。施工中如发现实际情况与评估时提交的资料不符，需修改原设计文件时，对重大修改部分应重新上报评估。

爆破作业人员资格条件和管理要求（GA 53—2015）

施行日期：2016 年 1 月 1 日

适用范围：

本标准规定了爆破作业人员的分类、分级、资格条件、岗位设置和职责要求以及管理要求。

本标准适用于爆破作业人员的资格管理和日常管理。

节录：

5 分级

5.1 爆破工程技术人员分为高级 /A、高级 /B、中级 /C 和初级 /D。资格等级与作业范围对应关系见表 1。

5.2 爆破员、安全员和保管员不分级。

表 1 爆破工程技术人员资格等级与作业范围对应关系表

资格等级	作业范围
高级 /A	A 级及以下爆破作业项目
高级 /B	B 级及以下爆破作业项目
中级 /C	C 级及以下爆破作业项目
初级 /D	D 级及以下爆破作业项目
注 1：表中作业范围的 A 级、B 级、C 级、D 级为 GB 6722—2014 中规定爆破工程的相应级别。 注 2：爆破工程技术人员资格条件见 6.2.1。	

爆破作业单位资质条件和管理要求（GA 990—2012）

施行日期：2012 年 6 月 1 日

适用范围：

本标准规定了爆破作业单位的分类、资质分级、资质条件和管理要求。

本标准适用于爆破作业单位的管理。

节录：

5 资质等级

5.1 营业性爆破作业单位的资质等级由高到低分为：一级、二级、三级、四级，从业范围分为设计施工、安全评估、安全监理。资质等级与从业范围的对应关系见表 1。

表 1　营业性爆破作业单位资质等级与从业范围对应关系表

资质等级	A 级爆破作业项目	B 级爆破作业项目	C 级爆破作业项目	D 级及以下爆破作业项目
一级	设计施工 安全评估 安全监理	设计施工 安全评估 安全监理	设计施工 安全评估 安全监理	设计施工 安全评估 安全监理
二级	—	设计施工 安全评估 安全监理	设计施工 安全评估 安全监理	设计施工 安全评估 安全监理
三级	—	—	设计施工 安全监理	设计施工 安全监理
四级	—	—	—	设计施工
注：表中 A 级、B 级、C 级、D 级为 GB 6722 中规定的相应级别。				

5.2　非营业性爆破作业单位不分级。

铁路工程爆破振动安全技术规程（TB 10313—2019）

施行日期：2012 年 6 月 1 日

适用范围：

本规程适用于铁路工程爆破以及其他邻近铁路的工程爆破施工振动安全控制。

节录：

1.0.4　邻近铁路和其他保护物爆破施工时，应进行爆破安全评估和振动监测，爆破安全评估和振动监测应由有相关资质的第三方承担。

1.0.5　非铁路工程爆破施工对铁路设备设施有影响时，其勘察、设计、施工、安全评估、振动监测应符合本规程的规定。

1.0.6　邻近铁路和其他保护物的工程爆破振动安全控制除应符合本规程外，尚应符合现行国家和行业相关标准的规定。

3.0.3　邻近铁路爆破施工及邻近其他重要保护物的铁路工程爆破施工，应进行爆破专项设计，并对爆破振动等有害效应进行专项安全评估。专项安全评估单位应持有公安部门颁发的相应许可证，并具有铁路工程爆破设计、施工或科研相关经验。专项安全评估项目负责人应具有高级爆破作业人员许可证资格。

3.0.4 邻近铁路的爆破设计方案和专项安全评估意见应征得铁路运输企业同意。

3.0.5 专项安全评估应包括下列内容：

1 根据铁路工程和设备设施的相关资料，被保护对象的性质和特点，爆区与保护物的相对位置、距离以及场地条件等，论证爆破振动安全控制指标的合理性。

2 评价爆破设计方案的可行性、钻爆参数的合理性。

3 论证爆破有害效应的影响范围是否可控，爆破振动控制方案与施工措施是否合理。

4 爆破振动监测方案和安全保证措施是否可行。

5 事故预防对策和应急预案是否适当。

6 其他需要论证的事项。

3.0.7 邻近铁路爆破施工及邻近其他保护物的铁路工程爆破施工应开展爆破振动监测。

3.0.8 重要保护物的爆破振动监测频次应由专项安全评估确定。非铁路部门的保护物，若对爆破振动监测频次有相关要求，应按照其要求执行。

4.1.1 铁路设备设施的爆破振动安全判据以质点峰值振动速度和主振频率为主。当爆破振动影响范围内有多项铁路设备设施，应同时满足各项保护物的爆破振动速度允许标准。

5.4.3 监测报告应由取得计量认证合格证书的检测机构出具，并在其监测报告上使用中国计量认证（CMA）标记。

危险物品类

一、通用类

铁路安全管理条例（国务院令〔2013〕639号）

施行日期：2014年1月1日

节录：

第三十三条　在铁路线路两侧建造、设立生产、加工、储存或者销售易燃、易爆或者放射性物品等危险物品的场所、仓库，应当符合国家标准、行业标准规定的安全防护距离。

第九十条　在铁路线路安全保护区及其邻近区域建造或者设置的建筑物、构筑物、设备等进入国家规定的铁路建筑限界，或者在铁路线路两侧建造、设立生产、加工、储存或者销售易燃、易爆或者放射性物品等危险物品的场所、仓库不符合国家标准、行业标准规定的安全防护距离的，由铁路监督管理机构责令改正，对单位处5万元以上20万元以下的罚款，对个人处1万元以上5万元以下的罚款。

历次版本：参见通用部分。

违反《铁路安全管理条例》行政处罚实施办法（交通运输部令〔2013〕22号）

最新版本施行日期：2021年11月19日

节录：

第二十七条　违反《条例》第三十三条规定，在铁路线路两侧建造、设立生产、加工、储存或者销售易燃、易爆或者放射性物品等危险物品的场所、仓库不符合国家标准、行业标准规定的安全防护距离的，由地区铁路监督管理局依照《条例》第九十条规定责令改正，视情节处以相应罚款：

（一）违法情节较轻的，对单位处5万元以上10万元以下的罚款，对个人处 1 万元以上 2 万元以下的罚款；

（二）违法情节较重的，对单位处 10 万元以上 15 万元以下的罚款，对个人处 2 万元以上 3 万元以下的罚款；

（三）违法情节严重的，对单位处 15 万元以上 20 万元以下的罚款，对个人处 3 万元以上 5 万元以下的罚款。

铁路工程设计防火规范（TB 10063—2016）

最新版本施行日期：2020 年 6 月 9 日

适用范围：

本规范适用于新建、改建铁路工程的防火设计。

节录：

2　火灾危险性分类和耐火等级

2.0.1　机务段、车辆段、动车段（所）、供电段、综合维修基地（段）、大型养路机械段、行包快运基地、中转仓库、口岸站油罐车换轮线（库）等主要生产房屋的火灾危险性分类和主要生产场所爆炸、火灾危险环境等级分区应符合本规范附录 A、附录 B 的规定。

2.0.2　旅客车站的站房及地道、天桥、站台雨棚，铁路物流中心库房、客车整备库及修车库、动车检修库（检查库）、机械保温车及加冰保温车检修库耐火等级不应低于二级。其他各类生产、生活房屋的耐火等级不宜低于二级。

2.0.3　机务段、车辆段及动车段（所）的喷漆库、油漆库、车体检修库，车站货物仓库、供电段变压器油过滤间采用钢结构时，受可燃气体或可燃液体火焰影响的部位应进行防火隔热保护，耐火等级不应低于二级。

2.0.4　站台立柱雨棚采用钢结构时可采用无防火保护的金属构件。线间立柱雨棚采用钢结构时，距轨面 12 m 以上可采用无防火保护的金属构件。

3　防火间距

3.1　线路

3.1.1　除为铁路运输工具补充燃料的设施及办理危险货物运输外，在铁路线路两侧建造、设立生产、加工、储存或销售易燃、易爆或放射性物品等危险物品的场所、仓库的防火间距不应小于表 3.1.1 铁路线路与房屋建筑物防火间距的规定。

表 3.1.1　铁路线路与房屋建筑物防火间距

序　号	房屋名称	防火间距（m）	
		正线	其他线
1	散发可燃气体、可燃蒸气的甲类生产厂房	35	30
2	甲、乙类生产厂房（不包括序号 1 的厂房）	30	25
3	甲、乙类物品库房	50	40
4	其他生产性及非生产性房屋	20	10

注：1　防火间距起算点应符合本规范附录 C 的规定。

2　生产烟花、爆竹、爆破器材的工厂和仓库与铁路线路之间的防护距离应符合国家标准的规定。

3　本表序号 4 中的房屋，当面向铁路侧墙体为防火墙或设置耐火极限 3.00 h 并高于轨面 4.0 m 的防火隔墙时，防火间距可适当减小，但不应减小到 50%。同时，非铁路房屋应建于铁路线路安全保护区之外。

3.1.2　铁路线路与可燃材料露天、半露天堆场的防火间距不应小于表 3.1.2 的规定。

表 3.1.2　铁路线路与可燃材料露天、半露天堆场的防火间距

序　号	堆场名称和总储量			防火间距（m）	
				正线	其他线
1	稻草、麦秸、芦苇、打包废纸等 W（t）		$10 \leqslant W < 5\,000$	40	30
			$W \geqslant 5\,000$	60	30
2	木材等 V（m^3）		$50 \leqslant V < 1\,000$	25	20
			$1\,000 \leqslant V < 10\,000$	30	25
			$V \geqslant 10\,000$	35	30
3	棉、麻、毛、化纤、百货 W（t）		$10 \leqslant W < 500$	25	20
			$500 \leqslant W < 1\,000$	30	25
			$1\,000 \leqslant W < 5\,000$	35	30
4	煤、焦炭 W（t）		$W > 100$	20	10
5	粮食	席穴囤 W（t）	$10 \leqslant W < 5\,000$	30	25
			$5\,000 \leqslant W < 20\,000$	35	30
			$500 \leqslant W < 10\,000$	25	20
			$10\,000 \leqslant W < 20\,000$	30	25

注：1　防火间距起算点应符合本规范附录 C 的规定。

2　表中“W”为可燃材料质量；“V”为可燃材料体积。

3.1.3 铁路线路与石油库的防火间距不应小于表 3.1.3–1 的规定；与石油化工企业设施的防火间距不应小于表 3.1.3–2 的规定；与甲、乙、丙类液体储罐，可燃、助燃气体储罐，火炬，油气井等的防火间距不应小于表 3.1.3–3 的规定。

表 3.1.3–1 铁路线路与石油库的防火间距

<table>
<tr><th rowspan="2">石油库设施名称</th><th rowspan="2">石油库等级</th><th colspan="2">防火间距（m）</th></tr>
<tr><th>正线</th><th>其他线</th></tr>
<tr><td rowspan="3">甲 B、乙类液体地上罐组；甲 B、乙类覆土立式油罐；无油气回收设施的甲 B、乙 A 类液体装卸码头</td><td>三级、四级、五级</td><td>50</td><td>25</td></tr>
<tr><td>二级</td><td>55</td><td>30</td></tr>
<tr><td>一级</td><td>60</td><td>35</td></tr>
<tr><td rowspan="3">丙类液体地上罐组；丙类覆土立式油罐；乙 B、丙类和采用油气回收设施的甲 B、乙 A 类液体装卸码头；无油气回收设施的甲 B、乙 A 类液体铁路或公路罐车装车设施；其他甲 B、乙类液体设施</td><td>三级、四级、五级</td><td>38</td><td>20</td></tr>
<tr><td>二级</td><td>40</td><td>23</td></tr>
<tr><td>一级</td><td>45</td><td>26</td></tr>
<tr><td rowspan="3">覆土卧式油罐；乙 B、丙类和采用油气回收设施的甲 B、乙 A 类液体铁路或公路罐车装车设施；仅有卸车作业的铁路或公路罐车卸车设施；其他丙类液体设施</td><td>三级、四级、五级</td><td>25</td><td>15</td></tr>
<tr><td>二级</td><td>28</td><td>15</td></tr>
<tr><td>一级</td><td>30</td><td>18</td></tr>
</table>

注：1 Ⅰ、Ⅱ级毒性液体的储罐等设施与铁路线的最小安全距离，应按相应火灾危险性类别和所在石油库的等级在本表规定的基础上增加 30%。

2 特级石油库中，非原油类易燃和可燃液体的储罐等设施与铁路线的最小安全距离，应在本表规定的基础上增加 20%。

表 3.1.3–2 铁路线路与石油化工企业设施的防火间距

<table>
<tr><th rowspan="2">设施名称</th><th rowspan="2">储　量</th><th colspan="2">防火间距（m）</th></tr>
<tr><th>正线</th><th>其他线</th></tr>
<tr><td>液化烃罐组（罐外壁）</td><td>不分储量</td><td>55</td><td>45</td></tr>
<tr><td>甲、乙类液体罐组（罐外壁）</td><td>不分储量</td><td>45</td><td>35</td></tr>
<tr><td>甲、乙类工艺装置或设施（最外侧设备外缘或建筑物的最外轴线）</td><td>不分储量</td><td>35</td><td>30</td></tr>
</table>

注：1 丙类可燃液体罐组的防火间距，可按甲、乙类液体罐组的规定减少 25%。

2 丙类工艺装置或设施的防火间距，可按甲、乙类工艺装置或设施的规定减少 25%。

表 3.1.3–3　铁路线路与液体、气体储罐、火炬、油气井的防火间距

序　号	储罐种类及总储量 V（m^3）		防火间距（m）	
			正线	其他线
1	甲、乙类液体储罐	不分储量	35	25
	丙类液体储罐	不分储量	30	20
2	可燃、助燃气体储罐	不分储量	35	25
3	液化石油气储罐	$30<V\leqslant 50$（单罐≤20）	60	25
		$50<V\leqslant 500$（单罐≤100）	70	30
		$500<V\leqslant 2\,500$（单罐≤400）	80	35
		$2\,500<V\leqslant 10\,000$（单罐≤1 000）	100	40
4	可能携带可燃液体的火炬		80	80
5	自喷油井、气井、注气井		40	30
6	机械采油井		20	15

注：1　埋地单罐容积小于或等于 100 m^3 的甲、乙类液体卧式储罐和其他散发蒸气比空气重的甲、乙类液体储罐与铁路线路的防火间距可按本表减少 50%，丙类液体储罐可在本表和本注的基础上再减少 25%，但折减后的甲、乙、丙类液体储罐与铁路线路的水平距离不得小于 15 m。

2　埋地单罐容积小于或等于 50 m^3 且总容量不大于 400 m^3 的液化石油气储罐，与铁路线路的防火间距可按本表减少 50%。

3　放空管可按本表中可能携带可燃液体的火炬间距减少 50%。

3.1.4　为铁路运输生产作业服务的房屋、场所、仓库、储罐与铁路线路的防火间距可不受本规范第 3.1.1 条、3.1.2 条、3.1.3 条的限制，但储存桶装乙类柴油仓库及乙、丙类液体储罐与铁路线路的防火间距应符合国家标准的有关规定。

3.1.5　设置在铁路高架桥下或邻近铁路高架桥的建筑物、构筑物，应采用耐火极限不低于 2.00 h 的不燃烧体墙体、不低于 1.50 h 的不燃烧体屋面板，及乙级防火门窗。

3.2　机务、车辆设施

3.2.1　洗罐线应为平坡尽端式，其终端车位的车钩至车挡的安全距离不应小于 20 m。

3.2.2 洗罐工艺装置（洗罐线）与周边建（构）筑物的防火间距不应小于表 3.2.2 的规定。

表 3.2.2 洗罐工艺装置（洗罐线）与周边建（构）筑物的防火间距

建筑物、构筑物名称	明火及散发火花地点	铁路线路	道路		污水处理设施	洗罐所围墙	铁路装卸设施	甲、乙类液体泵房	住宅区	工业企业	其他建筑物		架空电力线路和不属于国家一、二级架空通信线路
											耐火等级		
			主要	次要							一、二级	三、四级	
防火间距（m）	23	15	15	10	20	12	10	8	38	23	14	18	1.5 倍杆高

3.3 变电所

3.3.1 牵引变电所的室外油浸式牵引变压器，分区所、自耦变压器所或开闭所的室外油浸式自耦变压器，距最近铁路线路的防火间距不应小于 25 m。当设置防火隔墙时，防火间距可减少 50%。防火墙的高度不宜低于变压器油枕的顶端高度，防火墙的两端应分别大于变压器贮油池外侧各 1 m。

3.3.2 牵引变电所的室外油浸式牵引变压器，分区所、自耦变压器所或开闭所的室外油浸式自耦变压器，以及 10 kV 及以上的室外油浸式电力变压器与易燃、易爆场所的防火间距不应小于表 3.3.2 的规定。

表 3.3.2 油浸变压器与易燃易爆场所的防火间距

序号	场所		防火间距（m）
1	储罐埋地的加油站、加气站	一级站	25
		二级站	22
		三级站	18
2	液化石油气储罐地上设置的加气站	一级、二级站	45
		三级站	40
3	甲、乙、丙类石油储罐总容量 V（m^3）	$V \leqslant 5\,000$	23
		$5\,000 < V \leqslant 50\,000$	30
		$50\,000 < V$	50
4	非石油甲、乙类液体储罐总容量 V（m^3）	$V < 50$	30
		$50 \leqslant V < 200$	35

续上表

序号	场所		防火间距（m）
4	非石油甲、乙类液体储罐总容量 V（m^3）	$200 \leqslant V < 1\ 000$	40
		$1\ 000 \leqslant V < 5\ 000$	50
5	非石油丙类液体储罐总容量 V（m^3）	$5 \leqslant V < 250$	24
		$250 \leqslant V < 1\ 000$	28
		$1\ 000 \leqslant V < 5\ 000$	32
		$5\ 000 \leqslant V < 25\ 000$	40
6	可燃、助燃气体储罐总容量 V（m^3）	$V < 1\ 000$	20
		$1\ 000 \leqslant V < 10\ 000$	25
		$10\ 000 \leqslant V < 50\ 000$	30
		$50\ 000 \leqslant V < 100\ 000$	35
		$100\ 000 \leqslant V < 300\ 000$	40
7	液化石油气储罐总容量 V（m^3）	$30 < V \leqslant 50$ （单罐 $V \leqslant 20$）	45
		$50 < V \leqslant 200$ （单罐 $V \leqslant 50$）	50
		$200 < V \leqslant 500$ （单罐 $V \leqslant 100$）	55
		$500 < V \leqslant 1\ 000$ （单罐 $V \leqslant 200$）	60
		$1\ 000 < V \leqslant 2\ 500$ （单罐 $V \leqslant 400$）	70
		$2\ 500 < V \leqslant 5\ 000$ （单罐 $V \leqslant 1\ 000$）	80
		$5\ 000 < V \leqslant 10\ 000$ （单罐 $V \leqslant 1\ 000$）	120

注：1 埋地单罐容积小于或等于 50 m^3 的甲、乙、丙类液体卧式储罐和总容积小于或等于 200 m^3 的储罐，防火间距可按本表减少 50%。

2 埋地单罐容积小于或等于 50 m^3 且总容量不大于 400 m^3 的液化石油气储罐，防火间距可按本表减少 50%。

附　录　A

主要生产房屋的火灾危险性分类

A.0.1　铁路主要生产房屋火灾危险性分类应符合表 A.0.1 的规定。

表 A.0.1 主要生产房屋火灾危险性分类

类别	生产房屋
甲	乙炔瓶存放间、酸性蓄电池充电间，危险品仓库，口岸站油罐车换轮库、洗罐库
乙	闪点＜60 ℃的燃油库、油泵间，喷漆库、油漆库、漆工间、浸漆干燥间、配件油漆间、滤油毛线间，机务段、车辆段、动车段（所）、大型养路机械段、综合维修段（工区）的易燃品库（贮藏煤油、氧气瓶等）、氧气站、洗罐棚，制冰所内的氨压缩机间，喷漆及预处理库
丙	闪点≥60 ℃的燃油库、机油库、油泵间，油脂发放间、齿轮箱抱轴承间、油脂再生间、劳保用品库、杂品库、客车及机械（加冰）保温车修车库、客车及机械保温车整备库、动车检查库和检修库、空调车三机综合作业棚（库），木工系统各车间，可燃材料仓库、车站行李房、包裹房、铁路货场中转库房、发电机间、配电装置室（每台设备油量 60 kg 及以上）、油浸变压器室，有可燃介质的补偿装置室，变压器油过滤间、变压器油库、内燃叉车库、客运备品库、电缆夹层（一般电缆）、货场和综合维修库段（工区）内的油库、试验组合（联合）车库、配送中心（或物资库），轨道车库
丁	信息机房、通信机房、信号机械室、车辆安全防范预警系统机械室，机车中修库及小修库、机车停留库，空气压缩机间、干砂间、柴油机间、电机间、电器间、转向架间、轮轴间、清洗间（使用工业清洗剂）、货车修车库、站修棚（库），大型养路机械检修库和停放库（棚）、锅炉房、锻工间、熔焊间、配件加修间、车电间、金属利材间、电瓶叉车库、化验室、调机库、滚动轴承间、空调车三机检修间、制动间、油压减振器检修间、燃系间、燃料器械间、小型配电装置室（每台装油量≤ 60 kg 的设备）、气体或干式变压器室、干式电抗器室，小五金库，检修组合（联合）车库、准备库
戊	机床间、冷却水制备间、轴承检查选配室、受电弓间、配件库、设备维修间、机械钳工间、工具间、材料仓库（非燃材料）、计量室、仪表间、碱性蓄电池间、钩缓间，检修交车棚、洗车库、变电所主控制室、电缆夹层（阻燃电缆）

附　录　B

主要生产场所爆炸危险环境等级分区

B.0.1 铁路主要生产场所爆炸危险环境的等级分区应符合表 B.0.1 的规定。

表 B.0.1 主要生产场所爆炸危险环境等级分区

环境级别	分　区	危险程度	危险环境
爆炸性气体环境	0	连续出现或长期出现爆炸性气体混合物的环境	—
	1	在正常运行时可能出现爆炸性气体混合物的环境	洗罐库（棚），汽油库、地下或半地下汽油泵间、喷漆库
	2	在正常运行时，不太可能出现爆炸性气体混合物的环境，或即使出现也仅是短时存在的爆炸性气体混合物的环境	酸性蓄电池充电间、汽车油罐车库、瓶装乙炔存放间、浸漆干燥间、乙炔发生间、乙类油泵房、易燃品仓库、口岸站油罐车换轮库、低压燃气辐射板采暖的厂房和库房

续上表

环境级别	分　区	危险程度	危险环境
爆炸性粉尘环境	20	空气中的可燃性粉尘云持续地或频繁地出现于爆炸性环境中的区域	—
	21	在正常运行时，空气中的可燃性粉尘云很可能偶尔出现于爆炸性环境中的区域	—
	22	在正常运行时，空气中的可燃性粉尘云一般不可能出现于爆炸性环境中的区域，即使出现，持续时间也是短暂的	—

附　录　C
防火间距起算点

C.0.1　道路——路面边缘（指明者除外）。

C.0.2　铁路线路——最近铁路的线路中心线。

C.0.3　管道——管道的中心线（指明者除外）。

C.0.4　油罐——罐外壁。当有防火堤时，为防火堤中心线。

C.0.5　工业企业、住宅区、建筑物、构筑物——围墙外缘，无围墙者，建筑物和构筑物的外墙皮，如外墙有突出的可燃或难燃构件时，应从其凸出部分外缘算起。

C.0.6　铁路装卸油品设施——铁路作业中心或端部的装卸油品的鹤管。

C.0.7　铁路油罐车、汽车油罐车的装卸油品鹤管——鹤管的主管中心。

C.0.8　各类堆场——邻近铁路的最外边缘。

C.0.9　防火隔离带——铁路中心线或用地界与森林的林木投影边缘或草原的草地边缘。

C.0.10　铁路车站——铁路车站设计用地界。

C.0.11　洗罐工艺装置——此装置最外侧设备边缘或建筑物的最外边线。洗罐工艺装置或洗罐线与建、构筑物的防火间距应以相互距离较近者确定。

二、危险化学品类

危险化学品安全管理条例（国务院令〔2011〕591号）

最新版本施行日期：2013年12月7日

适用范围：

危险化学品生产、储存、使用、经营和运输的安全管理，适用本条例。

废弃危险化学品的处置，依照有关环境保护的法律、行政法规和国家有关规定执行。

节录：

第三条 本条例所称危险化学品，是指具有毒害、腐蚀、爆炸、燃烧、助燃等性质，对人体、设施、环境具有危害的剧毒化学品和其他化学品。

危险化学品目录，由国务院安全生产监督管理部门会同国务院工业和信息化、公安、环境保护、卫生、质量监督检验检疫、交通运输、铁路、民用航空、农业主管部门，根据化学品危险特性的鉴别和分类标准确定、公布，并适时调整。

第十二条 新建、改建、扩建生产、储存危险化学品的建设项目（以下简称建设项目），应当由安全生产监督管理部门进行安全条件审查。

建设单位应当对建设项目进行安全条件论证，委托具备国家规定的资质条件的机构对建设项目进行安全评价，并将安全条件论证和安全评价的情况报告报建设项目所在地设区的市级以上人民政府安全生产监督管理部门；安全生产监督管理部门应当自收到报告之日起45日内作出审查决定，并书面通知建设单位。具体办法由国务院安全生产监督管理部门制定。

新建、改建、扩建储存、装卸危险化学品的港口建设项目，由港口行政管理部门按照国务院交通运输主管部门的规定进行安全条件审查。

第十九条 危险化学品生产装置或者储存数量构成重大危险源的危险化学品储存设施（运输工具加油站、加气站除外），与下列场所、设施、区域的距离应当符合国家有关规定：

（一）居住区以及商业中心、公园等人员密集场所；

（四）车站、码头（依法经许可从事危险化学品装卸作业的除外）、机场以及通信干线、通信枢纽、铁路线路、道路交通干线、水路交通干线、地铁风亭以及地铁站出入口；

（八）法律、行政法规规定的其他场所、设施、区域。

已建的危险化学品生产装置或者储存数量构成重大危险源的危险化学品储存设施不符合前款规定的，由所在地设区的市级人民政府安全生产监督管理部门会同有关部门监督其所属单位在规定期限内进行整改；需要转产、停产、搬迁、关闭的，由本级人民政府决定并组织实施。

储存数量构成重大危险源的危险化学品储存设施的选址，应当避开地震活动断层和容易发生洪灾、地质灾害的区域。

本条例所称重大危险源，是指生产、储存、使用或者搬运危险化学品，且危险化学品的数量等于或者超过临界量的单元（包括场所和设施）。

第二十二条 生产、储存危险化学品的企业，应当委托具备国家规定的资质条件的机构，对本企业的安全生产条件每 3 年进行一次安全评价，提出安全评价报告。安全评价报告的内容应当包括对安全生产条件存在的问题进行整改的方案。

生产、储存危险化学品的企业，应当将安全评价报告以及整改方案的落实情况报所在地县级人民政府安全生产监督管理部门备案。在港区内储存危险化学品的企业，应当将安全评价报告以及整改方案的落实情况报港口行政管理部门备案。

第九十七条 监控化学品、属于危险化学品的药品和农药的安全管理，依照本条例的规定执行；法律、行政法规另有规定的，依照其规定。

民用爆炸物品、烟花爆竹、放射性物品、核能物质以及用于国防科研生产的危险化学品的安全管理，不适用本条例。

法律、行政法规对燃气的安全管理另有规定的，依照其规定。

危险化学品容器属于特种设备的，其安全管理依照有关特种设备安全的法律、行政法规的规定执行。

危险化学品经营企业安全技术基本要求（GB 18265—2019）

施行日期：2019 年 11 月 1 日

适用范围：

本标准适用于危险化学品经营企业的危险化学品仓库、危险化学品商店的选址、建设、安全设施的安全技术基本要求。

节录：

4 危险化学品仓库安全技术基本要求

4.1.2 危险化学品仓库防火间距应按 GB 50016 的规定执行。危险化学品仓库与铁路安全防护距离，与公路、广播电视设施、石油天然气管道、电力设施距离应符合其法规要求。

4.1.3 爆炸物库房除符合 4.1.2 要求外，与防护目标应至少保持 1 000 m 的距离。还应按 GB/T 37243 的规定，采用事故后果法计算外部安全防护距离。事故后果法计算时应采用最严重事故情景计算外部安全防护距离。

4.1.4 涉及有毒气体或易燃气体，且其构成危险化学品重大危险源的库房除符合 4.1.2 要求外，还应按 GB/T 37243 的规定，采用定量风险评价法计算外部安全防护距离。定量风险评价法计算时应采用可能储存的危险化学品最大量计算外部安全防护距离。

历次版本：

《危险化学品经营企业开业条件和技术要求》（GB 18265—2000）

施行日期：2001 年 5 月 1 日

作废日期：2019 年 11 月 1 日

危险化学品生产装置和储存设施外部安全防护距离确定方法（GB/T 37243—2019）

施行日期：2019 年 6 月 1 日

适用范围：

本标准适用于确定危险化学品生产装置和储存设施外部安全防护距离。

本标准不适用于民爆行业生产、流通企业，烟花爆竹生产企业和储存仓库，汽车加油加气站，油气输送管道，城镇燃气，港区内以及用于国防科研生产的危险化学品生产装置和储存设施。

节录：

3.4　外部安全防护距离 external safety distance

为了预防和减缓危险化学品生产装置和储存设施潜在事故（火灾、爆炸和中毒等）对厂外防护目标的影响，在装置和设施与防护目标之间设置的距离或风险控制线。

4.2　涉及爆炸物的危险化学品生产装置和储存设施应采用事故后果法确定外部安全防护距离。

4.3　涉及有毒气体或易燃气体，且其设计最大量与 GB 18218 中规定的临界量比值之和大于或等于 1 的危险化学品生产装置和储存设施应采用定量风险评价方法确定外部安全防护距离。当企业存在上述装置和设施时，应将企业内所有的危险化学品生产装置和储存设施作为一个整体进行定量风险评估，确定外部安全防护距离。

4.4　本标准 4.2 及 4.3 规定以外的危险化学品生产装置和储存设施的外部安全防护距离应满足相关标准规范的距离要求。

危险化学品生产装置和储存设施风险基准（GB 36894—2018）

施行日期：2019 年 3 月 1 日

适用范围：

本标准适用于危险化学品生产装置和储存设施选址和周边土地使用规划时的风险判定。

节录：

2　术语和定义

下列术语和定义适用于本文件。

2.1　个人风险

假设人员长期处于某一场所且无保护，由于发生危险化学品事故而导致的死亡频率，单位为次每年。

2.2 社会风险

群体（包括周边企业员工和公众）在危险区域承受某种程度伤害的频发程度，通常表示为大于或等于 N 人死亡的事故累计频率（F），以累计频率和死亡人数之间关系的曲线图（F–N 曲线）来表示。

2.3 防护目标 protected object

受危险化学品生产装置和储存设施事故影响，场外可能发生人员伤亡的设施或场所。

3 个人风险基准

3.1 防护目标分类

3.1.1 防护目标按设施或场所实际使用的主要性质，分为高敏感防护目标、重要防护目标、一般防护目标。

3.1.2 高敏感防护目标包括下列设施或场所：

a）文化设施。包括：综合文化活动中心、文化馆、青少年宫、儿童活动中心、老年活动中心等设施。

b）教育设施。包括：高等院校、中等专业学校、体育训练基地、中学、小学、幼儿园、业余学校、民营培训机构及其附属设施，包括为学校配建的独立地段的学生生活场所。

c）医疗卫生场所。包括：医疗、保健、卫生、防疫、康复和急救场所。不包括：居住小区及小区级以下的卫生服务设施。

d）社会福利设施。包括：福利院、养老院、孤儿院等为社会提供福利和慈善服务的设施及其附属设施。

e）其他在事故场景下自我保护能力相对较低群体聚集的场所。

3.1.3 重要防护目标包括下列设施或场所：

a）公共图书展览设施。包括：公共图书馆、博物馆、档案馆、科技馆、纪念馆、美术馆、展览馆、会展中心等设施。

b）文物保护单位。

c）宗教场所。包括：专门用于宗教活动的庙宇、寺院、道观、教堂等场所。

d）城市轨道交通设施。包括：独立地段的城市轨道交通地面以上部分的线路、站点。

e）军事、安保设施。包括：专门用于军事目的的设施，监狱、拘留所设施。

f）外事场所。包括：外国政府及国际组织驻华使领馆、办事处等。

g）其他具有保护价值的或事故场景下人员不便撤离的场所。

3.1.4　一般防护目标根据其规模分为一类防护目标、二类防护目标和三类防护目标。一般防护目标的分类规定参见表 1。

表 1　一般防护目标的分类（节录）

防护目标类型	一类防护目标	二类防护目标	三类防护目标
交通枢纽设施 包括：铁路客运站、公路长途客运站、港口客运码头、机场、交通服务设施（不包括交通指挥中心、交通队）等	旅客最高聚集人数 100 人以上	旅客最高聚集人数 100 人以下	

注 1：表中“以上”包括本数，“以下”不包括本数。

3.2　防护目标个人风险基准

危险化学品生产装置和储存设施周边防护目标所承受的个人风险应不超过表 2 中个人风险基准的要求。

表 2　个人风险基准

防护目标	个人风险基准 /（次 / 年）≤	
	危险化学品新建、改建、扩建生产装置和储存设施	危险化学品在役生产装置和储存设施
高敏感防护目标 重要防护目标 一般防护目标中的一类防护目标	3×10^{-7}	3×10^{-6}
一般防护目标中的二类防护目标	3×10^{-6}	1×10^{-5}
一般防护目标中的三类防护目标	1×10^{-5}	3×10^{-5}

4　社会风险基准

通过两条风险分界线将社会风险划分为 3 个区域，即：不可接受区、尽可能降低区和可接受区。具体分界线位置如图 1 所示。

a）若社会风险曲线进入不可接受区，则应立即采取安全改进措施降低社会风险。

b）若社会风险曲线进入尽可能降低区，应在可实现的范围内，尽可能采取安全改进措施降低社会风险。

c）若社会风险曲线全部落在可接受区，则该风险可接受。

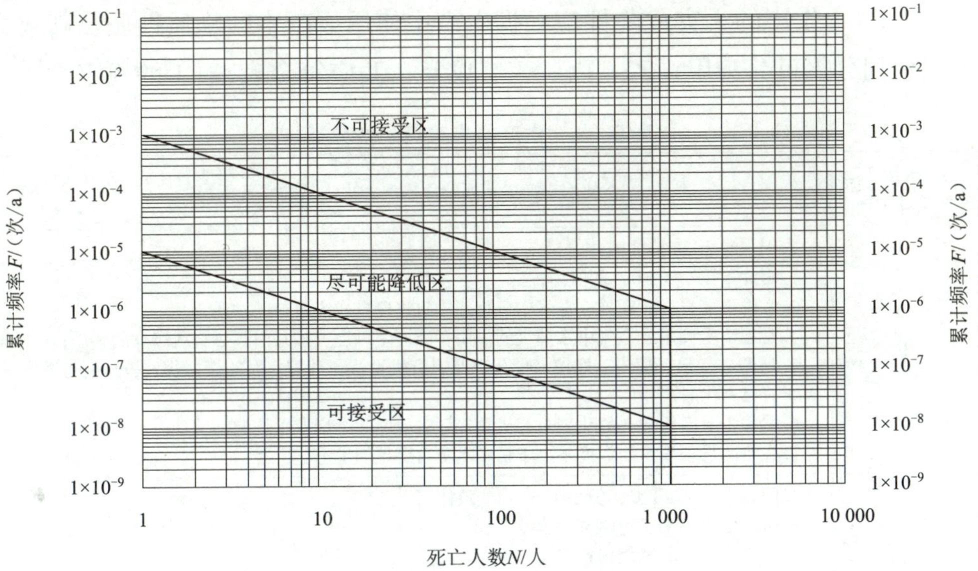

图 1　社会风险基准

建筑设计防火规范（GB 50016—2014）

最新版本施行日期：2018 年 10 月 1 日

适用范围：

本规范适用于下列新建、扩建和改建的建筑：

1　厂房；

2　仓库；

3　民用建筑；

4　甲、乙、丙类液体储罐（区）；

5　可燃、助燃气体储罐（区）；

6　可燃材料堆场；

7　城市交通隧道。

人民防空工程、石油和天然气工程、石油化工工程和火力发电厂与变电站等的建筑防火设计，当有专门的国家标准时，宜从其规定。

节录：

3.1　火灾危险性分类

3.1.1　生产的火灾危险性应根据生产中使用或产生的物质性质及其数量等因素划分，可分为甲、乙、丙、丁、戊类，并应符合表 3.1.1 的规定。

表 3.1.1　生产的火灾危险性分类

生产的火灾危险性类别	使用或产生下列物质生产的火灾危险性特征
甲	1. 闪点小于 28 ℃的液体； 2. 爆炸下限小于 10% 的气体； 3. 常温下能自行分解或在空气中氧化能导致迅速自燃或爆炸的物质； 4. 常温下受到水或空气中水蒸气的作用，能产生可燃气体并引起燃烧或爆炸的物质； 5. 遇酸、受热、撞击、摩擦、催化以及遇有机物或硫黄等易燃的无机物，极易引起燃烧或爆炸的强氧化剂； 6. 受撞击、摩擦或与氧化剂、有机物接触时能引起燃烧或爆炸的物质； 7. 在密闭设备内操作温度不小于物质本身自燃点的生产
乙	1. 闪点不小于 28 ℃，但小于 60 ℃的液体； 2. 爆炸下限不小于 10% 的气体； 3. 不属于甲类的氧化剂； 4. 不属于甲类的易燃固体； 5. 助燃气体； 6. 能与空气形成爆炸性混合物的浮游状态的粉尘、纤维、闪点不小于 60 ℃的液体雾滴
丙	1. 闪点不小于 60 ℃的液体； 2. 可燃固体
丁	1. 对不燃烧物质进行加工，并在高温或熔化状态下经常产生强辐射热、火花或火焰的生产； 2. 利用气体、液体、固体作为燃料或将气体、液体进行燃烧作其他用的各种生产； 3. 常温下使用或加工难燃烧物质的生产
戊	常温下使用或加工不燃烧物质的生产

3.1.3　储存物品的火灾危险性应根据储存物品的性质和储存物品中的可燃物数量等因素划分，可分为甲、乙、丙、丁、戊类，并应符合表 3.1.3 的规定。

3.1.4　同一座仓库或仓库的任一防火分区内储存不同火灾危险性物品时，仓库或防火分区的火灾危险性应按火灾危险性最大的物品确定。

3.1.5　丁、戊类储存物品仓库的火灾危险性，当可燃包装重量大于物品本身重量 1/4 或可燃包装体积大于物品本身体积的 1/2 时，应按丙类确定。

3.4　厂房的防火间距

3.4.3　散发可燃气体、可燃蒸气的甲类厂房与铁路、道路等的防火间距不应小于表 3.4.3 的规定，但甲类厂房所属厂内铁路装卸线当有安全措施时，防火间距不受表 3.4.3 规定的限制。

表 3.1.3　储存物品的火灾危险性分类

储存物品的火灾危险性类别	储存物品的火灾危险性特征
甲	1. 闪点小于 28 ℃的液体； 2. 爆炸下限小于 10% 的气体，受到水或空气中水蒸气的作用能产生爆炸下限小于 10% 气体的固体物质； 3. 常温下能自行分解或在空气中氧化能导致迅速自燃或爆炸的物质； 4. 常温下受到水或空气中水蒸气的作用，能产生可燃气体并引起燃烧或爆炸的物质； 5. 遇酸、受热、撞击、摩擦以及遇有机物或硫黄等易燃的无机物，极易引起燃烧或爆炸的强氧化剂； 6. 受撞击、摩擦或与氧化剂、有机物接触时能引起燃烧或爆炸的物质
乙	1. 闪点不小于 28 ℃，但小于 60 ℃的液体； 2. 爆炸下限不小于 10% 的气体； 3. 不属于甲类的氧化剂； 4. 不属于甲类的易燃固体； 5. 助燃气体； 6. 常温下与空气接触能缓慢氧化，积热不散引起自燃的物品
丙	1. 闪点不小于 60 ℃的液体； 2. 可燃固体
丁	难燃烧物品
戊	不燃烧物品

表 3.4.3　散发可燃气体、可燃蒸气的甲类厂房与铁路、道路等的防火间距（m）

名　称	厂外铁路线中心线	厂内铁路线中心线	厂外道路路边	厂内道路路边	
				主要	次要
甲类厂房	30	20	15	10	5

3.4.5　丙、丁、戊类厂房与民用建筑的耐火等级均为一、二级时，丙、丁、戊类厂房与民用建筑的防火间距可适当减小，但应符合下列规定：

1　当较高一面外墙为无门、窗、洞口的防火墙，或比相邻较低一座建筑屋面高 15 m 及以下范围内的外墙为无门、窗、洞口的防火墙时，其防火间距不限；

2　相邻较低一面外墙为防火墙，且屋顶无天窗或洞口、屋顶的耐火极限不低于 1.00 h，或相邻较高一面外墙为防火墙，且墙上开口部位采取了防火措施，其防火间距可适当减小，但不应小于 4 m。

3.5 仓库的防火间距

3.5.3 丁、戊类仓库与民用建筑的耐火等级均为一、二级时，仓库与民用建筑的防火间距可适当减小，但应符合下列规定：

1 当较高一面外墙为无门、窗、洞口的防火墙，或比相邻较低一座建筑屋面高 15 m 及以下范围内的外墙为无门、窗、洞口的防火墙时，其防火间距不限；

2 相邻较低一面外墙为防火墙，且屋顶无天窗或洞口、屋顶耐火极限不低于 1.00 h，或相邻较高一面外墙为防火墙，且墙上开口部位采取了防火措施，其防火间距可适当减小，但不应小于 4 m。

3.5.4 粮食筒仓与其他建筑、粮食筒仓组之间的防火间距，不应小于表 3.5.4 的规定。

表 3.5.4 粮食筒仓与其他建筑、粮食筒仓组之间的防火间距（m）

<table>
<tr><th rowspan="2">名 称</th><th rowspan="2">粮食总储量 W(t)</th><th colspan="3">粮食立筒仓</th><th colspan="2">粮食浅圆仓</th><th colspan="3">其他建筑</th></tr>
<tr><th>W≤40 000</th><th>40 000＜W≤50 000</th><th>W＞50 000</th><th>W≤50 000</th><th>W＞50 000</th><th>一、二级</th><th>三级</th><th>四级</th></tr>
<tr><td rowspan="4">粮食立筒仓</td><td>500＜W≤10 000</td><td rowspan="2">15</td><td rowspan="3">20</td><td rowspan="3">25</td><td rowspan="3">20</td><td rowspan="3">25</td><td>10</td><td>15</td><td>20</td></tr>
<tr><td>10 000＜W≤40 000</td><td>15</td><td>20</td><td>25</td></tr>
<tr><td>40 000＜W≤50 000</td><td>20</td><td>20</td><td>25</td><td>30</td></tr>
<tr><td>W＞50 000</td><td colspan="5">25</td><td>25</td><td>30</td><td>—</td></tr>
<tr><td rowspan="2">粮食浅圆仓</td><td>W≤50 000</td><td>20</td><td>20</td><td>25</td><td>20</td><td>25</td><td>20</td><td>25</td><td>—</td></tr>
<tr><td>W＞50 000</td><td colspan="5">25</td><td>25</td><td>30</td><td>—</td></tr>
</table>

注：1 当粮食立筒仓、粮食浅圆仓与工作塔、接收塔、发放站为一个完整工艺单元的组群时，组内各建筑之间的防火间距不受本表限制。

2 粮食浅圆仓组内每个独立仓的储量不应大于 10 000 t。

4.2 甲、乙、丙类液体储罐（区）的防火间距

4.2.8 甲、乙、丙类液体装卸鹤管与建筑物、厂内铁路线的防火间距不应小于表 4.2.8 的规定。

表 4.2.8 甲、乙、丙类液体装卸鹤管与建筑物、厂内铁路线的防火间距（m）

<table>
<tr><th rowspan="2">名 称</th><th colspan="3">建筑物</th><th rowspan="2">厂内铁路线</th><th rowspan="2">泵房</th></tr>
<tr><th>一、二级</th><th>三级</th><th>四级</th></tr>
<tr><td>甲、乙类液体装卸鹤管</td><td>14</td><td>16</td><td>18</td><td>20</td><td rowspan="2">8</td></tr>
<tr><td>丙类液体装卸鹤管</td><td>10</td><td>12</td><td>14</td><td>10</td></tr>
</table>

注：装卸鹤管与其直接装卸用的甲、乙、丙类液体装卸铁路线的防火间距不限。

4.2.9 甲、乙、丙类液体储罐与铁路、道路的防火间距不应小于表 4.2.9 的规定。

表 4.2.9 甲、乙、丙类液体储罐与铁路、道路的防火间距（m）

名称	厂外铁路线中心线	厂内铁路线中心线	厂外道路路边	厂内道路路边	
				主要	次要
甲、乙类液体储罐	35	25	20	15	10
丙类液体储罐	30	20	15	10	5

4.3 可燃、助燃气体储罐（区）的防火间距

4.3.6 可燃、助燃气体储罐与铁路、道路的防火间距不应小于表 4.3.6 的规定。

表 4.3.6 可燃、助燃气体储罐与铁路、道路的防火间距（m）

名称	厂外铁路线中心线	厂内铁路线中心线	厂外道路路边	厂内道路路边	
				主要	次要
可燃、助燃气体储罐	25	20	15	10	5

4.5 可燃材料堆场的防火间距

4.5.3 露天、半露天秸秆、芦苇、打包废纸等材料堆场与铁路、道路的防火间距不应小于表 4.5.3 的规定，其他可燃材料堆场与铁路、道路的防火间距可根据材料的火灾危险性按类比原则确定。

表 4.5.3 露天、半露天可燃材料堆场与铁路、道路的防火间距（m）

名称	厂外铁路线中心线	厂内铁路线中心线	厂外道路路边	厂内道路路边	
				主要	次要
秸秆、芦苇、打包废纸等材料堆场	30	20	15	10	5

版本说明：

《建筑设计防火规范》GB 50016—2014（2018 年版）部分条（款），被国家标准《建筑防火通用规范》GB 55037—2022，自 2023 年 6 月 1 日起代替废止。

《建筑防火通用规范》（GB 55037—2022）

施行日期：2023 年 6 月 1 日

化工企业总图运输设计规范（GB 50489—2009）

施行日期：2009 年 10 月 1 日

适用范围：

本规范适用于除矿山外的化工企业的新建、扩建和改建工程的总图运输设计。

节录：

4.2.10 大宗散装物料采用栈桥带式运输时，其布置应符合下列要求：

1 栈桥两端与运出及接受设施应有良好的衔接，且运距短而顺。

2 栈桥不宜与铁路和主要道路相交叉。条件困难需要交叉时，其交叉角不得小于 30°，并应符合现行国家标准《标准轨距铁路建筑限界》GB 146.2 和《厂矿道路设计规范》GBJ 22 的有关规定。

3 栈桥路线宜沿边缘地带布置。

4.2.11 架空索道线路不宜跨越工厂区和居住区，亦不宜多次跨越铁路、公路、航道和架空电力线路。其线路选择应符合现行国家标准《架空索道工程技术规范》GB 50127 的有关规定。

精细化工企业工程设计防火标准（GB 51283—2020）

施行日期：2020 年 10 月 1 日

适用范围：

本标准适用于罐区液化烃储罐总容积不超过 300 m^3、单罐容积不超过 100 m^3，甲 B 和乙类液体储罐总容积不超过 5 000 m^3、单罐容积不超过 1 000 m^3，丙类液体储罐总容积不超过 25 000 m^3、单罐容积不超过 5 000 m^3，可燃气体储罐总容积不超过 5 000 m^3、单罐容积不超过 1 000 m^3 的精线化工企业新建、扩建和改建工程的防火设计。

节录：

附　录　A

防火间距起止点

A.0.1 区域规划、工厂总平面布置以及生产设施内平面布置的防火间距起止点应根据下列条件确定：

1 封闭式厂房——外墙最外侧；

2 半敞开式厂房——外墙最外侧和设备外缘两者的最外点；

3 敞开式厂房——设备外缘；

4 设备——设备外缘；

5 储罐——罐外壁；

6 道路——路边；

7 铁路——中心线；

8 生产设施——封闭式或半敞开式厂房防火间距起止点和设备外缘两者的最外点。

版本说明：

《精细化工企业工程设计防火标准》GB 51283—2020 部分条（款），被国家标准《建筑防火通用规范》GB 55037—2022，自 2023 年 6 月 1 日起代替废止。

三、石油、天然气类

液化石油气供应工程设计规范（GB 51142—2015）

施行日期：2016 年 8 月 1 日

适用范围：

本规范适用于新建、扩建和改建的液态液化石油气管道输送工程和下列储存容积小于等于 10 000 m^3 城镇液化石油气供应工程的设计：

1 液化石油气储存站、储配站和灌装站；

2 液化石油气气化站、混气站和瓶组气化站；

3 液化石油气瓶装供应站。

节录：

3.0.5 液化石油气供应工程选址、选线，应遵循保护环境、节约用地的原则，且应具有给水、供电和道路等市政设施条件。大型燃气设施应远离居住区、学校、幼儿园、医院、养老院和大型商业建筑及重要公共建筑物，并应设置在城镇的边缘或相对独立的安全地带。

3.0.12 液化石油气供应站按储气规模分为 8 级，等级划分应符合表 3.0.12 的规定。

表 3.0.12 液化石油气供应站等级划分

级 别	储罐容积（m^3）	
	总容积（V）	单罐容积（V'）
一级	$5\,000 < V \leq 10\,000$	—
二级	$2\,500 < V \leq 5\,000$	$V' \leq 1\,000$
三级	$1\,000 < V \leq 2\,500$	$V' \leq 400$
四级	$500 < V \leq 1\,000$	$V' \leq 200$
五级	$220 < V \leq 500$	$V' \leq 100$
六级	$50 < V \leq 220$	$V' \leq 50$
七级	$V \leq 50$	$V' \leq 20$
八级	$V \leq 10$	—

注：当单罐容积大于相应级别的规定，应按相对应等级提高一级的规定执行。

4.1.1 输送液态液化石油气管道的选线应符合下列规定：

1 应符合沿线城镇规划、公共安全和管道保护的要求，并应综合考虑地质、气象等条件。

3 不得穿过居住区和公共建筑群等人员集聚的地区及仓库区、危险物品场区等；不得穿越与其无关的建筑物。

4 不得穿过水源保护区、工厂、大型公共场所和矿产资源区等。

6 应避免或减少穿跨越河流、铁路、公路和地铁等障碍和设施。

4.1.5 穿越铁路、公路及厂站上、下游的液态液化石油气管道的强度设计系数，应符合表 4.1.5 的规定。

表 4.1.5 穿越铁路、公路及厂站上、下游的液态液化石油气管道的强度设计系数

管道位置	地区等级			
	一	二	三	四
有套管穿越Ⅲ、Ⅳ级公路的管道	0.72	0.60	0.40	0.30
无套管穿越Ⅲ、Ⅳ级公路的管道	0.60	0.50		
有套管穿越Ⅰ、Ⅱ级公路、高速公路、铁路的管道	0.60	0.60		
厂站上、下游各 200 m 管道，阀室管道及其上、下游各 50 m 管道（其距离从站和阀室边界线起算）	0.50	0.50		

4.2.13 液态液化石油气管道阀门的设置应符合下列规定：

4 穿越铁路、公路、高速公路、城市快速路、大型河流和地上敷设的液态液化石油气管道两侧应设置阀门；管道沿线每隔 5 000 m 处应设置分段阀门，阀门宜具有远程控制功能。

4.3.4 埋地管道穿越铁路、公路时，除应符合国家现行标准的有关规定外，尚应符合下列规定：

1 管道宜垂直穿越铁路、公路。

2 穿越铁路、高速公路和Ⅰ、Ⅱ级公路的管道应敷设在套管或涵洞内。当采用定向钻穿越时，应进行技术论证，在保证铁路和公路安全运行的前提下，可不加套管。

4.3.5 套管的敷设应符合下列规定：

1 宜采用钢管或钢筋混凝土管。

2 套管内径应大于液态液化石油气管道外径 100 mm。

3 套管两端与液态液化石油气管道的间隙应采用柔性的防腐、防水、绝缘材料密封。套管或管沟一端应装设检漏管，检漏管应引出地面，且管口距地面高度不应小于 2.5 m。当套管内充满细土、细砂时，可不设检漏管及两端的严密封堵。

4 套管端部距铁路线路路堤坡角的距离不应小于 2.0 m；距高速公路、公路边缘不应小于 1.0 m。

4.3.8 埋地液态液化石油气管道与建筑或相邻管道等之间的水平净距不应小于表 4.3.8-1 的规定；埋地管道与相邻管道或道路之间的垂直净距不应小于表 4.3.8-2 的规定。

表 4.3.8–1　埋地液态液化石油气管道与建筑或相邻管道等之间的水平净距（节录）

项　目		水平净距（m）		
		管道Ⅰ级	管道Ⅱ级	管道Ⅲ级
特殊建筑（军事设施、易燃易爆物品仓库、国家重点文物保护单位、飞机场、火车站、码头、地铁及隧道出入口等）		100	100	100
铁路（中心线）	国家线	25	25	25
	企业专用线	10	10	10
树木（至树中心）		2	2	2

注：1　特殊建筑的水平净距应以划定的边界线为准；
　　2　敷设在地上的液态液化石油气管道与建筑的水平净距应按本表的规定增加 1 倍。

表 4.3.8–2　埋地液态液化石油气管道与相邻管道或道路之间的垂直净距（节录）

项　目	垂直净距（m）
铁路、有轨电车（轨底）	2.00

注：当有套管时，垂直净距的计算应以套管外壁为准。

4.3.9　采用开挖施工方式穿越时，埋地管道与铁路、有轨电车的垂直净距可适当减少，且不得小于 1.2 m。

4.3.10　埋地液态液化石油气管道与交流电力线接地体的水平净距不应小于表 4.3.10 的规定。

表 4.3.10　埋地液态液化石油气管道与交流电力线接地体的水平净距

项　目	水平净距（m）			
	10（kV）	35（kV）	110（kV）	220（kV）
铁塔或电杆接地体	1	3	5	10
电站或变电所接地体	5	10	15	30

5.2.8　全压力式储罐与站外建筑、堆场的防火间距不应小于表 5.2.8 的规定。半冷冻式储罐与站外建筑、堆场的防火间距可按表 5.2.8 的规定执行。

5.2.9　单罐容积大于 5 000 m^3，且设有防液堤的全冷冻式储罐与站外建筑、堆场的防火间距不应小于表 5.2.9 的规定。当单罐容积等于或小于 5 000 m^3 时，防火间距可按本规范表 5.2.8 条中总容积相对应的全压力式液化石油气储罐的规定执行。

表 5.2.8　全压力式储罐与站外建筑、堆场的防火间距（m）（节录）

项　目		储罐总容积（V，m³）、单罐容积（V，m³）						
		V≤50	5<V≤220	220<V≤500	500<V≤1 000	1 000<V≤2 500	2 500<V≤10 000	5 000<V≤10 000
		V′≤20	V′≤50	V′≤100	V′≤200	V′≤400	V′≤1 000	—
铁路（中心线）	国家线	60	70	70	80	80	100	100
	企业专用线	25	30	30	35	35	40	40

注：1　防火间距应按本表储罐总容积或单罐容积较大者确定，间距的计算应以储罐外壁为准。

2　当地下储罐单罐容积小于或等于 50 m³，且总容积小于或等于 400 m³ 时，其防火间距可按本表减少 50% 执行。

3　新建储罐与原地下液化石油气储罐的防火间距（地下储罐单罐容积小于或等于 50 m³，且总容积小于或等于 400 m³ 时）可按本表减少 50% 执行。

表 5.2.9　全冷冻式储罐与站外建筑、堆场的防火间距（节录）

项　目		防火间距（m）
铁路（中心线）	国家线	100
	企业专用线	40

5.2.16　液化石油气供应站汽车槽车装卸台柱与站外建筑的防火间距应符合下列规定：

1　液化石油气供应站汽车槽车装卸台柱与站外建筑的防火间距不应小于表 5.2.16 的规定；

2　汽车槽车装卸台柱与站外民用建筑地下室、半地下室的出入口、门窗的距离，应按表 5.2.16 其他民用建筑的防火间距增加 50%；

3　当民用建筑耐火等级为一、二级，且面向汽车槽车装卸台柱一侧的墙采用无门窗洞口实体墙时，与其他民用建筑物的防火间距可按表 5.2.16 规定的距离减少 30% 执行。

表 5.2.16　液化石油气汽车槽车装卸台柱与站外建筑的防火间距（m）（节录）

项　目	七级及以下供应站	六级及以上供应站
铁路（中心线）	22	—

6.1.3　液化石油气气化站和混气站储罐与站外建筑的防火间距应符合下

列规定：

1　总容积小于或等于 50 m^3 且单罐容积小于或等于 20 m^3 的储罐与站外建筑的防火间距不应小于表 6.1.3 的规定；

2　总容积大于 50 m^3 或单罐容积大于 20 m^3 储罐与站外建筑的防火间距不应小于本规范第 5.2.8 条的规定；

3　气化能力不大于 150 kg/h 的瓶组气化装置、混气站的瓶组间、气化混气间与站外建筑的防火间距可按本规范第 7.0.4 条的规定执行。

表 6.1.3　液化石油气气化站和混气站储罐与站外建筑的防火间距（m）（节录）

项　目		储罐总容积（V，m^3）、单罐容积（V'，m^3）		
		$V \leq 10$	$10 < V \leq 30$	$30 < V \leq 50$
		—	—	$V' \leq 20$
铁路（中心线）	国家线	40	50	60
	企业专用线	25	25	25

注：防火间距应按本表总容积或单罐容积较大者确定，间距的计算应以储罐外壁为准。

6.1.4　液化石油气气化站和混气站储罐与站内建筑的防火间距应符合下列规定：

1　液化石油气气化站和混气站储罐与站内建筑的防火间距不应小于表 6.1.4 的规定；

2　当设置其他燃烧方式的燃气热水炉时，与燃气热水炉间的防火间距不应小于 30 m；

3　与空温式气化器的防火间距不应小于 4 m，应从地上储罐区的防护堤或地下储罐室外侧算起。

表 6.1.4　液化石油气气化站和混气站储罐与站内建筑的防火间距（m）（节录）

项　目	液化石油气气化站和混气站（储罐总容积，V，m^3；单罐容积，V'，m^3）						
	$V \leq 10$	$10 < V \leq 30$	$30 < V \leq 50$	$50 < V \leq 220$	$220 < V \leq 500$	$500 < V \leq 1\,000$	$V > 1\,000$
	—	—	$V' \leq 20$	$V' \leq 50$	$V' \leq 100$	$V' \leq 200$	—
铁路槽车装卸线（中心线）	—	—	—	—	20	20	20

注：1　防火间距应按本表总容积或单罐容积较大者确定，间距的计算应以储罐外壁为准；

2　燃气热水炉间指室内设置微正压室燃式燃气热水炉的建筑。

7.0.3 当采用自然气化方式供气，且瓶组气化站配置钢瓶的总容积小于 1 m^3 时，瓶组间可设置在除住宅、重要公共建筑和高层民用建筑及裙房外与用气建筑物外墙毗连的单层专用房间内，并应符合下列规定：

1 耐火等级不应低于二级；

2 应通风良好，并应设置直通室外的门；

3 与其他房间相邻的墙应采用无门窗洞口的防火墙；

4 应配置可燃气体泄漏报警装置；

5 室温不应高于 45 ℃，且不应低于 0 ℃。

7.0.4 当瓶组气化站配置钢瓶的总容积大于 1 m^3 或采用强制气化钢瓶的总容积小于 1 m^3 时，应将其设置在高度不低于 2.2 m 的独立建筑内，并应符合下列规定：

1 独立瓶组间的设计应符合本规范第 7.0.3 条第 1~5 款的规定；

2 独立瓶组间与建筑的防火间距不应小于表 7.0.4 的规定；

3 当瓶组间的钢瓶总容积大于 4 m^3 时，宜采用储罐，防火间距应符合本规范第 6.1.3 条和第 6.1.4 条的规定；

4 瓶组间、气化间与值班室的防火间距不限；当两者毗连时，隔墙应采用无门窗洞口的防火墙，并应符合本规范附录 A 的规定或值班室内的用电设备采用防爆型；

5 独立瓶组间与其他民用建筑的防火间距除符合表 7.0.4 的规定外，还应符合本规范附录 A 的规定。

表 7.0.4 独立瓶组间与建筑的防火间距

项目		钢瓶总容积（V, m^3）	
		$V \leqslant 2$	$2 < V \leqslant 4$
明火、散发火花地点		25	30
重要公共建筑、一类高层民用建筑		15	20
其他民用建筑		10	12
道路（路边）	主要	10	10
	次要	5	5

注：钢瓶总容积应按配置钢瓶个数与单瓶几何容积的乘积计算。

8.0.1 液化石油气瓶装供应站按钢瓶总容积应分为三类，并应符合表 8.0.1 的规定。

表 8.0.1 液化石油气瓶装供应站分类

名　称	钢瓶总容积（V, m^3）
Ⅰ类站	$6 < V \leqslant 20$
Ⅱ类站	$1 < V \leqslant 6$
Ⅲ类站	$V \leqslant 1$

注：钢瓶总容积按钢瓶个数和单瓶几何容积的乘积计算。

8.0.4 Ⅰ、Ⅱ类液化石油气瓶装供应站的瓶库与站外建筑及道路的防火间距应符合下列规定：

1 Ⅰ、Ⅱ类站的瓶库与站外建筑及道路的防火间距不应小于表 8.0.4 的规定。

表 8.0.4 Ⅰ、Ⅱ类液化石油气瓶装供应站的瓶库与站外建筑及道路的防火间距（m）

项　目		瓶装供应站分类（V, m^3）			
		Ⅰ类站		Ⅱ类站	
		$10 < V \leqslant 20$	$6 < V \leqslant 10$	$3 < V \leqslant 6$	$1 < V \leqslant 3$
明火、散发火花地点		35	30	25	20
重要公共建筑、一类高层民用建筑		25	20	15	12
其他民用建筑		15	10	8	6
道路（路边）	主要	10	10	8	8
	次要	5	5	5	5

注：钢瓶总容积按钢瓶个数与单瓶几何容积的乘积计算。

2 Ⅰ类站的瓶库与高速公路、Ⅰ、Ⅱ级公路、城市快速路、铁路、架空电力线和架空通信线的距离应符合本规范表 6.1.3 的规定。

3 Ⅰ类站的瓶库与修理间或办公用房的防火间距不应小于 10 m。当营业室可与瓶库的空瓶区毗连设置时，隔墙应采用无门窗洞口的防火墙，并应符合本规范附录 A 的规定。

4 当Ⅱ类站由瓶库和营业室组成时，两者可合建成一幢建筑，隔墙应采用无门窗洞口的防火墙，并应符合本规范附录 A 的规定。

版本说明：

《液化石油气供应工程设计规范》GB 51142—2015 部分条款，被国家标准《燃气工程项目规范》GB 55009—2021，自 2022 年 1 月 1 日代替废止。

《燃气工程项目规范》（GB 55009—2021）

施行日期：2022 年 1 月 1 日

天然气液化工厂设计标准（GB 51261—2019）

施行日期：2019 年 12 月 1 日

适用范围：

本标准适用于陆上新建、扩建或改建天然气液化工厂的工程设计。

节录：

4.0.7 天然气液化工厂区域布置的防火间距不应小于表 4.0.7 的规定。

表 4.0.7　天然气液化工厂区域布置的防火间距（m）

<table>
<tr><td colspan="4">序　号</td><td>1</td><td>2</td><td>3</td><td>4</td><td>5</td><td>6</td><td>7</td><td>8</td><td>9</td><td>10</td><td>11</td><td>12</td><td>13</td><td>14</td><td>15</td><td>16</td><td>17</td></tr>
<tr><td colspan="4" rowspan="2">相邻设施
天然气液化工厂设施</td><td rowspan="2">100人以上的居住区、村镇、公共福利设施</td><td rowspan="2">100人以下的散居房屋</td><td rowspan="2">相邻厂矿企业</td><td colspan="2">铁路</td><td colspan="2">公路</td><td rowspan="2">35 kV及以上独立变电所</td><td colspan="2">架空电力线路</td><td colspan="2">架空通信线路</td><td rowspan="2">通航江、河、海岸边</td><td colspan="2">地区埋地输油管道（管道中心）</td><td rowspan="2">地区埋地输气管道（管道中心）</td><td rowspan="2">爆炸作业场地（如采石场）</td></tr>
<tr><td>国家铁路线</td><td>工业企业铁路线</td><td>高速公路</td><td>其他公路</td><td>60 kV及以下</td><td>110 kV~1 000 kV</td><td>国家Ⅰ、Ⅱ级</td><td>其他</td><td>原油及成品油</td><td>液化烃</td></tr>
<tr><td rowspan="13">液化天然气储存总容积</td><td rowspan="3">＞30 000 m³</td><td colspan="2">单容罐</td><td>500</td><td>400</td><td>150</td><td>75</td><td>70</td><td>70</td><td>40</td><td>100</td><td rowspan="13">杆（塔）高度的1.5倍</td><td rowspan="13">杆（塔）高度加3 m且不小于40 m</td><td rowspan="10">设有全容罐的站场不小于40 m；设有单容罐和双容罐的站场不小于50 m</td><td rowspan="13">1.5倍杆高</td><td rowspan="13">25</td><td rowspan="13">30</td><td rowspan="13">60</td><td rowspan="13">30</td><td rowspan="13">500</td></tr>
<tr><td colspan="2">双容罐</td><td>500</td><td>400</td><td>150</td><td>75</td><td>70</td><td>50</td><td>40</td><td>100</td></tr>
<tr><td colspan="2">全容罐及薄膜罐</td><td>400</td><td>300</td><td>120</td><td>60</td><td>55</td><td>50</td><td>30</td><td>80</td></tr>
<tr><td rowspan="3">＞10 000 m³且≤30 000 m³</td><td colspan="2">单容罐</td><td>470</td><td>350</td><td>150</td><td>75</td><td>70</td><td>70</td><td>40</td><td>100</td></tr>
<tr><td colspan="2">双容罐</td><td>400</td><td>350</td><td>150</td><td>75</td><td>70</td><td>50</td><td>40</td><td>100</td></tr>
<tr><td colspan="2">全容罐及薄膜罐</td><td>200</td><td>150</td><td>120</td><td>60</td><td>55</td><td>50</td><td>30</td><td>80</td></tr>
<tr><td rowspan="2">＞5 000 m³且≤10 000 m³</td><td colspan="2">单容罐</td><td>350</td><td>260</td><td>150</td><td>75</td><td>70</td><td>70</td><td>40</td><td>100</td></tr>
<tr><td colspan="2">双容罐</td><td>300</td><td>260</td><td>150</td><td>75</td><td>70</td><td>50</td><td>40</td><td>100</td></tr>
<tr><td rowspan="2">＞2 000 m³且≤5 000 m³</td><td colspan="2">单容罐</td><td>300</td><td>220</td><td>150</td><td>75</td><td>70</td><td>70</td><td>40</td><td>100</td></tr>
<tr><td colspan="2">双容罐</td><td>250</td><td>220</td><td>150</td><td>75</td><td>70</td><td>50</td><td>40</td><td>100</td></tr>
<tr><td rowspan="3">≤2 000 m³</td><td rowspan="3">单容罐</td><td>＞1 000 m³且≤2 000 m³</td><td>80</td><td>60</td><td>80</td><td>50</td><td>45</td><td>35</td><td>25</td><td>70</td><td rowspan="3">40</td></tr>
<tr><td>＞200 m³且≤1 000 m³</td><td>60</td><td>50</td><td>60</td><td>50</td><td>40</td><td>35</td><td>25</td><td>60</td></tr>
<tr><td>≤200 m³</td><td>50</td><td>45</td><td>50</td><td>40</td><td>35</td><td>30</td><td>20</td><td>50</td></tr>
</table>

续上表

序号			1	2	3	4	5	6	7	8	9	10	11	12	13	14	15	16	17
相邻设施 / 天然气液化工厂设施			100人以上的居住区、村镇、公共福利设施	100人以下的散居房屋	相邻厂矿企业	铁路		公路		35 kV及以上独立变电所	架空电力线路		架空通信线路		通航江、河、海岸边	地区埋地输油管道（管道中心）		地区埋地输气管道（管道中心）	爆炸作业场地（如采石场）
						国家铁路线	工业企业铁路线	高速公路	其他公路		60 kV及以下	110 kV~1 000 kV	国家Ⅰ、Ⅱ级	其他		原油及成品油	液化烃		
甲、乙类工艺设备、装卸设施、厂房、液化天然气的集液池	液化天然气储存总容积	＞2 000 m^3	100	100	90	45	42	50	25	60	杆（塔）高度的1.5倍	杆（塔）高度加3 m且不小于40 m	40	1.5倍杆高	20	30	60	30	500
		1 000 m^3＜ $V\leqslant$2 000 m^3	60	45	60	38	34	27	19	53									
		200 m^3＜ $V\leqslant$1 000 m^3	45	38	45	38	30	27	19	45									
		$V\leqslant$200 m^3	38	34	38	30	27	23	15	38									
全厂性可燃气体放空立管			45	40	40	40	30	50	30	40	40	40	40	30	40	30	40	30	

注：1　本表中的相邻厂矿企业是指除石油和天然气化工、煤化工企业、天然气液化工厂以外的企业。

2　至相邻厂矿企业的间距是指至相邻厂矿企业的围墙或用地边界线的距离。

3　表中储罐的防火间距起算点：单容罐从防火堤外壁算起、双容罐、全容罐、膜式罐从外罐外壁算起。

4　当相邻设施对天然气液化工厂的防火间距有特殊要求时，应按有关规定执行。

5　天然气液化工厂内的丙类工艺设备的防火间距，不应小于甲、乙类工艺装置防火间距的75%。

6　地区地面输油管道、输气管道的防火间距，可按地区埋地输油管道、输气管道的规定增加50%。

7　地下罐按照表中单容罐的规定减少50%执行。

8　全厂性或区域性重要设施（最外侧设备外缘或建筑物的最外轴线）与厂外输油（气）管线的防火间距，应按现行国家标准《石油化工企业设计防火标准》GB 50160的有关规定执行。

石油天然气工程设计防火规范（GB 50183—2004）

施行日期：2005 年 3 月 1 日

适用范围：

本规范适于新建、扩建、改建的陆上油气田工程、管道站场工程和海洋油气田陆上终端工程的防火设计。

节录：

3.2.1 石油天然气站场内同时储存或生产油品、液化石油气和天然气凝液、天然气等两类以上石油天然气产品时，应按其中等级较高者确定。

4.0.7 油气井与周围建(构)筑物、设施的防火间距按表 4.0.7 的规定执行，自喷油井应在一、二、三、四级石油天然气站场围墙以外。

表 4.0.7 油气井与周围建（构）筑物、设施的防火间距（m）（节录）

名　称		自喷油井、气井、注气井	机械采油井
铁路	国家铁路线	40	20
	工业企业铁路线	30	15

注：1 当气井关井压力或注气井注气压力超过 25 MPa 时，与 100 人以上的居住区、村镇、公共福利设施及相邻厂矿企业的防火间距，应按本表规定增加 50%。

2 无自喷能力且井场没有储罐和工艺容器的油井按本表执行有困难时，防火间距可适当缩小，但应满足修井作业要求。

6.7.2 油品铁路装卸栈桥至站场内其他铁路、道路间距应符合下列要求：

1 至其他铁路线不应小于 20 m。

2 至主要道路不应小于 15 m。

7.2.2 20 ℃时饱和蒸气压力大于或等于 0.1 MPa，管径小于或等于 *DN*200 的埋地天然气凝液管道，应按现行国家标准《输油管道工程设计规范》GB 50253 中的液态液化石油气管道确定强度设计系数。管道同地面建（构）筑物的最小间距应符合下列规定：

1 与居民区、村镇、重要公共建筑物不应小于 30 m；一般建（构）筑物不应小于 10 m。

2 与高速公路和一、二级公路平行敷设时，其管道中心线距公路用地范围边界不应小于 10 m，三级及以下公路不宜小于 5 m。

3 与铁路平行敷设时，管道中心线距铁路中心线的距离不应小于 10 m，并应满足本规范第 7.1.6 条的要求。

附 录 B

防火间距起算点的规定

1 公路从路边算起。

2 铁路从中心算起。

3 建（构）筑物从外墙壁算起

4 油罐及各种容器从外壁算起。

5 管道从管壁外缘算起。

6 各种机泵、变压器等设备从外缘算起。

7 火车、汽车装卸油鹤管从中心线算起。

8 火炬、放空管从中心算起。

9 架空电力线、架空通信线从杆、塔的中心线算起。

10 加热炉、水套炉、锅炉从烧火口或烟囱算起。

11 油气井从井口中心算起。

12 居住区、村镇、公共福利设施和散居房屋从邻近建筑物的外壁算起。

13 相邻厂矿企业从围墙算起。

历次版本：

《原油和天然气工程设计防火规范》（GB 50183—1993）

施行日期：1994 年 2 月 1 日

作废日期：2005 年 3 月 1 日

石油库设计规范（GB 50074—2014）

施行日期：2015 年 5 月 1 日

适用范围：

本规范适用于新建、扩建和改建石油库的设计。

节录：

3.0.1 石油库的等级划分应符合表 3.0.1 的规定。

表 3.0.1　石油库的等级划分

等　级	石油库储罐计算总容量 $TV(m^3)$
特级	$1\,200\,000 \leqslant TV \leqslant 3\,600\,000$
一级	$100\,000 \leqslant TV < 1\,200\,000$
二级	$30\,000 \leqslant TV < 100\,000$
三级	$10\,000 \leqslant TV < 30\,000$
四级	$1\,000 \leqslant TV < 10\,000$
五级	$TV < 1\,000$

注：1　表中 TV 不包括零位罐、中继罐和放空罐的容量。

2　甲 A 类液体储罐容量、Ⅰ级和Ⅱ级毒性液体储罐容量应乘以系数 2 计入储罐计算总容量，丙 A 类液体储罐容量可乘以系数 0.5 计入储罐计算总容量，丙 B 类液体储罐容量可乘以系数 0.25 计入储罐计算总容量。

3.0.3　石油库储存液化烃、易燃和可燃液体的火灾危险性分类，应符合表 3.0.3 的规定。

表 3.0.3　石油库储存液化烃、易燃和可燃液体的火灾危险性分类

类　别		特征或液体闪点 F_t（℃）
甲	A	15 ℃时的蒸气压力大于 0.1 MPa 的烃类液体及其他类似的液体
	B	甲 A 类以外，$F_t < 28$
乙	A	$28 \leqslant F_t < 45$
	B	$45 \leqslant F_t < 60$
丙	A	$60 \leqslant F_t \leqslant 120$
	B	$F_t > 120$

4.0.10　石油库与库外居住区、公共建筑物、工矿企业、交通线的安全距离，不得小于表 4.0.10 的规定。

表 4.0.10　石油库与库外居住区、公共建筑物、工矿企业、交通线的安全距离（m）

序号	石油库设施名称	石油库等级	库外建（构）筑物和设施名称				
			居住区和公共建筑物	工矿企业	国家铁路线	工业企业铁路线	道路
1	甲 B、乙类液体地上罐组；甲 B、乙类覆土立式油罐；无油气回收设施的甲 B、乙 A 类液体装卸码头	一	100（75）	60	60	35	25
		二	90（45）	50	55	30	20
		三	80（40）	40	50	25	15
		四	70（35）	35	50	25	15
		五	50（35）	30	50	25	15

续上表

序号	石油库设施名称	石油库等级	库外建（构）筑物和设施名称				
			居住区和公共建筑物	工矿企业	国家铁路线	工业企业铁路线	道路
2	丙类液体地上罐组；丙类覆土立式油罐；乙B、丙类和采用油气回收设施的甲B、乙A类液体装卸码头；无油气回收设施的甲B、乙A类液体铁路或公路罐车装车设施；其他甲B、乙类液体设施	一	75（50）	45	45	26	20
		二	68（45）	38	40	23	15
		三	60（40）	30	38	20	15
		四	53（35）	26	38	20	15
		五	38（35）	23	38	20	15
3	覆土卧式油罐；乙B、丙类和采用油气回收设施的甲B、乙A类液体铁路或公路罐车装车设施；仅有卸车作业的铁路或公路罐车卸车设施；其他丙类液体设施	一	50（50）	30	30	18	18
		二	45（45）	25	28	15	15
		三	40（40）	20	25	15	15
		四	35（35）	18	25	15	15
		五	25（25）	15	25	15	15

注：1　表中的工矿企业指除石油化工企业、石油库、油气田的油品站场和长距离输油管道的站场以外的企业。其他设施指油气回收设施、泵站、灌桶设施等设置有易燃和可燃液体、气体设备的设施。

2　表中的安全距离，库内设施有防火堤的储罐区应从防火堤中心线算起，无防火堤的覆土立式油罐应从罐室出入口等孔口算起，无防火堤的覆土卧式油罐应从储罐外壁算起；装卸设施应从装卸车（船）时鹤管口的位置算起；其他设备布置在房间内的，应从房间外墙轴线算起；设备露天布置的（包括设在棚内），应从设备外缘算起。

3　表中括号内数字为石油库与少于 100 人或 30 户居住区的安全距离。居住区包括石油库的生活区。

4　Ⅰ、Ⅱ级毒性液体的储罐等设施与库外居住区、公共建筑物、工矿企业、交通线的最小安全距离，应按相应火灾危险性类别和所在石油库的等级在本表规定的基础上增加 30%。

5　特级石油库中，非原油类易燃和可燃液体的储罐等设施与库外居住区、公共建筑物、工矿企业、交通线的最小安全距离，应在本表规定的基础上增加 20%。

6　铁路附属石油库与国家铁路线及工业企业铁路线的距离，应按本规范表 5.1.3 铁路机车走行线的规定执行。

4.0.11　石油库的储罐区、水运装卸码头与架空通信线路（或通信发射塔）、架空电力线路的安全距离，不应小于 1.5 倍杆（塔）高；石油库的铁路罐车和汽车罐车装卸设施、其他易燃可燃液体设施与架空通信线路（或通信发射塔）、架空电力线路的安全距离，不应小于 1.0 倍杆（塔）高；以上各设施与电压不小于 35 kV 的架空电力线路的安全距离不应小于 30 m。

注：以上石油库各设施的起算点与本规范表 4.0.10 注 2 相同。

4.0.13　非石油库用的库外埋地电缆与石油库围墙的距离不应小于 3 m。

5.1.3　石油库内建（构）筑物、设施之间的防火距离（储罐与储罐之间的距离除外），不应小于表 5.1.3 的规定。

表 5.1.3 石油库内建（构）筑物、设施之间的防火距离（m）

序号	建（构）筑物和设施名称		易燃和可燃液体泵房		灌桶间		汽车罐车装卸设施		铁路罐车装卸设施		液体装卸码头		桶装液体库房		隔油池		消防车库、消防泵房	露天变配电所变压器、柴油发电机间		独立变配电间	办公用房、中心控制室、宿舍、食堂等人员集中场所	铁路机车走行线	有明火及散发火花的建（构）筑物及地点	油罐车库	库区围墙	其他建（构）筑物	河（海）岸边
			甲B、乙类液体	丙类液体	甲B、乙类液体	丙类液体	甲B、乙类液体	丙类液体	甲B、乙类液体	丙类液体	甲B、乙类液体	丙类液体	甲B、乙类液体	丙类液体	150 m^3及以下	150 m^3以上		10 kV及以下	10 kV以上								
			10	11	12	13	14	15	16	17	18	19	20	21	22	23	24	25	26	27	28	29	30	31	32	33	34
1	外浮顶储罐、内浮顶储罐、覆土立式油罐、储存丙类液体的立式固定顶储罐	$V \geq 50\,000$	20	15	30	25	30/23	23	30/23	23	50	35	30	25	25	30	40	40	50	40	60	35	35	28	25	25	30
2		$5\,000 < V < 50\,000$	15	11	19	15	20/15	15	20/15	15	35	25	20	15	19	23	26	25	30	25	38	19	26	23	11	19	30
3		$1\,000 < V \leq 5\,000$	11	9	15	11	15/11	11	15/11	11	30	23	15	11	15	19	23	19	23	19	30	19	26	19	7.5	15	30
4		$V \leq 1\,000$	9	7.5	11	9	11/9	9	11	11	26	23	11	9	11	15	19	15	23	11	23	19	26	15	6	11	20
5	储存甲B、乙类液体的立式固定顶储罐	$V > 5\,000$	20	15	25	20	25/20	20	25/20	20	50	35	25	20	25	30	35	32	39	32	50	25	35	30	15	25	30
6		$1\,000 < V \leq 5\,000$	15	11	20	15	20/15	15	20/15	15	40	30	20	15	20	25	30	25	30	25	40	25	35	25	10	20	30
7		$V \leq 1\,000$	12	10	15	11	15/11	11	15/11	11	35	30	15	11	15	20	25	20	30	15	30	25	35	20	8	15	20
8	甲B、乙类液体地上卧式储罐		9	7.5	11	8	11/8	8	11/8	8	25	20	11	8	11	15	19	15	23	11	23	19	25	15	6	11	20
9	覆土卧式油罐、丙类液体地上卧式储罐		7	6	8	6	8/6	6	8/6	6	20	15	8	6	8	11	15	11	15	8	18	15	20	11	4.5	8	20

续上表

序号	建（构）筑物和设施名称		易燃和可燃液体泵房		灌桶间		汽车罐车装卸设施		铁路罐车装卸设施		液体装卸码头		桶装液体库房		隔油池		消防车库、消防泵房	露天变配电所变压器、柴油发电机间		独立变配电间	办公用房、中心控制室、宿舍、食堂等人员集中场所	铁路机车走行线	有明火及散发火花的建（构）筑物及地点	油罐车库	库区围墙	其他建（构）筑物	河（海）岸边
			甲B、乙类液体	丙类液体	甲B、乙类液体	丙类液体	甲B、乙类液体	丙类液体	甲B、乙类液体	丙类液体	甲B、乙类液体	丙类液体	甲B、乙类液体	丙类液体	150 m³及以下	150 m³以上		10 kV及以下	10 kV以上								
			10	11	12	13	14	15	16	17	18	19	20	21	22	23	24	25	26	27	28	29	30	31	32	33	34
10	易燃和可燃液体泵房	甲B、乙类液体	12	12	12	12	15/15	11	8/8	6	15	15	12	12	15/7.5	20/10	30	15	20	15	30	15	20	15	10	12	10
11		丙类液体	12	9	12	9	15/11	8	8/6	6	15	11	12	9	10/5	15/7.5	15	10	15	10	20	12	15	12	5	10	10
12	灌桶间	甲B、乙类液体	12	12	12	12	15/11	11	15/11	11	15	15	12	12	20/10	25/12.5	12	20	30	15	40	20	30	15	10	12	10
13		丙类液体	12	9	12	9	15/11	8	15/11	11	15	11	12	9	15/7.5	20/10	10	10	20	10	25	15	20	12	5	10	10
14	汽车罐车装卸设施	甲B、乙类液体	15/15	15/11	15/11	15/11	—	—	15/11	15/11	15	15	15/11	15/11	20/15	25/19	15/15	20/15	30/23	15/11	30/23	20/15	30/23	20	15/11	15/11	10
15		丙类液体	11	8	11	8	—	—	15/11	11	15	11	11	8	15/7.5	20/10	12	10	20	10	20	15	20	15	5	11	10
16	铁路罐车装卸设施	甲B、乙类液体	8/8	8/6	15/11	15/11	15/11	15/11	见本规范第8.1节		20/20	20/15	8/8	8/8	25/19	30/23	15/15	20/15	30/23	15/11	30/23	20/15	30/23	20	15/11	15/11	10
17		丙类液体	6	6	11	11	15/11	11			20	15	8	8	20/10	25/12.5	12	10	20	10	20	15	20	15	5	10	10
18	液体装卸码头	甲B、乙类液体	15	15	15	15	15	15	20/20	20	见本规范第8.3节		15	15	25/19	30/23	25	20	30	15	45	20	40	20	—	15	—
19		丙类液体	15	11	15	11	15	11	20/15	15			15	11	20/10	25/12.5	20	10	20	10	30	15	30	15	—	12	—
20	桶装液体库房	甲B、乙类液体	12	12	12	12	15/11	11	8/8	8	15	15	12	12	15/7.5	20/10	20	15	20	12	40	15	30	15	5	12	10
21		丙类液体	12	9	12	10	15/11	8	8/8	8	15	11	12	10	10/5	15/7.5	15	10	10	10	25	10	20	10	5	10	10

续上表

序号	建（构）筑物和设施名称		易燃和可燃液体泵房		灌桶间		汽车罐车装卸设施		铁路罐车装卸设施		液体装卸码头		桶装液体库房		隔油池		消防车库、消防泵房	露天变配电所变压器、柴油发电机间		独立变配电间	办公用房、中心控制室、宿舍、食堂等人员集中场所	铁路机车走行线	有明火及散发火花的建（构）筑物及地点	油罐车库	库区围墙	其他建（构）筑物	河（海）岸边
			甲B、乙类液体	丙类液体	甲B、乙类液体	丙类液体	甲B、乙类液体	丙类液体	甲B、乙类液体	丙类液体	甲B、乙类液体	丙类液体	甲B、乙类液体	丙类液体	150 m^3 及以下	150 m^3 以上		10 kV及以下	10 kV以上								
			10	11	12	13	14	15	16	17	18	19	20	21	22	23	24	25	26	27	28	29	30	31	32	33	34
22	隔油池	150 m^3 及以下	15/7.5	10/5	20/10	15/7.5	20/15	15/7.5	25/19	20/10	25/19	20/10	15/7.5	10/5	—	—	20/15	15/11	20/15	15/11	30/23	15/7.5	30/23	15/11	10/5	15/7.5	10
23		150 m^3 以上	20/10	15/7.5	25/12.5	20/10	25/19	20/10	30/23	25/12.5	30/23	25/12.5	20/10	15/7.5	—	—	25/19	20/15	30/23	20/15	40/30	20/10	40/30	20/15	10/5	15/7.5	10

注：1 表中 V 指储罐单罐容量，单位为 m^3。

2 序号 14 中，分子数字为未采用油气回收设施的汽车罐车装卸设施与建（构）筑物或设施的防火距离，分母数字为采用油气回收设施的汽车罐车装卸设施与建（构）筑物或设施的防火距离。

3 序号 16 中，分子数字为用于装车作业的铁路线与建（构）筑物或设施的防火距离，分母数字为采用油气回收设施的铁路罐车装卸设施或仅用于卸车作业的铁路线与建（构）筑物的防火距离。

4 序号 14 与序号 16 相交数字的分母，仅适用于相邻装车设施均采用油气回收设施的情况。

5 序号 22、23 中的隔油池，系指设置在罐组防火堤外的隔油池。其中分母数字为有盖板的密闭式隔油池与建（构）筑物或设施的防火距离，分子数字为无盖板的隔油池与建（构）筑物或设施的防火距离。

6 罐组专用变配电间和机柜间与石油库内各建（构）筑物或设施的防火距离，应与易燃和可燃液体泵房相同，但变配电间和机柜间的门窗应位于易燃液体设备的爆炸危险区域之外。

7 焚烧式可燃气体回收装置应按有明火及散发火花的建（构）筑物及地点执行，其他形式的可燃气体回收处理装置应按甲、乙类液体泵房执行。

8 Ⅰ、Ⅱ级毒性液体的储罐、设备和设施与石油库内其他建（构）筑物、设施之间的防火距离，应按相应火灾危险性类别在本表规定的基础上增加 30%。

9 “—”表示没有防火距离要求。

9.2.1 库外管道宜沿库外道路敷设。库外工艺管道不应穿过村庄、居民区、公共设施，并宜远离人员集中的建筑物和明火设施。

9.2.3 库外管道与相邻建（构）筑物或设施之间的距离不应小于表 9.2.3 的规定。

9.2.4 库外管道采用埋地敷设方式时，在地面上应设置明显的永久标志，管道的敷设设计应符合现行国家标准《输油管道工程设计规范》GB 50253 的有关规定。

表 9.2.3 库外管道与相邻建（构）筑物或设施之间的距离（m）（节录）

序号	相邻建（构）筑物		液化烃等甲 A 类液体管道		其他易燃和可燃液体管道	
			埋地敷设	地上架空	埋地敷设	地上架空
3	库外铁路线	国家铁路线	15	25	10	15
		企业铁路线	10	15	10	10

注：1 对于城镇居民点或独立的人群密集的房屋、工矿企业人员集中场所，由边缘建（构）筑物的外墙算起；对于学校、医院、工矿企业厂内生产设施等，由区域边界线算起。

2 表中库外管道与库外铁路线、库外公路、工业园区内道路之间的距离系指两者平行敷设时的间距。

3 当情况特殊或受地形及其他条件限制时，在采取加强安全保护措施后，序号 1 和 2 的距离可减少 50%。对处于地形特殊困难地段与公路平行的局部管段，在采取加强安全保护措施后，可埋设在公路路肩边线以外的公路用地范围以内。

4 库外管道尚应位于铁路用地范围边线和公路用地范围边线外。

5 库外管道尚不应穿越与其无关的工矿企业，确有困难需要穿越时，应进行安全评估。

附 录 A
计算间距的起讫点规定

表 A 计算间距的起讫点

序 号	建（构）筑物、设施和设备	计算间距的起讫点
1	道路	路边
2	铁路	铁路中心线
3	管道	管子中心（指明者除外）
4	地上立式储罐、地上和覆土卧式油罐	罐外壁
5	覆土立式油罐	罐室内墙壁及其出入口
6	设在露天（包括棚下）的各种设备	最突出的外缘
7	架空电力和通信线路	线路中心
8	埋地电力和通信电缆	电缆中心

续上表

序　号	建（构）筑物、设施和设备	计算间距的起讫点
9	建筑物或构筑物	外墙轴线
10	铁路罐车装卸设施	铁路罐车装卸线中心线，端部罐车的装卸口中心
11	汽车罐车装卸设施	汽车罐车装卸作业时鹤管或软管管口中心
12	液体装卸码头	前沿线（靠船的边缘）
13	工矿企业、居住区	建筑物或构筑物外墙轴线
14	医院、学校、养老院等公共设施	围墙轴线；无围墙者为建（构）筑物外墙轴线
15	架空电力线杆（塔）高、通信线杆（塔）高	电线杆（塔）和通信线杆（塔）所在地面至杆（塔）顶的高度

注：本规范中的安全距离和防火距离未特殊说明的，均指平面投影距离。

历次版本：

《石油库设计规范》（GBJ 74—1984）

施行日期：1985 年 6 月 1 日

作废日期：1995 年 6 月 3 日

《石油库设计规范》1995 年版（GBJ 74—1984）

施行日期：1995 年 6 月 3 日

作废日期：2003 年 3 月 1 日

《石油库设计规范》（GBJ 50074—2002）

施行日期：2003 年 3 月 1 日

作废日期：2015 年 5 月 1 日

石油化工企业设计防火标准（GB 50160—2008）

最新版本施行日期：2019 年 4 月 1 日

适用范围：

本标准适用于石油化工企业新建、扩建或改建工程的防火设计。

节录：

4.1.2　石油化工企业应远离人口密集区、饮用水源地、重要交通枢纽等区域，并宜位于邻近城镇或居民区全年最小频率风向的上风侧。

4.1.11　石油化工企业与石油化工园区的公用设施、铁路走行线的防火间距不应小于表 4.1.11 的规定。

高架火炬的防火间距应根据人或设备允许的辐射热强度计算确定，对可能携带可燃液体的高架火炬的防火间距不应小于表 4.1.11 的规定。

表 4.1.11　石油化工企业与石油化工园区的公用设施、铁路走行线的防火间距（节录）

项　目	防火间距（m）				
	液化烃罐组（罐外壁）	可燃液体罐组（罐外壁）	可能携带可燃液体的高架火炬（火炬筒中心）	甲、乙类工艺装置或设施（最外侧设备外缘或建筑物的最外轴线）	全厂性或区域性重要设施（最外侧设备外缘或建筑物的最外轴线）
铁路走行线（中心线）	30	25	60	20	10

注：1　括号内指防火间距起止点；

2　单罐容积大于等于 50 000 m^3 的可燃液体储罐与人员集中的公用设施的防火间距不应小于 100 m；

3　丙类工艺装置或设施的防火间距，可按甲、乙类工艺装置或设施的规定减少 10 m，但不应小于 20 m；

4　铁路走行线应布置在火灾爆炸危险区域之外。

4.5.4　厂际管道与公路、铁路、市政重力流管道和暗沟（渠）交叉或相邻布置时，应符合下列规定：

1　厂际管道应减少与公路、铁路、市政重力流管道和暗沟（渠）的交叉；

2　埋地厂际管道与市政重力流管道、暗沟（渠）交叉敷设时，厂际管道应布置在市政重力流管道、暗沟（渠）的下方，厂际管道与市政重力流管道、暗沟（渠）的垂直净距不应小于 0.5 m；埋地敷厂际管道与市政重力流管道、暗沟（渠）平行敷设时，厂际管道与市政重力流管道、暗沟（渠）的净距不应小于 5 m；

3　架空厂际管道与市政重力流管道、暗沟（渠）平行敷设时，厂际管道与市政重力流管道、暗沟（渠）的净距不应小于 8 m；

4　厂际管道与市政重力流管道、暗沟（渠）沿道路敷设时，宜分别布置在道路两侧；

5　应采取防止泄漏的可燃介质流入市政重力流管道、暗沟（渠）的措施。

4.5.8　厂际管道与相邻工厂或设施的防火间距不应小于表 4.5.8 的规定。

表 4.5.8　厂际管道与相邻工厂或设施的防火间距（节录）

相邻设施		防火间距（m）			
		可燃气体、可燃液体管道（管道中心）		液化烃管道（管道中心）	
		埋地敷设	地上架空	埋地敷设	地上架空
厂外铁路线	国家铁路线	25	50	25	50
	企业铁路线	15	25	15	25

版本说明：

《石油化工企业设计防火标准》(2018 年版) GB 50160—2008 部分条（款），被国家标准《建筑防火通用规范》GB 55037—2022，自 2023 年 6 月 1 日起代替废止。

历次版本：

《石油化工企业设计防火规范》（GB 50160—1992）

施行日期：1992 年 12 月 1 日

作废日期：1999 年 6 月 1 日

《石油化工企业设计防火规范》1999 年版（GB 50160—1992）

施行日期：1999 年 6 月 1 日

作废日期：2009 年 7 月 1 日

《石油化工企业设计防火规范》（GB 50160—2008）

施行日期：2009 年 7 月 1 日

作废日期：2019 年 4 月 1 日

汽车加油加气加氢站技术标准（GB 50156—2021）

施行日期：2021 年 10 月 1 日

适用范围：

本标准适用于新建、扩建和改建的汽车加油站、加气站、加油加气合建站、加油加氢合建站、加气加氢合建站、加油加气加氢合建站工程的设计和施工。

节录：

3.0.9　加油站的等级划分应符合表 3.0.9 的规定。

表 3.0.9 加油站的等级划分

加油站等级	加油站油罐容积（m^3）	
	总容积 V	单罐容积
一级	$150 < V \leq 210$	≤ 50
二级	$90 < V \leq 150$	≤ 50
三级	$V \leq 90$	汽油罐 ≤ 30，柴油罐 ≤ 50

注：V 为油罐总容积。柴油罐容积可折半计入油罐总容积。

3.0.10 LPG 加气站的等级划分应符合表 3.0.10 的规定。

表 3.0.10 LPG 加气站的等级划分

LPG 加气站等级	LPG 罐容积（m^3）	
	总容积 V	单罐容积
一级	$45 < V \leq 60$	≤ 30
二级	$30 < V \leq 45$	≤ 30
三级	$V \leq 30$	≤ 30

3.0.12 LNG 加气站、L–CNG 加气站、LNG 和 L–CNG 加气合建站的等级划分，应符合表 3.0.12 的规定。

表 3.0.12 LNG 加气站、L–CNG 加气站、LNG 和 L–CNG 加气合建站的等级划分

LNG 加气站及合建站等级	LNG 加气站		L–CNG 加气站、LNG 和 L–CNG 加气合建站		
	LNG 储罐总容积 V（m^3）	LNG 储罐单罐容积（m^3）	LNG 储罐总容积 V（m^3）	LNG 储罐单罐容积（m^3）	CNG 储气设施总容积（m^3）
一级	$120 < V \leq 180$	≤ 60	$120 < V \leq 180$	≤ 60	≤ 12
一级 *	—	—	$60 < V \leq 120$	≤ 60	≤ 24
二级	$60 < V \leq 120$	≤ 60	$60 < V \leq 120$	≤ 60	≤ 9
二级 *	—	—	$V \leq 60$	≤ 60	≤ 18
三级	$V \leq 60$	≤ 60	$V \leq 60$	≤ 60	≤ 9
三级 *	—	—	$V \leq 30$	≤ 30	≤ 18

注：带“*”的加气站专指 CNG 常规加气站以 LNG 储罐作补充气源的建站形式。

3.0.13 LNG 加气站与 CNG 常规加气站或 CNG 加气子站的合建站的等级划分，应符合表 3.0.13 的规定。

表 3.0.13　LNG 加气站与 CNG 常规加气站或 CNG 加气子站的合建站的等级划分

合建站等级	LNG 储罐总容积 V（m^3）	LNG 储罐单罐容积（m^3）	CNG 储气设施总容积（m^3）
一级	$60 < V \leq 120$	≤ 60	≤ 24（30）
二级	$V \leq 60$	≤ 60	≤ 18（30）
三级	$V \leq 30$	≤ 30	≤ 18（25）

注：1　V 为 LNG 储罐总容积。

2　括号内数字为 CNG 储气井和 CNG 加气子站的储气设施总容积。

3.0.14　加油与 LPG 加气合建站的等级划分，应符合表 3.0.14 的规定。

表 3.0.14　加油与 LPG 加气合建站的等级划分

合建站等级	油罐与 LPG 储罐总容积计算公式
一级	$V_{01}/240+V_{LPG1}/60 \leq 1$
二级	$V_{02}/180+V_{LPG2}/45 \leq 1$
三级	$V_{03}/120+V_{LPG3}/30 \leq 1$

注：1　V_{01}、V_{02}、V_{03} 分别为一、二、三级合建站中油品储罐总容积（m^3）；V_{LPG1}、V_{LPG2}、V_{LPG3} 分别为一、二、三级合建站中 LPG 储罐总容积（m^3）。“/” 为除号。

2　柴油罐容积可折半计入油罐总容积。

3　当油罐总容积大于 90 m^3 时，油罐单罐容积不应大于 50 m^3；当油罐总容积小于或等于 90 m^3 时，汽油罐单罐容积不应大于 30 m^3，柴油罐单罐容积不应大于 50 m^3。

4　LPG 储罐单罐容积不应大于 30 m^3。

3.0.15　加油与 CNG 加气合建站的等级划分应符合表 3.0.15 的规定。

表 3.0.15　加油与 CNG 加气合建站的等级划分

合建站等级	油品储罐总容积 V（m^3）	常规 CNG 加气站储气设施总容积 V（m^3）	加气子站储气设施（m^3）
一级	$120 < V \leq 150$	$V \leq 24$	固定储气设施总容积≤ 12（18），可停放 1 辆 CNG 长管拖车；当无固定储气设施时，可停放 2 辆 CNG 长管拖车
二级	$V \leq 120$		
三级	$V \leq 90$	$V \leq 12$	固定储气设施总容积≤ 9（18），可停放 1 辆 CNG 长管拖车

注：1　柴油罐容积可折半计入油罐总容积。

2　当油罐总容积大于 90 m^3 时，油罐单罐容积不应大于 50 m^3；当油罐总容积小于或等于 90 m^3 时，汽油罐单罐容积不应大于 30 m^3，柴油罐单罐容积不应大于 50 m^3。

3　表中括号内数字为 CNG 储气设施采用储气井的总容积。

3.0.16　加油与 LNG 加气合建站的等级划分应符合表 3.0.16 的规定。

表 3.0.16　加油与 LNG 加气合建站的等级划分

合建站等级	油罐与 LNG 储罐总容积计算公式
一级	$V_{01}/240+V_{LNG1}/180 \leqslant 1$
二级	$V_{02}/180+V_{LNG2}/120 \leqslant 1$
三级	$V_{03}/120+V_{LNG3}/60 \leqslant 1$

注：1　V_{01}、V_{02}、V_{03} 分别为一、二、三级合建站中油品储罐总容积（m^3）；V_{LNG1}、V_{LNG2}、V_{LNG3} 分别为一、二、三级合建站中 LNG 储罐总容积（m^3）。“/” 为除号。

2　柴油罐容积可折半计入油罐总容积。

3　当油罐总容积大于 90 m^3 时，油罐单罐容积不应大于 50 m^3；当油罐总容积小于或等于 90 m^3 时，汽油罐单罐容积不应大于 30 m^3，柴油罐单罐容积不应大于 50 m^3。

4　LNG 储罐单罐容积不应大于 60 m^3。

3.0.17　加油与 L-CNG 加气、LNG/L-CNG 加气以及加油与 LNG 加气和 CNG 加气合建站的等级划分，应符合表 3.0.17 的规定。

表 3.0.17　加油与 L-CNG 加气、LNG/L-CNG 加气以及加油与 LNG 加气和 CCNG 加气合建站的等级划分

合建站等级	油罐与 LNG 储罐总容积计算公式	CNG 储气设施总容积（m^3）
一级	$V_{01}/240+V_{LNG1}/180 \leqslant 0.8$	≤ 12
	$V_{01}/240+V_{LNG1}/180 \leqslant 0.7$	≤ 24
二级	$V_{02}/180+V_{LNG2}/120 \leqslant 0.8$	≤ 9
	$V_{02}/180+V_{LNG2}/120 \leqslant 0.7$	≤ 24
三级	$V_{03}/120+V_{LNG3}/60 \leqslant 0.8$	≤ 9
	$V_{03}/120+V_{LNG3}/60 \leqslant 0.7$	≤ 24

注：1　V_{01}、V_{02}、V_{03} 分别为一、二、三级合建站中油品储罐总容积（m^3）；V_{LNG1}、V_{LNG2}、V_{LNG3} 分别为一、二、三级合建站中 LNG 储罐总容积（m^3）。“/” 为除号。

2　柴油罐容积可折半计入油罐总容积。

3　当油罐总容积大于 90 m^3 时，油罐单罐容积不应大于 50 m^3；当油罐总容积小于或等于 90 m^3 时，汽油罐单罐容积不应大于 30 m^3，柴油罐单罐容积不应大于 50 m^3。

4　LNG 储罐单罐容积不应大于 60 m^3。

3.0.18　加油与高压储氢加氢合建站的等级划分应符合表 3.0.18 的规定。

表 3.0.18　加油与高压储氢加氢合建站的等级划分

合建站等级	油罐总容积与氢气总储量计算公式	油品储罐单罐容积（m^3）
一级	$V_{01}/240+G_{H1}/8\,000 \leqslant 1$	≤ 50

续上表

合建站等级	油罐总容积与氢气总储量计算公式	油品储罐单罐容积（m^3）
二级	$V_{O2}/180+G_{H2}/4\,000 \leqslant 1$	汽油罐≤ 30，柴油罐≤ 50
三级	$V_{O3}/120+G_{H3}/2\,000 \leqslant 1$	≤ 30

注：1 V_{O1}、V_{O2}、V_{O3} 分别为一、二、三级合建站中油品储罐总容积（m^3）；G_{H1}、G_{H2}、G_{H3} 分别为一、二、三级合建站中氢气的总储量（kg）。"/" 为除号。

2 柴油罐容积可折半计入油罐总容积。

3 储氢总量包含作为站内储氢容器使用的氢气长管拖车或管束式集装箱储氢量。

4 氢气储量计算基于 20 ℃温度和储氢容器的额定工作压力。

3.0.19 加油与液氢储氢加氢合建站的等级划分应符合表 3.0.19 的规定。

表 3.0.19 加油与液氢储氢加氢合建站的等级划分

合建站等级	油罐与液氢储氢总容积计算公式	配套储氢容器、氢气储气井总容积（m^3）	油品储罐单罐容积（m^3）
一级	$V_{O1}/240+V_{H1}/180 \leqslant 1$	≤ 15	≤ 50
二级	$V_{O2}/180+V_{H2}/120 \leqslant 1$	≤ 12	汽油罐≤ 30， 柴油罐≤ 50
三级	$V_{O3}/120+V_{H3}/60 \leqslant 1$	≤ 9	≤ 30

注：1 V_{O1}、V_{O2}、V_{O3} 分别为一、二、三级合建站中油品储罐总容积（m^3）；V_{H1}、V_{H2}、V_{H3} 分别为一、二、三级合建站中液氢储罐总容积（m^3）。"/" 为除号。

2 柴油罐容积可折半计入油罐总容积。

3.0.20 CNG 加气与高压储氢或液氢储氢加氢合建站的等级划分，应符合表 3.0.20 的规定。

表 3.0.20 CNG 加气与高压储氢或液氢储氢加氢合建站的等级划分

<table>
<tr><th rowspan="2">合建站等级</th><th>高压储氢加氢设施</th><th colspan="2">液氢储氢加氢设施</th><th rowspan="2">常规 CNG 加气站储气设施总容积（m^3）</th><th rowspan="2">CNG 加气子站储气设施总容积（m^3）</th></tr>
<tr><th>储氢总量 G（kg）</th><th>液氢储罐总容积 V（m^3）</th><th>配套储氢容器、氢气储气井总容积（m^3）</th></tr>
<tr><td>一级</td><td>$2\,000 < G \leqslant 4\,000$</td><td>$60 < V \leqslant 120$</td><td>≤ 15</td><td>≤ 24</td><td rowspan="2">固定储气设施总容积≤ 12（18），可停放 1 辆 CNG 长管拖车；当无固定储气设施时，可停放 2 辆 CNG 长管拖车</td></tr>
<tr><td>二级</td><td>$1\,000 < G \leqslant 2\,000$</td><td>$30 < V \leqslant 60$</td><td>≤ 12</td><td>≤ 24</td></tr>
</table>

续上表

合建站等级	高压储氢加氢设施	液氢储氢加氢设施		常规 CNG 加气站储气设施总容积（m^3）	CNG 加气子站储气设施总容积（m^3）
	储氢总量 G（kg）	液氢储罐总容积 V（m^3）	配套储氢容器、氢气储气井总容积（m^3）		
三级	$G \leqslant 1\,000$	$V \leqslant 30$	$\leqslant 9$	$\leqslant 12$	固定储气设施总容积≤9（18），可停放 1 辆 CNG 长管拖车

注：1　表中括号内数字为 CNG 储气设施采用储气井的总容积。
2　储氢总量包含作为站内储氢容器使用的氢气长管拖车或管束式集装箱储氢量。
3　氢气储量计算基于 20 ℃温度和储氢容器的额定工作压力。
4　V 为液氢储罐总容积。

3.0.22　加油、CNG 加气与高压储氢或液氢储氢加氢合建站的等级划分，应符合表 3.0.22 的规定。

表 3.0.22　加油、CNG 加气与高压储氢或液氢储氢加氢合建站的等级划分

合建站等级	油罐总容积与氢气总储量计算公式	油罐与液氢储罐总容积计算公式	CNG 加气站储气容器总容积（m^3）	
			常规加气站	加气子站
一级	$V_{O1}/240+G_{H1}/8\,000 \leqslant 0.67$	$V_{O2}/240+V_{H1}/180 \leqslant 0.67$	$\leqslant 24$	固定储气容器总容积≤ 12（18），可停放 1 辆长管拖车；当无固定储气容器时，可停放 2 辆长管拖车
二级	$V_{O2}/180+G_{H2}/4\,000 \leqslant 0.67$	$V_{O2}/180+V_{H2}/120 \leqslant 0.67$	$\leqslant 12$	固定储气容器总容积≤ 9（18），可停放 1 辆长管拖车

注：1　V_{O1}、V_{O2} 分别为一、二级合建站中油品储罐总容积（m^3）；G_{H1}、G_{H2} 分别为一、二级合建站中氢气的总储量（kg）；V_{H1}、V_{H2} 分别为一、二级合建站中液氢储罐总容积（m^3）。“/” 为除号。
2　柴油罐容积可折半计入油罐总容积。汽油罐单罐容积应小于或等于 30 m^3，柴油罐单罐容积应小于或等于 50 m^3。
3　括号内数字为 CNG 储气设施采用储气井的总容积。
4　液氢储罐配套储氢容器、氢气储气井总容积应小于或等于 12 m^3。
5　储氢总量包含作为站内储氢容器使用的氢气长管拖车或管束式集装箱储氢量。

3.0.23　加油、LNG 加气与高压储氢或液氢储氢加氢合建站的等级划分，应符合表 3.0.23 的规定。

表 3.0.23　加油、LNG 加气与高压储氢或液氢储氢加氢合建站的等级划分

合建站等级	油罐与 LNG 储罐总容积、氢气总储量计算公式	油罐、LNG 储罐和液氢储罐总容积计算公式
一级	$V_{O1}/240+V_{LNG1}/180+G_{H1}/8\,000 \leqslant 1$	$V_{O1}/240+V_{LNG1}/180+V_{H1}/180 \leqslant 1$
二级	$V_{O2}/180+V_{LNG2}/120+G_{H2}/4\,000 \leqslant 1$	$V_{O2}/180+V_{LNG2}/120+V_{H2}/120 \leqslant 1$

注：1　V_{O1}、V_{O2} 分别为一、二级合建站中油品储罐总容积（m^3）；V_{LNG1}、V_{LNG2} 分别为一、二级合建站中 LNG 储罐的总容积（m^3）；G_{H1}、G_{H2} 分别为一、二级合建站中氢气的总储量（kg）；V_{H1}、V_{H2} 分别为一、二级合建站中液氢储罐总容积（m^3）。“/” 为除号。

2　柴油罐容积可折半计入油罐总容积。汽油罐单罐容积应小于或等于 30 m^3，柴油罐单罐容积应小于或等于 50 m^3，LNG 储罐和液氢储罐单罐容积应小于或等于 60 m^3。

3　LNG 加气站包括 L-CNG 加气站、LNG/L-CNG 加气站。

4　配套储氢容器、氢气储气井总容积，CNG 储气设施总容积应小于或等于 12 m^3。

5　储氢总量包含作为站内储氢容器使用的氢气长管拖车或管束式集装箱储氢量。

4.0.4　加油站、各类合建站中的汽油、柴油工艺设备与站外建（构）筑物的安全间距，不应小于表 4.0.4 的规定。

表 4.0.4　汽油（柴油）工艺设备与站外建（构）筑物的安全间距（m）（节录）

站外建（构）筑物	站内汽油（柴油）工艺设备			
	埋地油罐			加油机、油罐通气管口、油气回收处理装置
	一级站	二级站	三级站	
铁路、地上城市轨道线路	15.5（15）	15.5（15）	15.5（15）	15.5（15）

注：1　表中括号内数字为柴油设备与站外建（构）筑物的安全间距。站内汽油工艺设备是指设置有卸油和加油油气回收系统的工艺设备。

2　汽油设备与重要公共建筑物的主要出入口（包括铁路、地铁和二级及以上公路的隧道出入口）的安全间距尚不应小于 50 m。

3　表中一级站、二级站、三级站包括合建站的级别。

4.0.5　LPG 加气站、加油加气合建站中的 LPG 设备与站外建（构）筑物的安全间距，不应小于表 4.0.5 的规定。

表 4.0.5　LPG 设备与站外建（构）筑物的安全间距（m）（节录）

站外建（构）筑物	地上（埋地）LPG 储罐			LPG 卸车点	LPG 放空管管口	LPG 加气机、LPG 泵（房）、LPG 压缩机（间）
	一级站	二级站	三级站			
铁路、地上城市轨道线路	45（22）	45（22）	45（22）	22	22	22

注：1　表中括号内数字为埋地 LPG 储罐与站外建（构）筑物的安全间距。

2　表中一级站、二级站、三级站包括合建站的级别。

4.0.6 CNG 加气站、各类合建站中的 CNG 工艺设备与站外建（构）筑物的安全间距，不应小于表 4.0.6 的规定。

表 4.0.6 CNG 设备与站外建（构）筑物的安全间距（m）（节录）

站外建（构）筑物	站内 CNG 工艺设备		
	储气瓶	集中放空管管口	储气井、加（卸）气设备、脱硫脱水设备、压缩机（间）
铁路、地上城市轨道线路	30	30	22

注：1 与重要公共建筑物的主要出入口（包括铁路、地铁和二级及以上公路的隧道出入口）的安全间距尚不应小于 50 m。
2 长管拖车固定停车位与站外建（构）筑物的防火间距，应按本表储气瓶的安全间距确定。

4.0.7 LNG 加气站、各类合建站中的 LNG 工艺设备与站外建（构）筑物的安全间距，不应小于表 4.0.7 的规定。

表 4.0.7 LNG 设备与站外建（构）筑物的安全间距（m）（节录）

站外建（构）筑物	站内 LNG 工艺设备			
	地上 LNG 储罐			放空管管口、LNG 加气机、LNG 卸车点
	一级站	二级站	三级站	
铁路、地上城市轨道线路	80	60	50	50

注：1 表中一级站、二级站、三级站包括合建站的级别。

4.0.8 加氢合建站中的氢气工艺设备与站外建（构）筑物的安全间距，不应小于表 4.0.8 的规定。

表 4.0.8 加氢合建站中的氢气工艺设备与站外建（构）筑物的安全间距（m）（节录）

项目名称	储氢容器（液氢储罐）			放空管管口	氢气储气井、氢气压缩机、加氢机、氢气卸气柱、氢气冷却器、液氢卸车点
	一级站	二级站	三级站		
铁路、地上城市轨道线路	25（25）	25（25）	25（25）	25	22

注：1 加氢设施的橇装工艺设备与站外建（构）筑物的防火距离，应按本表相应设备的防火间距确定。
2 氢气长管拖车、管束式集装箱与站外建（构）筑物的防火距离，应按本表储氢容器的防火距离确定。
3 表中一级站、二级站、三级站包括合建站的级别。
4 当表中的氢气工艺设备与站外建（构）筑物之间设置有符合本标准第 10.7.15 条规定的实体防护墙时，相应安全间距（对重要公共建筑物除外）不应低于本表规定的安全间距的 50%，且不应小于 8 m，氢气储气井、氢气压缩机间（箱）、加氢机、液氢卸车点与城市道路的安全间距不应小于 5 m。
5 表中氢气设备工作压力大于 45 MPa 时，氢气设备与站外建（构）筑物（不含架空通信线路和架空电力线路）的安全间距应按本表安全间距增加不低于 20%。
6 液氢工艺设备与明火或散发火花地点的距离小于 35 m 时，两者之间应设置高度不低于 2.2 m 的实体墙。
7 表中括号内数字为液氢储罐与站外建（构）筑物的安全间距。
8 *H* 为架空通信线路和架空电力线路的杆高或塔高。

四、氧气、氢气、沼气类

氧气站设计规范（GB 50030—2013）

施行日期：2014 年 7 月 1 日

适用范围：

本规范适用于下列新建、改建、扩建的氧气站及其管道工程设计：

1 采用低温空气分离法生产氧、氮、氩等气态、液态产品的氧气站设计；

2 采用常温空气分离法生产氧、氮、氩等气态产品的氧气站的设计；

3 氧、氮、氩等空气分离液态产品气化站房的设计；

4 氧、氮、氩等空气分离气态产品的汇流排间设计。

节录：

1.0.3 氧气站内各类房间的火灾危险性类别及最低耐火等级，应符合本规范附录 A 的规定。

3.0.4 氧气站火灾危险性为乙类的建筑物及氧气贮罐与其他各类建筑物、构筑物之间的防火间距不应小于表 3.0.4 的规定。

表 3.0.4 氧气站火灾危险性为乙类的建筑物及氧气贮罐与其他各类建筑物、构筑物之间的防火间距（节录）

<table>
<tr><th rowspan="2">建筑物、构筑物</th><th rowspan="2">氧气站的火灾危险性为乙类的建筑物</th><th colspan="3">氧气贮罐总容积（m³）</th></tr>
<tr><th>≤1 000</th><th>1 000~50 000</th><th>>50 000</th></tr>
<tr><td>厂外铁路线中心线</td><td>25</td><td colspan="3">25</td></tr>
</table>

注：固定容积氧气贮罐的总容积按几何容量（m^3）和设计压力（绝对压力为 10^5 Pa）的乘积计算。液氧贮罐以 1 m^3 液氧折合 800 m^3 标准状态气氧计算，按本表氧气贮罐相应贮量的规定确定防火间距。

3.0.5 氧气站的火灾危险性为乙类的建筑物，与火灾危险性为甲类的建筑物之间的最小防火间距，应按本规范表 3.0.4 对其他各类建筑物之间规定的间距增加 2 m。

历次版本：

《氧气站设计规范》（GB 50030—1991）

施行日期：1992 年 7 月 1 日

作废日期：2014 年 7 月 1 日

氢气使用安全技术规程（GB 4962—2008）

施行日期：2009 年 10 月 1 日

适用范围：

本标准适用于气态氢生产后的地面上各作业场所，不适用于液态氢、水上气态氢、航空用氢场所及车上供氢系统。氢气生产中的相应环节可参照执行。

节录：

4.1.1　供氢站平面布置的防火间距见表 1。

表 1　供氢站平面布置的防火间距表（节录）

名　称	最小防火间距 /m
厂外铁路（中心线）	30

历次版本：

《氢气使用安全技术规程》（GB4962—1985）

施行日期：1985 年 11 月 1 日

作废日期：2009 年 10 月 1 日

大中型沼气工程技术规范（GB/T 51063—2014）

施行日期：2015 年 8 月 1 日

适用范围：

本规范适用于采用厌氧消化工艺处理农业有机废弃物、工业高浓度有机废水、工业有机废渣、污泥，以供气为主且沼气产量不小于 500 m^3/d，新建、扩建和改建的沼气工程的设计、施工安装、验收及运行维护。

节录：

6.5.5　埋地沼气钢制管道的敷设应符合下列规定：

1　下沟前应对管道防腐层进行100%的外观检查；

2　穿越铁路、公路、河流及城市道路时，应减少管道环向焊缝的数量，并应对穿越段管道的所有环向焊缝进行无损探伤检验；

3　管道下沟宜使用吊装机具，吊装时应保护管口及防腐层不受损伤，不得采用抛、滚、撬等破坏防腐层的做法；

4　回填土前应对管道防腐层进行100%电火花检漏。

五、爆炸物品类

民用爆炸物品工程设计安全标准（GB 50089—2018）

施行日期：2019年3月1日

适用范围：

本标准适用于民用爆炸物品行业科研、生产、销售企业建设工程的新建、扩建、改建和技术改造。

节录：

4.1.3　生产企业各区的规划应符合下列规定：

2　企业各区不应分设在国家铁路线、省级及以上公路的两侧，宜规划在运输线路的一侧。

4.2　危险品生产区外部距离

4.2.1　危险品生产区内的危险性建（构）筑物与其周围居住建筑物、企业、公共交通线路、高压输电线路、城镇规划边缘等的外部距离，应根据建（构）筑物的危险等级和计算药量计算确定。外部距离应自危险性建筑物的外墙面或储罐的外壁算起。中转站台的外部距离应自站台雨棚柱子轴线和装车位的边缘算起。

4.2.2　**危险品生产区内，1.1级建（构）筑物的外部距离不应小于表4.2.2的规定。**

4.2.3　**危险品生产区内，1.2级建（构）筑物的外部距离不应小于表4.2.2的规定。**

表 4.2.2　危险品生产区 1.1 级、1.2 级建（构）筑物的外部距离（m）（节录）

序号	项　目	单个建筑物内计算药量（kg）																					
		20 000	18 000	16 000	14 000	12 000	10 000	9 000	8 000	7 000	6 000	5 000	4 000	3 000	2 000	1 000	500	300	200	100	50	30	10
7	国家铁路线、省级及以上公路用地外缘、通航的河流航道、110 kV 架空输电线路	440	420	410	390	370	350	340	320	310	290	280	260	230	200	170	150	120	100	90	80	70	60
8	非本厂的工厂铁路支线、县级公路用地外缘、35 kV 架空输电线路	260	250	240	230	220	210	200	190	180	170	160	150	140	120	100	90	80	70	60	55	50	45

注：计算药量为中间值时，外部距离采用线性插入法确定。

4.2.4 危险品生产区内，1.3 级建（构）筑物的外部距离不应小于表 4.2.4 的规定。

表 4.2.4 危险品生产区 1.3 级建筑物的外部距离（m）

序号	项目	单个建筑物内计算药量（kg）										
		30 000	25 000	20 000	15 000	10 000	5 000	1 000	500	100	50	10
7	国家铁路线、省级及以上公路用地外缘、通航的河流航道、110 kV 架空输电线路	190	185	180	170	160	150	140	110	90	70	55
8	非本厂的工厂铁路支线、县级公路用地外缘、35 kV 架空输电线路	170	165	160	150	140	130	120	100	80	60	45

注：1 计算药量为中间值时，外部距离采用线性插入法确定。

4.2.5 危险品生产区内，1.4 级建（构）筑物的外部距离不应小于 50 m；总储量小于或等于 80 m^3 的硝酸铵水溶液储罐（区）的外部距离不应小于 50 m；总储量大于 80 m^3 的硝酸铵水溶液储（区）的外部距离不应小于 100 m；建在室外的水相制备罐和水相储罐亦应按硝酸铵水溶液储罐考虑外部距离；硝酸铵仓库的外部距离不应小于 200 m。

4.2.6 危险品生产区危险性建（构）筑物外部距离适用于平坦地形，遇有利地形可减少。地形条件与外部距离减少值应符合本标准附录 A.0.1 的规定。

4.2.7 海上救生烟火信号生产区的外部距离应符合现行国家标准《烟花爆竹工程设计安全规范》GB—50161 的规定。

4.3 危险品总仓库区外部距离

4.3.1 危险品总仓库区内仓库与其周围居住建筑物、企业、公共交通线路、高压输电线路、城镇规划边缘等的外部距离，应根据仓库的危险等级和计算药量计算确定。外部距离应自危险性仓库的外墙面算起。

4.3.2 危险品总仓库区内，1.1 级仓库的外部距离不应小于表 4.3.2 的规定。

表 4.3.2　危险品总仓库区 1.1 级仓库外部距离（m）（节录）

序号	项　目	单个仓库内计算药量（kg）															
		200 000	180 000	160 000	140 000	120 000	100 000	90 000	80 000	70 000	60 000	50 000	45 000	40 000	35 000	30 000	25 000
7	国家铁路线、省级及以上公路用地外缘、通航的河流航道、110 kV 架空输电线路	830	800	770	740	700	660	640	620	590	560	530	500	490	470	440	410
8	非本厂的工厂铁路支线、县级公路用地外缘、35 kV 架空输电线路	500	490	470	450	420	400	390	370	360	340	320	310	300	280	270	250

续上表

序号	项　目	单个仓库内计算药量（kg）															
		20 000	18 000	16 000	14 000	12 000	10 000	9 000	8 000	7 000	6 000	5 000	2 000	1 000	500	300	100
7	国家铁路线、省级及以上公路用地外缘、通航的河流航道、110 kV 架空输电线路	390	380	360	350	320	310	300	290	270	260	250	190	160	140	110	90
8	非本厂的工厂铁路支线、县级公路用地外缘、35 kV 架空输电线路	240	230	220	210	200	190	180	170	160	150	140	110	90	80	70	60

4.3.3　危险品总仓库区内，1.3级仓库的外部距离不应小于表4.3.3的规定。

表4.3.3　危险品总仓库区1.3级仓库的外部距离（m）（节录）

序号	项　目	单个仓库内计算药量（kg）											
		100 000	90 000	80 000	70 000	60 000	50 000	40 000	30 000	20 000	10 000	5 000	1 000
7	国家铁路线、省级及以上公路用地外缘、通航的河流航道、110 kV架空输电线路	260	250	240	230	220	200	190	170	150	150	140	130
8	非本厂的工厂铁路支线、县级公路用地外缘、35 kV架空输电线路	230	220	210	200	190	170	160	150	140	130	120	120

4.3.4　危险品总仓库区内，1.4级仓库的外部距离不应小于100 m；硝酸铵仓库的外部距离不应小于200 m。

4.3.5　危险品总仓库区内，储存火炸药及其制品的覆土库的外部距离不应小于表4.3.5的规定。

表 4.3.5　危险品总仓库区覆土库的外部距离（m）（节录）

序号	项　目	单个仓库内计算药量（kg）																								
		200 000	150 000	100 000	90 000	80 000	70 000	60 000	50 000	45 000	40 000	35 000	30 000	20 000	18 000	16 000	14 000	12 000	10 000	8 000	6 000	5 000	4 000	3 000	2 000	1 000
1	人数大于 50 人且小于或等于 500 人的居民点边缘、职工总数小于或等于 500 人的企业围墙、有摘挂作业的铁路中间站站界或建筑物边缘、功率大于或等于 1 000 kW 的风力发电机组	760	690	605	580	560	535	510	480	465	450	425	405	355	340	330	315	300	280	260	240	225	210	190	165	130
2	国家铁路线、省级及以上公路用地外缘、通航的河流航道、110kV 架空输电线路	655	595	520	500	485	460	440	415	400	385	370	350	305	295	285	270	255	240	225	205	190	180	160	140	115
3	非本厂的工厂铁路支线、县级公路用地外缘、35 kV 架空输电线路	415	375	330	320	305	295	280	260	250	240	230	220	190	185	180	170	160	150	140	130	120	115	105	90	70

注：1　表中的计算药量为按梯恩梯当量值折算后的药量。

2　计算药量为中间值时，外部距离采用线性插入法确定。

烟花爆竹工程设计安全标准（GB 50161—2022）

施行日期：2022 年 12 月 1 日

适用范围：

本标准适用于烟花爆竹生产建设项目和批发经营仓库的新建、改建和扩建工程设计，不适用于烟花爆竹零售经营店（点）的工程设计。

本标准有关外部安全距离的规定也适用于在烟花爆竹生产建设项目和批发经营仓库周边进行居民点、企业、城镇、重要设施的规划建设。

节录：

4.1.1 烟花爆竹生产建设工程和批发经营仓库的选址应符合国土空间规划以及相关规划的要求，并应避开居民点、学校、工业区、旅游区、铁路和公路运输线、高压输电线等。

4.2.2 危险品生产区 1.1 级建（构）筑物的外部距离不应小于表 4.2.2 的规定。

表 4.2.2 危险品生产区 1.1 级建（构）筑物的外部距离（m）（节录）

序号	项 目	单个建（构）筑物计算药量（kg）									
		10	20	30	50	100	200	300	500	800	1 000
6	国家铁路、省级以上公路用地外缘、通航的河流航道边缘	35	40	50	60	70	95	110	120	150	160
7	非本厂的工厂铁路支线、县级公路用地外缘、35 kV 架空输电线路	35	35	40	50	60	70	80	90	95	100

4.2.3 危险品生产区 1.3 级建（构）筑物的外部距离不应小于表 4.2.3 的规定。

表 4.2.3 危险品生产区 1.3 级建（构）筑物的外部距离（m）（节录）

序号	项 目	单个建（构）筑物计算药量（kg）					
		100	200	400	600	800	1 000
4	国家铁路、省级以上公路用地外缘、通航的河流航道边缘	35	35	40	40	40	40
5	非本厂的工厂铁路支线、县级公路用地外缘、35 kV 架空输电线路	35	35	35	35	35	35

4.3.2 危险品总仓库区 1.1 级仓库的外部距离不应小于表 4.3.2 的规定。

表 4.3.2 危险品总仓库区 1.1 级仓库的外部距离（m）（节录）

序号	项 目	单个仓库计算药量（kg）										
		500	1 000	2 000	3 000	4 000	5 000	6 000	7 000	8 000	9 000	10 000
1	人数小于或等于 50 人或户数小于或等于 10 户的零散住户边缘、职工总数小于或等于 50 人的企业围墙、本企业生产区建（构）筑物边缘、无摘挂作业铁路中间站站界及建筑物边缘、110 kV 架空输电线路	115	145	185	205	215	220	230	240	250	260	270
2	人数大于 50 人且小于或等于 500 人的居民点边缘、职工总数小于或等于 500 人的企业围墙、有摘挂作业的铁路车站站界及建筑物边缘	150	200	250	275	300	330	350	360	380	400	410
6	国家铁路、省级以上公路用地外缘、通航的河流航道边缘	100	125	155	180	195	210	220	235	245	255	270
7	非本厂的工厂铁路支线、县级公路用地外缘、35 kV 架空输电线路	80	90	110	120	130	140	150	160	170	180	190

4.3.3 危险品总仓库区 1.3 级仓库的外部距离不应小于表 4.3.3 的规定。

表 4.3.3 危险品总仓库区 1.3 级仓库的外部距离（m）（节录）

序号	项 目	单个仓库计算药量（kg）										
		500	2 000	3 000	4 000	5 000	6 000	7 000	8 000	9 000	10 000	20 000
1	人数小于或等于 50 人或户数小于或等于 10 户的零散住户边缘、职工总数小于或等于 50 人的企业围墙、本企业生产区建（构）筑物边缘、无摘挂作业铁路中间站站界及建筑物边缘、110 kV 架空输电线路	35	40	45	48	50	55	57	60	65	78	85

续上表

序号	项目	单个仓库计算药量（kg）										
		500	2 000	3 000	4 000	5 000	6 000	7 000	8 000	9 000	10 000	20 000
2	人数大于50人的居民点边缘、职工人数大于50人的企业围墙、有摘挂作业的铁路车站站界及建筑物边缘、110 kV区域变电站围墙、220 kV架空输电线路	40	65	75	80	85	90	95	100	105	110	140
4	国家铁路、省级以上公路用地外缘、通航的河流航道边缘	40	50	50	50	50	50	50	50	53	55	70
5	非本厂的工厂铁路支线、县级公路用地外缘、35 kV架空输电线路	35	35	38	40	43	45	48	50	53	55	70

4.3.4 若将总仓库区和生产区相邻或相连时，两者之间距离应按照各自外部最小允许距离要求计算，取大值。

4.4.2 烟花爆竹企业的危险品销毁场边缘距场外建筑物的外部最小允许距离不应小于65 m，一次烧毁药量不应超过20 kg。

历次版本：

《烟花爆竹工厂设计安全规范》（GB 50161—1992）

施行日期：1992年9月29日

作废日期：2010年7月1日

《烟花爆竹工程设计安全规范》（GB 50161—2009）

施行日期：2010年7月1日

作废日期：2022年12月1日

地下及覆土火药炸药仓库设计安全规范（GB 50154—2009）

施行日期：2009年9月1日

适用范围：

本规范适用于地下及覆土火药、炸药仓库，以及转运站、站台库的新建、改建、扩建和技术改造的工程设计。

节录：

4.3.2 **当缓坡地形岩石洞库存药条件符合本规范第 3.0.3 条的规定时，爆炸飞石外部允许距离应选取表 4.3.2–1 的相应数值后，乘以表 4.3.2–2 和表 4.3.2–3 相应的折减系数确定。**

表 4.3.2–1 缓坡地形岩石洞库爆炸飞石外部允许距离（节录）

装药等效直径（m）		1.40	1.76	2.01	2.22	2.39	3.01	3.44	3.79	4.08	4.34	4.57	4.78	4.97	5.14
存药量（t）		10	20	30	40	50	100	150	200	250	300	350	400	450	500
被保护对象		外部允许距离（m）													
国家铁路及其车站	Ⅰ级铁路	410	530	610	670	730	930	1 070	1 190	1 280	1 380	1460	1 520	1 590	1 660
	Ⅱ级铁路	340	440	500	560	610	780	890	990	1 070	1 150	1 220	1 270	1 330	1 380
	Ⅲ、Ⅳ级铁路	270	350	400	450	480	620	710	790	860	920	980	1 020	1 060	1 100

4.3.3 **当缓坡地形条件下的极硬岩石和硬质岩石洞库存药条件符合本规范第 3.0.3 条的规定时，爆炸空气冲击波外部允许距离应选取表 4.3.3–1 的相应数值后，乘以表 4.3.3–2 相应的折减系数确定。**

表 4.3.3–1 缓坡地形极硬岩石和硬质岩石洞库爆炸空气冲击波外部允许距离（节录）

装药等效直径（m）		1.40	1.76	2.01	2.22	2.39	3.01	3.44	3.79	4.08	4.34	4.57	4.78	4.97	5.14
存药量（t）		10	20	30	40	50	100	150	200	250	300	350	400	450	500
被保护对象		外部允许距离（m）													
国家铁路及其车站	Ⅰ级铁路	130	165	190	210	225	280	320	350	380	400	430	450	460	480
	Ⅱ级铁路	110	130	145	160	170	220	250	270	290	310	330	340	360	370
	Ⅲ、Ⅳ级铁路	85	105	120	135	145	180	210	230	250	260	270	290	300	310

4.3.4 **当缓坡地形软质岩石洞库存药条件符合本规范第 3.0.3 条的规定时，爆炸空气冲击波外部允许距离应选取表 4.3.4–1 的相应数值后，乘以表 4.3.4–2 相应的折减系数确定。**

表 4.3.4–1 缓坡地形软质岩石洞库爆炸空气冲击波外部允许距离（节录）

装药等效直径（m）	1.40	1.76	2.01	2.22	2.39	3.01	3.44	3.79	4.08	4.34	4.57	4.78	4.97	5.14
存药量（t）	10	20	30	40	50	100	150	200	250	300	350	400	450	500

续上表

被保护对象		外部允许距离（m）													
国家铁路及其车站	Ⅰ级铁路	180	230	260	290	310	390	450	490	530	560	590	620	650	670
	Ⅱ级铁路	130	165	190	210	225	285	325	360	385	410	430	450	470	490
	Ⅲ、Ⅳ级铁路	110	135	155	170	180	230	260	290	310	330	350	360	370	390

4.3.5 **当陡坡地形软质岩石洞库存药条件符合本规范第 3.0.3 条的规定时，爆炸空气冲击波外部允许距离应选取表 4.3.5–1 的相应数值后，乘以表 4.3.5–2 相应的折减系数确定。**

表 4.3.5–1　陡坡地形软质岩石洞库爆炸空气冲击波外部允许距离（节录）

装药等效直径（m）		1.40	1.76	2.01	2.22	2.39	3.01	3.44	3.79	4.08	4.34	4.57	4.78	4.97	5.14
存药量（t）		10	20	30	40	50	100	150	200	250	300	350	400	450	500
被保护对象		外部允许距离（m）													
国家铁路及其车站	Ⅰ级铁路	280	350	400	440	480	600	685	750	810	860	910	950	990	1 020
	Ⅱ级铁路	195	250	280	310	340	420	480	530	570	610	640	670	700	720
	Ⅲ、Ⅳ级铁路	155	195	220	250	265	335	380	420	450	480	510	530	550	570

4.3.6 当黄土洞库存药条件符合本规范第 3.0.3 条的规定时，爆炸空气冲击波外部允许距离应选取表 4.3.6–1 的相应数值后，乘以表 4.3.6–2 相应的折减系数确定。

表 4.3.6–1　黄土洞库爆炸空气冲击波外部允许距离（节录）

装药等效直径（m）		1.28	1.60	1.82	2.00	2.14	2.68	3.05	3.34	3.59	3.83
存药量（t）		10	20	30	40	50	100	150	200	250	300
被保护对象		外部允许距离（m）									
国家铁路及其车站	Ⅰ级铁路	70	90	100	110	120	150	175	190	210	220
	Ⅱ级铁路	55	70	80	90	95	120	140	150	160	170
	Ⅲ、Ⅳ级铁路	50	60	70	75	80	100	120	130	140	150

4.3.7 覆土库爆炸空气冲击波外部允许距离不应小于表 4.3.7 的规定。

表 4.3.7 覆土库爆炸空气冲击波外部允许距离

存药量（t）		10	20	30	40	50	100	150	200
被保护对象		外部允许距离（m）							
国家铁路及其车站	Ⅰ级铁路	265	330	380	420	450	570	650	720
	Ⅱ级铁路	195	245	280	310	330	420	480	530
	Ⅲ、Ⅳ级铁路	180	200	230	250	270	340	390	430

历次版本：

《地下及覆土火药炸药仓库设计安全规范》（GB 50154—1992）

施行日期：1992 年 10 月 1 日

作废日期：2009 年 9 月 1 日

铝镁粉加工粉尘防爆安全规程（GB 17269—2003）

施行日期：2003 年 11 月 1 日

适用范围：

本标准规定了铝镁粉生产、贮运过程中的防爆安全技术要求。

本标准适用于铝镁粉加工厂（车间）的设计、施工、生产、维修和管理。

节录：

4.9 铝镁粉加工厂（车间）新建、改建或扩建工程应进行安全预评价。

5.1.1 铝镁粉加工厂的工、库房与民用建筑之间的距离应大于 25 m，距重要的公共建筑距离宜大于 50 m。

电动汽车电池更换站设计规范（GB/T 51077—2015）

施行日期：2003 年 11 月 1 日

适用范围：

本规范适用于电动汽车电池更换站的设计。

节录：

12.0.2 建筑物的火灾危险性分类及其耐火等级应符合表 12.0.2 的规定。

表 12.0.2　电池更换站建（构）筑物的火灾危险性分类及其耐火等级

建筑物名称		火灾危险性分类	耐火等级
配电室	当采用油浸变压器时	丙类	二级
	当采用干式变压器时	丁类	
	当采用低压供电时	戊类	
充换电间		丁类	二级
监控室		戊类	二级
电池检测与维护间		丁类	二级
值班室等附属用房		戊类	二级

12.0.6　电池更换站应按表 12.0.6 确定火灾类别及危险等级，并配置灭火器。灭火器的配置设计应符合现行国家标准《建筑灭火器配置设计规范》GB 50140 的有关规定。

表 12.0.6　建筑物火灾类别及危险等级

配置场所	火灾类别	危险等级
配电室	E（A）	中
充换电间	C（A）	中
监控室	E（A）	中
电池检测与维护间	C（A）	中
值班室等附属用房	A	轻

六、有毒和污染物类

光气及光气化产品生产安全规程（GB 19041—2003）

施行日期：2003 年 10 月 1 日

适用范围：

本标准规定了光气及光气化产品生产和生产装置设计的安全要求。本标准适用于光气及光气化产品生产装置的新建、扩建和改建。

节录：

3　术语和定义

下列术语和定义适用于本标准。

3.1　交通要道 key access path

高速公路及一、二级公路、铁路和航道的干线。

3.2　安全防护距离 safety distance

从光气及光气化产品生产装置的边界开始计算，至人员相对密集区域边界之间的最小允许距离。

4.2　安全设计原则

4.2.1　新建工程项目应符合下列要求：

a）不应设置在地震动峰值加速度大于 0.3 g 地区（即地震基本烈度八度以上地区）。

b）不应设置在人口密集的居住区及城镇全年最大频率风向的上风侧 2 000 m 之内。

c）光气及光气化生产装置应保持表 1 所示安全防护距离，并符合下列规定：

表 1　安全防护距离

序　号	装置系统光气（折纯）总量 /kg	安全防护距离 /m
1	＜ 3 000	1 000
2	3 000~5 000	1 500
3	＞ 5 000	2 000

d）在 500 m 半径范围内无居民，在大于 500 m 的安全防护距离范围内不准兴建居民区、商业区等，零散居民不应超过 200 人。

e）装置与交通要道的安全防护距离不应少于 500 m。

4.2.2　对于老厂扩建、改建工程，在 500 m 半径范围内的其他工厂可维持现状，居民必须迁出。但装置系统光气（折纯）总量应小于 300 kg，等于或超过 300 kg 按 4.2.1 执行。

生活垃圾填埋场污染控制标准（GB 16889—2008）

施行日期：2008 年 7 月 1 日

适用范围：

本标准适用于生活垃圾填埋场建设、运行和封场后的维护与管理过程中的污染控制和监督管理。本标准的部分规定也适用于与生活垃圾填埋场配套建设的生活垃圾转运站的建设、运行。

节录：

4.5　生活垃圾填埋场场址的位置及与周围人群的距离应依据环境影响评价结论确定，并经地方环境保护行政主管部门批准。

在对生活垃圾填埋场场址进行环境影响评价时，应考虑生活垃圾填埋场产生的渗滤液、大气污染（含恶臭物质）、滋养动物（蚊、蝇、鸟类等）等因素，根据其所在地区的环境功能区类别，综合评价其对周围环境、居住人群的身体健康、日常生活和生产活动的影响，确定生活垃圾填埋场与常住居民居住场所、地表水域、高速公路、交通主干道（国道或省道）、铁路、飞机场、军事基地等敏感对象之间合理的位置关系以及合理的防护距离。环境影响评价的结论可作为规划控制的依据。

5.2　生活垃圾填埋场应建设围墙或栅栏等隔离设施，并在填埋区边界周围设置防飞扬设施、安全防护设施及防火隔离带。

历次版本：

《生活垃圾填埋场污染控制标准》（GB 16889—1997）

施行日期：1998 年 1 月 1 日

作废日期：2008 年 7 月 1 日

油气管线
及热力管道类

一、通用类

铁路安全管理条例（国务院令〔2013〕639号）

施行日期：2014年1月1日

节录：

第十七条 新建、改建高速铁路需要与普通铁路、道路、渡槽、管线等设施交叉的，应当优先选择高速铁路上跨方案。

第三十三条 在铁路线路两侧建造、设立生产、加工、储存或者销售易燃、易爆或者放射性物品等危险物品的场所、仓库，应当符合国家标准、行业标准规定的安全防护距离。

第九十条 在铁路线路安全保护区及其邻近区域建造或者设置的建筑物、构筑物、设备等进入国家规定的铁路建筑限界，或者在铁路线路两侧建造、设立生产、加工、储存或者销售易燃、易爆或者放射性物品等危险物品的场所、仓库不符合国家标准、行业标准规定的安全防护距离的，由铁路监督管理机构责令改正，对单位处5万元以上20万元以下的罚款，对个人处1万元以上5万元以下的罚款。

历次版本：参见通用部分。

高速铁路安全防护管理办法（交通运输部令〔2020〕8号）

施行日期：2020年7月1日

节录：

第十六条 跨越、下穿或者并行高速铁路线路的油气、供气供热、供排水、电力等管线规划、设计、施工应当满足相关国家标准、行业标准及管理规定。施工前应当向铁路运输企业通报，与铁路运输企业协商一致后方可施工，必要时铁路运输企业可以派员进行安全防护。对跨越高速铁路的电力线路，应当采取可靠的防坠落措施。

跨越、下穿高速铁路的油气、供气供热、供排水等管线应当设置满足国家相关技术规范和标准要求的安全保护设施。下穿时，优先选择在铁路桥梁、预留管线涵洞、综合管廊等既有设施处穿越；特殊条件下，需穿越路基时，应当进行专项设计，满足路基沉降的限制指标。

并行高速铁路的油气、供气供热、供排水等管线敷设时，最小水平净距应当满足相关国家标准、行业标准和安全保护要求。

油气、供气供热、供排水、电力等管线的产权单位或者经营企业应当加强检查维护管理，确保状态良好。铁路运输企业应当积极配合。

埋地钢质管道阴极保护技术规范（GB/T 21448—2017）

施行日期：2018 年 7 月 1 日

适用范围：

本标准规定了陆上埋地钢质管道（以下简称管道）外表面阴极保护系统设计、施工、测试、管理与维护的最低技术要求。

本标准适用于陆上埋地钢质油、气、水管道。

节录：

4.1.1　埋地油气长输管道、油气田外输管道和油气田内埋地集输干线管道应采取阴极保护；其他埋地管道宜采用阴极保护。

4.1.2　阴极保护应于防腐层联合实施。

5.3.2　与高压输电线路长距离并行、与电气化铁路并行或多次交叉的并行管道，不宜采用联合保护。

7.1.1　一般要求

测试装置宜安装在管道上方，并进行标识。

7.1.2　特殊要求

7.1.2.2　在下列位置处，宜安装（阴极保护）测试装置：

——管道与交、直流电气化铁路交叉处或平行段；

——管道与交流高压线交叉或平行段；

——与外部管道交叉处；

——管道与主要道路或堤坝交叉处；

——管道穿越铁路或河流处；

——靠近其他阴极保护构筑物的位置。

7.1.2.3 对于非同沟敷设并行管道，每条管道应单独设置测试装置，测试装置应安装在相应管道的正上方。

10.2.7 管道周围进行第三方管道、电气化铁路、高压电力线、地铁、轻轨等可能引起杂散电流干扰的工程建设时，应及时进行干扰测试，并根据测试结果调整或增设阴极保护系统、排流设施等。

历次版本：

《埋地钢质管道阴极保护技术规范》（GB/T 21448—2008）

施行日期：2008 年 8 月 1 日

作废日期：2018 年 7 月 1 日

铁路工程设计防火规范（TB 10063—2016）

最新版本施行日期：2020 年 6 月 9 日

适用范围：

本规范适用于新建、改建铁路工程的防火设计。

节录：

3.1.9 输送甲、乙、丙类液体的管道和可燃气体管道与铁路并行埋设时，原油、成品油管道距铁路线不应小于 25 m，液化石油气管道距铁路线不应小于 50 m，且距铁路用地界应大于 3.0 m，并应符合《铁路安全管理条例》中有关铁路安全保护区的规定。

直接为铁路运输服务的乙、丙类液体和可燃气体管道与邻近铁路线的防火间距不应小于 5.0 m。中压及次高压可燃气体管道与邻近铁路线路堤坡角的防火间距不应小于 5.0 m，困难条件下采取有效的安全防护措施后可适当缩小。

3.1.10 埋设输送甲、乙、丙类液体的管道和可燃气体管道与铁路房屋防火间距应符合《输气管道工程设计规范》GB 50251、《输油管道工程设计规范》GB 50253、《城镇燃气设计规范》GB 50028 等国家相关标准的规定。

4.1 管道穿越铁路

4.1.1 管道不应跨越城际铁路、设计时速200 km及以上的铁路、动车走行线。管道不宜在其他铁路上方跨越，确需跨越时应采取安全可靠的防护措施，并应符合下列规定：

1 管道跨越结构底面至铁路轨顶面距离不应小于12.5 m，且距离接触网带电体的距离不应小于4.0 m，其支撑结构的耐火等级应为一级。

2 跨越段管道壁厚应符合《油气输送管道跨越工程设计规范》GB 50459的规定。

3 跨距不应小于铁路的用地界。跨越范围内不应设置法兰、阀门等管道部件。

4.1.2 管道穿越铁路位置应符合下列规定：

1 管道宜选择在铁路桥梁、预留管道涵洞等既有设施处穿越。

2 管道不应在既有铁路的无砟轨道路基地段穿越，特殊条件下穿越应进行专项设计，并应符合该路基沉降的限制标准。

3 管道不宜在设计时速200 km及以上铁路及动车组走行线的有砟轨道路基地段、各类过渡段、铁路桥跨越河流主河道区段交叉。

4.1.3 甲、乙、丙类液体和可燃气体管道与铁路交叉角度应符合下列规定：

1 管道与铁路交叉宜采用垂直交叉或大角度斜交，交叉角度不宜小于30°。

2 当铁路桥梁与管道交叉条件受限时，在采取安全措施的情况下交叉角度可小于30°。

3 当管道采用顶进套管、顶进防护涵穿越既有铁路路基时，交叉角度不宜小于45°。

4.1.4 甲、乙、丙类液体和可燃气体管道采用顶进套管下穿铁路路基应符合下列规定：

1 套管边缘距电气化铁路接触网立柱、信号机等支柱基础边缘的水平距离不得小于3 m。

2 套管顶部外缘距自然地面的垂直距离不应小于2 m。套管不宜在铁路路基基床内穿越，困难条件下穿越铁路路基基床时，套管顶部外缘距路肩不应小于 2 m。

3 套管伸出路堤坡脚护道不应小于 2 m，伸出路堑堑顶不应小于 5 m，且距路堤排水沟、路堑堑顶天沟和线路防护栅栏外侧不应小于 1 m。

4.1.5 甲、乙、丙类液体和可燃气体管道采用防护涵下穿铁路路基应符合下列规定：

1 防护涵孔径应根据输送管道直径、数量及布置方式确定。涵洞内宜保留宽度不小于 1.0 m 的验收通道，管道与管道间、管道与边墙间、管顶与涵洞顶板间的距离不宜小于 0.5 m，涵洞内净空高度不宜小于 1.8 m，涵洞顶至路肩不应小于 1.7 m。

2 主体结构应伸出铁路路基边坡，与涵洞顶交线外不应小于 2.0 m，并不得影响铁路排水设施的正常使用。

3 防护涵洞内宜采用填充方式。未填充的应在涵洞两端设检查井，检查井应有封闭设施。

4.2 管道穿越桥梁

4.2.1 甲、乙、丙类液体和可燃气体管道严禁在铁路桥梁上敷设，且不应在桥梁范围内的上方跨越，并不宜在铁路桥跨越河流主河道区段交叉。

4.2.2 甲、乙、丙类液体和可燃气体管道穿越既有铁路桥梁或铁路桥梁跨越既有管道时，在铁路桥梁（非主河道区段）下方可直埋通过或设防护涵通过。当设置防护涵时应符合本规范第 4.1.5 条的有关要求，直埋时应符合下列规定：

1 管顶在桥梁下方埋深不宜小于 1.2 m，管道上方应埋设钢筋混凝土板。钢筋混凝土板的宽度应大于管道外径 1.0 m，板厚不得小于 100 mm，板底面距管顶距离不宜小于 0.5 m，板的埋设长度不应小于铁路线路安全保护区范围。钢筋混凝土板上方应埋设警示带，穿越段的起始点以及中间每隔 10 m 处应设置地面穿越标志。

2 铁路桥梁底面至自然地面的净空高度不应小于 2.0 m。

3 管道与铁路桥梁墩台基础边缘的水平净距不宜小于 3.0 m。施工过程中应对桥梁墩台、管道进行安全防护。

4.2.3 甲、乙、丙类液体和可燃气体管道穿（跨）越河流段，与上游或下游铁路桥梁之间的距离应符合《油气输送管道穿越工程设计规范》GB

50423 和《油气输送管道跨越工程设计规范》GB 50459 的有关规定。

4.2.4 甲、乙、丙类液体和可燃气体管道不应从铁路立交、行洪、灌溉、保护等既有涵洞内穿越，可从为管道预留的涵洞或原功能废弃但结构完好的涵洞内穿越，既有涵洞应满足本规范第 4.1.5 条的有关要求。

4.3 管道穿越站场

4.3.1 甲、乙、丙类液体和可燃气体管道不应在车站两端咽喉区范围内及动车段（所）、机务段（所）、车辆段（所）内穿越或跨越铁路；其中在铁路编组站、旅客车站两端咽喉区范围内及动车段内严禁穿越或跨越铁路。

交流电气化铁路对油（气）管道干扰的防护（TB/T 2832—2021）

施行日期：2022 年 7 月 1 日

适用范围：

本文件适用于交流电气化铁路对正常运行的油（气）管道、油库装卸油作业区的运行安全和维护人员的人身安全可能产生危险影响的情况，可作为工程设计的依据。

节录：

4.1 交流电气化铁路对油（气）管道危险影响的安全电压

4.1.1 交流电气化铁路接触网正常运行状态下，管道接触电压长期持续值不应高于 60 V。

4.1.2 交流电气化铁路接触网故障状态下，管道接触电压瞬时（0.1 s）值不应高于 785 V。

5 交流电气化铁路与油（气）管道的安全距离

5.1 油（气）管道穿越铁路时，应符合 TB 10063—2016 的规定。

5.2 油（气）管道与交流电气化铁路平行敷设时，在满足 4.1 的同时，管道靠近铁路侧边缘与铁路最外侧带电导体垂直投影的水平距离不应小于 6 m。

5.3 油（气）管道与电气化铁路接地体间最小水平安全间距要求如下：

a）油（气）管道与牵引变电所接地体边缘间最小水平安全间距应符合表 1 的规定；

表 1　油（气）管道与牵引变电所接地体边缘间的最小水平安全间距

牵引变电所电压等级	110 kV	220 kV 及以上
最小安全距离 m	15	30

b）油（气）管道与 AT 所、分区所、开闭所、接触网开关站接地体边缘间的最小水平安全距离为 10 m；

c）油（气）管道与电气化铁路杆塔接地体间最小水平安全距离为 5 m。

6　交流电气化铁路与油库的安全距离

6.1　交流电气化铁路与油库的安全距离应符合表 2 的规定。

表 2　与交流电气化铁路的安全距离　　单位为米

序号	石油库设施名称	石油库等级	铁路等级	
			正线	其他线
1	甲 B、乙类液体地上罐组； 甲 B、乙类覆土立式油罐； 无油气回收设施的甲 B、乙 A 类液体装卸码头	一	60	35
		二	55	30
		三	50	25
		四	50	25
		五	50	25
2	丙类液体地上罐组；丙类覆土立式油罐； 乙 B、丙类和采用油气回收设施的甲 B、乙 A 类液体装卸码头； 无油气回收设施的甲 B、乙 A 类液体铁路或公路罐车装车设施； 基他甲 B、乙类液体设施	一	45	26
		二	40	23
		三	38	20
		四	38	20
		五	38	20
3	覆土卧式油罐； 乙 B、丙类和采用油气回收设施的甲 B、乙 A 类液体铁路或公路罐车装车设施； 仅有卸车作业的铁路或公路罐车卸车设施； 其他丙类液体设施	一	30	18
		二	28	15
		三	25	15
		四	25	15
		五	25	15

注 1：表 2 中的距离，库内设施有防火堤的储罐区从防火堤中心线算起，无防火堤的覆土立式储罐从罐室出入口等孔口算起，无防火堤的覆土卧式储罐从储罐外壁算起；装卸设施从装卸车（船）时罐管口的位置算起；其他设备布置在房间内的，从房间外墙轴线算起；设备露天布置的（包括设在棚内），从设备外缘算起。

注 2：铁路中心线；复线时，指靠近油库侧铁路的中心线。

历次版本：

《交流电气化铁道对油（气）管道（含油库）的影响容许值及防护措施》（TB/T 2832—1997）

施行日期：1998 年 4 月 1 日

作废日期：2022 年 7 月 1 日

公路与市政工程下穿高速铁路技术规范（TB 10182—2017）

施行日期：2018 年 4 月 1 日

适用范围：

本规程适用于下穿运营高速铁路桥梁的新建、改建公路与市政工程的设计、施工及检测。

节录：

2.0.1　高速铁路影响区　高速铁路两侧一定的范围，在该范围内的下穿工程施工和运营会引起高速铁路桥梁结构、轨道的变形或影响高速铁路设备的稳定、使用和行车安全。

10.0.1　下穿管线应统筹考虑各管线与高速铁路桥梁及其他下穿建筑物的位置关系，并宜采用综合管廊。

10.0.2　管线宜采用地下敷设。

10.0.3　管线不宜设置在高速铁路桥梁跨越河流主河道区段。

10.0.4　管线的最小覆土深度除应符合相关管线设计规范外，还应满足高速铁路安全要求。

10.0.5　管线与高速铁路桥梁承台边缘的水平净距不宜小于 3 m。

10.0.6　管线在高速铁路影响区内可采用外加保护套管的方式下穿，套管与管线之间应充砂注浆填实；通信和电力电缆可采用钢筋混凝土封包保护直埋通过。

10.0.7　管线宜采用非开挖技术施工。管线直径大于等于 0.8 m 时，宜采用顶管法施工；直径 0.8 m 以下可采用水平定向钻法施工。

10.0.8　管线采用顶管法或水平定向钻法施工时，工作井和接收井宜设置于高速铁路影响区以外。

10.0.9　气体、液体管线应在高速铁路影响区两端设置安全阀门。

城市工程管线综合规划规范（GB 50289—2016）

施行日期：2016 年 12 月 1 日

适用范围：

本规范适用于城市规划中的工程管线综合规划和工程管线综合专项规划。

节录：

2.0.1　工程管线为满足生活、生产需要，地下或架空敷设的各种专业管道和缆线的总称，但不包括工业工艺性管道。

4.1.7　沿铁路、公路敷设的工程管线应与铁路、公路线路平行。工程管线与铁路、公路交叉时宜采用垂直交叉方式布置；受条件限制时，其交叉角度宜大于 60°。

4.1.9　工程管线之间及其与建（构）筑物之间的最小水平净距应符合本规范表 4.1.9 的规定。当受道路宽度、断面以及现状工程管线位置等因素限制难以满足要求时，应根据实际情况采取安全措施后较少其最小水平净距。大于 1.6 MPa 的燃气管线与其他管线的水平净距应按现行国家标准《城镇燃气设计规范》GB 50028 执行。

4.1.14　工程管线交叉时的最小垂直净距，应符合本规范表 4.1.14 的规定。当受现状工程管线等因素限制难以满足要求时，应根据实际情况采取安全措施后较少其最小垂直净距。

5.0.7　架空金属管线与架空输电线、电气化铁路的馈电线交叉时，应采取接地保护措施。

5.0.9　**架空管线之间及其与建（构）筑物之间的最小垂直净距应符合表 5.0.9 的规定。**

表 4.1.9　工程管线之间及其与建（构）筑物之间的最小水平净距（m）（节录）

序号	管线及建（构）筑物名称				1	2		3	4	5					6	7		8		9	10	11	12			13	14	15
					建（构）筑物	给水管线		污水、雨水管线	再生水管道	燃气管线					直埋热力管线	电力管线		通信管线		管沟	乔木	灌水	地上杆柱			道路侧石边缘	有轨电车钢轨	铁路钢轨（或坡脚）
						$d \leq$ 200 mm	$d >$ 200 mm			低压	中压 B	中压 A	次高压 B	次高压 A		直埋	保护管	直埋	管道、通道				通信照明及＜10 kV	高压铁塔基础边 ≤ 35 kV	高压铁塔基础边 ＞ 35 kV			
5	燃气管线	低压		$P < 0.01$ MPa	0.7	0.5		1.0	0.5	$DN \leq 300$ mm 0.4 $DN > 300$ mm 0.5					1.0	0.5	1.0	0.5	1.0	1.0	0.75		1.0	1.0	2.0	1.5	2.0	5.0
		中压	B	0.01 MPa $\leq P \leq 0.2$ MPa	1.0			1.2												1.5								
			A	0.02 MPa $< P \leq 0.4$ MPa	1.5																							
		次高压	B	0.4 MPa $< P \leq 0.8$ MPa	5.0	1.0		1.5	1.0						1.5	1.0		1.0		2.0	1.2				5.0	2.5		
			A	0.8 MPa $< P \leq 1.6$ MPa	13.5	1.5		2.0	1.5						2.0	1.5		1.5		4.0								
6	直埋热力管线				3.0	1.5		1.5	1.0	1.0			1.5	2.0	—	2.0		1.0		1.5	1.5		1.0	（3.0 ＞ 330 kV 5.0）		1.5	2.0	5.0
15	铁路钢轨（或坡脚）				—	5.0		5.0	5.0	5.0					5.0	10.0（非电气化 3.0）		2.0		3.0	—		—			—	—	—

表 4.1.14　工程管线交叉时的最小垂直净距（m）（节录）

序号	管线名称	给水管线	污水、雨水管线	热力管线	燃气管线	通信管线		电力管线		再生水管线
						直埋	保护管及通道	直埋	保护管	
11	铁路（轨底）	1.00	1.20	1.20	1.20	1.50	1.50	1.00	1.00	1.00

表 5.0.9　架空管线之间及其与建（构）筑物之间的最小垂直净距（m）（节录）

名称	建（构）筑物	地面	公路	电车道（路面）	铁路（轨顶）		通信线	燃气管道 $P \leqslant 1.6$ MPa	其他管道
					标准轨	电气轨			
燃气管道 $P \leqslant 1.6$ MPa	0.6	5.5	5.5	9.0	6.0	10.5	1.5	0.3	0.3

二、长输油气管道类

中华人民共和国石油天然气管道保护法

施行日期：2010 年 10 月 1 日

适用范围：

中华人民共和国境内输送石油、天然气的管道的保护，适用本法。

城镇燃气管道和炼油、化工等企业厂区内管道的保护，不适用本法。

节录：

第三条　本法所称石油包括原油和成品油，所称天然气包括天然气、煤层气和煤制气。

本法所称管道包括管道及管道附属设施。

第六条　县级以上地方人民政府应当加强对本行政区域管道保护工作的领导，督促、检查有关部门依法履行管道保护职责，组织排除管道的重大外部安全隐患。

第七条 管道企业应当遵守本法和有关规划、建设、安全生产、质量监督、环境保护等法律、行政法规，执行国家技术规范的强制性要求，建立、健全本企业有关管道保护的规章制度和操作规程并组织实施，宣传管道安全与保护知识，履行管道保护义务，接受人民政府及其有关部门依法实施的监督，保障管道安全运行。

第十一条 国务院能源主管部门根据国民经济和社会发展的需要组织编制全国管道发展规划。组织编制全国管道发展规划应当征求国务院有关部门以及有关省、自治区、直辖市人民政府的意见。

全国管道发展规划应当符合国家能源规划，并与土地利用总体规划、城乡规划以及矿产资源、环境保护、水利、铁路、公路、航道、港口、电信等规划相协调。

第十三条 管道建设的选线应当避开地震活动断层和容易发生洪灾、地质灾害的区域，与建筑物、构筑物、铁路、公路、航道、港口、市政设施、军事设施、电缆、光缆等保持本法和有关法律、行政法规以及国家技术规范的强制性要求规定的保护距离。

新建管道通过的区域受地理条件限制，不能满足前款规定的管道保护要求的，管道企业应当提出防护方案，经管道保护方面的专家评审论证，并经管道所在地县级以上地方人民政府主管管道保护工作的部门批准后，方可建设。

第十六条 管道的安全保护设施应当与管道主体工程同时设计、同时施工、同时投入使用。

管道建设使用的管道产品及其附件的质量，应当符合国家技术规范的强制性要求。

第十七条 穿跨越水利工程、防洪设施、河道、航道、铁路、公路、港口、电力设施、通信设施、市政设施的管道的建设，应当遵守本法和有关法律、行政法规，执行国家技术规范的强制性要求。

第十八条 管道企业应当按照国家技术规范的强制性要求在管道沿线设置管道标志。管道标志毁损或者安全警示不清的，管道企业应当及时修复或者更新。

第二十条 管道企业应当自管道竣工验收合格之日起六十日内，将竣工测量图报管道所在地县级以上地方人民政府主管管道保护工作的部门备案；县级以上地方人民政府主管管道保护工作的部门应当将管道企业报送的管道竣工测量图分送本级人民政府规划、建设、国土资源、铁路、交通、水利、公安、安全生产监督管理等部门和有关军事机关。

第二十三条 管道企业应当定期对管道进行检测、维修，确保其处于良好状态；对管道安全风险较大的区段和场所应当进行重点监测，采取有效措施防止管道事故的发生。

对不符合安全使用条件的管道，管道企业应当及时更新、改造或者停止使用。

第三十一条 在管道线路中心线两侧和本法第五十八条第一项所列管道附属设施周边修建下列建筑物、构筑物的，建筑物、构筑物与管道线路和管道附属设施的距离应当符合国家技术规范的强制性要求：

（一）居民小区、学校、医院、娱乐场所、车站、商场等人口密集的建筑物；

第三十三条 在管道专用隧道中心线两侧各一千米地域范围内，除本条第二款规定的情形外，禁止采石、采矿、爆破。

在前款规定的地域范围内，因修建铁路、公路、水利工程等公共工程，确需实施采石、爆破作业的，应当经管道所在地县级人民政府主管管道保护工作的部门批准，并采取必要的安全防护措施，方可实施。

第三十五条 进行下列施工作业，施工单位应当向管道所在地县级人民政府主管管道保护工作的部门提出申请：

（一）穿跨越管道的施工作业；

（二）在管道线路中心线两侧各五米至五十米和本法第五十八条第一项所列管道附属设施周边一百米地域范围内，新建、改建、扩建铁路、公路、河渠，架设电力线路，埋设地下电缆、光缆，设置安全接地体、避雷接地体；

（三）在管道线路中心线两侧各二百米和本法第五十八条第一项所列管道附属设施周边五百米地域范围内，进行爆破、地震法勘探或者工程挖掘、工程钻探、采矿。

县级人民政府主管管道保护工作的部门接到申请后，应当组织施工单位与管道企业协商确定施工作业方案，并签订安全防护协议；协商不成的，主管管道保护工作的部门应当组织进行安全评审，作出是否批准作业的决定。

第三十九条 发生管道事故，管道企业应当立即启动本企业管道事故应急预案，按照规定及时通报可能受到事故危害的单位和居民，采取有效措施消除或者减轻事故危害，并依照有关事故调查处理的法律、行政法规的规定，向事故发生地县级人民政府主管管道保护工作的部门、安全生产监督管理部门和其他有关部门报告。

第四十二条 管道停止运行、封存、报废的，管道企业应当采取必要的安全防护措施，并报县级以上地方人民政府主管管道保护工作的部门备案。

第四十四条 管道建设工程与其他建设工程的相遇关系，依照法律的规定处理；法律没有规定的，由建设工程双方按照下列原则协商处理，并为对方提供必要的便利：

（一）后开工的建设工程服从先开工或者已建成的建设工程；

（二）同时开工的建设工程，后批准的建设工程服从先批准的建设工程。

依照前款规定，后开工或者后批准的建设工程，应当符合先开工、已建成或者先批准的建设工程的安全防护要求；需要先开工、已建成或者先批准的建设工程改建、搬迁或者增加防护设施的，后开工或者后批准的建设工程一方应当承担由此增加的费用。

管道建设工程与其他建设工程相遇的，建设工程双方应当协商确定施工作业方案并签订安全防护协议，指派专门人员现场监督、指导对方施工。

第四十五条 经依法批准的管道建设工程，需要通过正在建设的其他建设工程的，其他工程建设单位应当按照管道建设工程的需要，预留管道通道或者预建管道通过设施，管道企业应当承担由此增加的费用。

经依法批准的其他建设工程，需要通过正在建设的管道建设工程的，管道建设单位应当按照其他建设工程的需要，预留通道或者预建相关设施，其他工程建设单位应当承担由此增加的费用。

第四十七条 铁路、公路等建设工程修建防洪、分流等水工防护设施，可能影响管道保护的，应当事先通知管道企业并注意保护下游已建成的管道水工防护设施。

建设工程修建防洪、分流等水工防护设施，使下游已建成的管道水工防护设施的功能受到影响，需要新建、改建、扩建管道水工防护设施的，工程建设单位应当承担由此增加的费用。

第五十条 管道企业有下列行为之一的，由县级以上地方人民政府主管管道保护工作的部门责令限期改正；逾期不改正的，处二万元以上十万元以下的罚款；对直接负责的主管人员和其他直接责任人员给予处分：

（三）未依照本法规定设置、修复或者更新有关管道标志的；

（七）未对停止运行、封存、报废的管道采取必要的安全防护措施的。

第五十八条 本法所称管道附属设施包括：

（一）管道的加压站、加热站、计量站、集油站、集气站、输油站、输气站、配气站、处理场、清管站、阀室、阀井、放空设施、油库、储气库、装卸栈桥、装卸场；

（二）管道的水工防护设施、防风设施、防雷设施、抗震设施、通信设施、安全监控设施、电力设施、管堤、管桥以及管道专用涵洞、隧道等穿跨越设施；

（三）管道的阴极保护站、阴极保护测试桩、阳极地床、杂散电流排流站等防腐设施；

（四）管道穿越铁路、公路的检漏装置；

（五）管道的其他附属设施。

油气输送管道与铁路交汇工程技术及管理规定（国能油气〔2015〕392号）

施行日期：2016年1月1日

适用范围：

本规定适用于管道与铁路相互交叉、并行的工程（以下统称“交汇工程”）。油、气田集输管道与铁路相互交叉、并行，其条件相近时可参照执行。

节录：

第三条 管道与铁路交汇时应遵循以下原则：

1　安全第一、预防为主。交汇工程应确保铁路运输安全和管道运行安全，特别是高速铁路、城际铁路等旅客列车的运输安全。

2　后建服从先建，尽量减少对既有设施的改建。

3　综合考虑铁路和管道行业规划。

4　保护环境，节约资源，经济合理。

5　平等协商、互相支持。

第五条　管道与铁路交叉位置选择应符合下列规定：

1　管道不应在既有铁路的无砟轨道路基地段穿越，特殊条件下穿越时应进行专项设计，满足路基沉降的限制指标。

2　管道和铁路不应在旅客车站、编组站两端咽喉区范围内交叉，不应在牵引变电所、动车段（所）、机务段（所）、车辆段（所）围墙内交叉。

3　管道和铁路不宜在其他铁路站场、道口等建筑物和设备处交叉，不宜在设计时速 200 公里及以上铁路及动车组走行线的有砟轨道路基地段、各类过渡段、铁路桥跨越河流主河道区段交叉。确需交叉时，管道和铁路设备应采取必要的防护措施。

4　管道宜选择在铁路桥梁、预留管道涵洞等既有设施处穿越，尽量减少在路基地段直接穿越。

第六条　管道与铁路交叉宜采用垂直交叉或大角度斜交，交叉角度不宜小于 30°。

当铁路桥梁与管道交叉条件受限时，在采取安全措施的情况下交叉角度可小于 30°。

当管道采用顶进套管、顶进防护涵穿越既有铁路路基时，交叉角度不宜小于 45°。

第七条　当管道穿越铁路有砟轨道路基地段时，可采用顶进套管、顶进防护涵、定向钻、隧道等方式。

管道不应在设计时速 200 公里及以上铁路有砟轨道路基地段采用定向钻方式穿越。

第八条　管道采用顶进套管穿越既有铁路路基时应符合下列规定：

1　套管边缘距电气化铁路接触网立柱、信号机等支柱基础边缘的水平距离不得小于 3 m。

2　套管顶部外缘距自然地面的垂直距离不应小于 2 m。套管不宜在铁路路基基床厚度内穿越；困难条件下套管穿越铁路路基基床时，套管顶部外缘距路肩不应小于 2 m。

3 套管伸出路堤坡脚护道不应小于2 m、伸出路堑堑顶不应小于5 m，并距离路堤排水沟、路堑堑顶天沟和线路防护栅栏外侧不应小于1 m。

4 套管宜采用《顶进施工法用钢筋混凝土排水管》JC/T 640规定的Ⅲ级管，并满足铁路桥涵相关设计规范的要求。

5 顶进套管穿越铁路施工时，套管外空间不允许超挖，穿越完成后应对套管外部低压注水泥浆加固，保持铁路路基的稳定状态。

6 顶进套管穿越铁路应采用填充套管方式，填充物可采用砂或泥浆等材料，不需设置两侧封堵和检测管。

7 顶管穿越工程不得影响铁路排水设施的正常使用。

第九条 管道采用顶进防护涵穿越铁路路基时应符合下列规定：

1 防护涵孔径应根据输送管道直径、数量及布置方式确定。涵洞内宜保留宽度不小于1 m的验收通道，管道与管道间、管道与边墙间、管顶与涵洞顶板间的间距不宜小于0.5 m，涵洞内净空高度不宜小于1.8 m。特殊条件下，涵洞尺寸可由双方协商确定。

2 主体结构应伸出铁路路基边坡与涵洞顶交线外不小于2 m，并不得影响铁路排水设施的正常使用。

3 结构应满足强度、稳定性、耐久性及埋置深度要求，应符合铁路相关设计规范的规定。

4 防护涵宜采用填充方式，填充后不设检查井。涵洞内空间未填充时应在涵洞两端设检查井，检查井应有封闭设施。

第十条 管道采用定向钻穿越铁路应考虑管径、地质条件、埋深等因素，经检算满足铁路线路设施稳定时方可采用，并应符合下列规定：

1 当定向钻穿越路基时，入土点和出土点应位于铁路线路安全保护区以外不小于5 m，路肩处管顶距原自然地面的距离不应小于10 m，且应在路基加固处理层以下。

2 当定向钻穿越铁路桥梁陆地段时，管道外缘距桥梁墩台基础外缘的水平净距不应小于5 m，最小埋深不应小于5 m，且不影响桥梁结构使用安全。

3 对废弃后的定向钻穿越铁路管道，管道运营企业应及时采用混凝土、砂浆等材料填充密实。

第十一条 铁路不宜跨越既有管道定向钻穿越段，必须跨越时，应探明管道的位置与深度。当采用桥梁跨越时，桥梁墩台基础外缘与管道外缘的水平净距不应小于 5 m，且不影响管道安全。

第十二条 管道不应跨越设计时速 200 公里及以上的铁路、动车走行线及城际铁路。管道不宜在其他铁路上方跨越，确需跨越时，管道应采取可靠的防护措施，并应满足下列要求：

1 管道跨越结构底面至铁路轨顶面距离不应小于 12.5 m，且距离接触网带电体的距离不应小于 4.0 m，其支承结构的耐火等级应为一级。

2 跨越段管道壁厚应按《油气输送管道跨越工程设计规范》GB 50459 的规定选取。

3 跨距不应小于铁路的用地界。跨越范围内不应设置法兰、阀门等管道部件。

第十三条 管道穿越既有铁路桥梁或铁路桥梁跨越既有管道时，铁路桥梁（非跨主河道区段）下方管道可直接埋设通过，并应满足下列要求：

1 管顶在桥梁下方埋深不宜小于 1.2 m，管道上方应埋设钢筋混凝土板。钢筋混凝土板的宽度应大于管道外径 1.0 m，板厚不得小于 100 mm，板底面距管顶间距不宜小于 0.5 m，板的埋设长度不应小于铁路线路安全保护区范围。钢筋混凝土板上方应埋设聚乙烯警示带；穿越段的起始点以及中间每隔 10 m 处应设置地面穿越标识。

2 铁路桥梁底面至自然地面的净空高度不应小于 2.0 m。

3 管道与铁路桥梁墩台基础边缘的水平净距不宜小于 3 m。施工过程中应对既有桥梁墩台或管道设施采取防护措施，确保管道与桥梁的安全。

第十四条 管道和铁路隧道不应在隧道洞门及洞口截水天沟范围内交叉。当埋地管道或管道隧道与铁路隧道洞身交叉时应符合下列规定：

1 新建管道可在既有铁路隧道洞身上方挖沟敷设。当采取非爆破方式开挖管沟时，管沟底部与铁路隧道结构顶部外缘的垂直间距不应小于 10 m，输油管道在铁路隧道洞身及其两侧各不小于 20 m 范围应采取可靠的防渗措施。当采取控制爆破手段开挖管沟时，管底与铁路隧道顶部的垂直净距不应小于 20 m，同时应考虑围岩条件、挖沟爆破规模及隧道结构的安全性等因素。

2 管道除采用隧道结构以外，不宜在铁路隧道下方穿越。

3　管道隧道与铁路隧道交叉时，两隧道垂直净距不应小于 30 m，且满足不小于 3~4 倍铁路隧道开挖洞径要求；两隧道净距小于 50 m 地段，后建隧道的衬砌结构应加强。

4　新建铁路隧道在埋地管道下方采用控制爆破开挖时，隧道顶部与埋地管道底部的垂直高度不应小于 20 m，同时应考虑铁路隧道断面大小、围岩条件、地面沉降变形及管道结构安全性等因素。

5　新建设施进行爆破作业时应采取保持围岩稳定的措施。既有设施的允许爆破振动速率，应根据既有隧道结构类型、结构状态、爆破环境条件以及既有铁路或管道运输性质、轨道或钢管类型等综合因素评估确定，爆破方案应征得既有设施企业的同意。

6　特殊地形情况下，采取工程措施并经既有设施企业审批通过后，可将交叉净距适当减小。

第十五条　埋地管道和铁路在软土等特殊土质、斜坡等特殊地段交叉时，应采取保证既有设施安全和稳定性的特殊设计。

第十六条　管道穿越既有铁路时，铁路方应对穿越处铁路设施进行检测评价。铁路两侧线路安全保护区外 3 米范围内为穿越段，管道方在穿越段应按《油气输送管道穿越工程设计规范》GB 50423 要求进行壁厚设计，采用加强级防腐涂层，对管道环向焊口采取 100% 超声波和 100% 射线探伤检测。管道方在施工期间应遵守铁路营业线施工安全管理规定，保持铁路线下基础工程的稳定，并采取保护措施。当交叉处管道上存在铁路杂散电流干扰时应对管道采取排流措施。

第十七条　铁路跨越既有管道时，管道方应对跨越管段进行完整性评价。铁路跨越段应设置保护涵或桥梁，并应对施工区域内的管道采取防护措施。铁路方在施工期间应保持管道原有的受力状态及管道周围土体和边坡的稳定。铁路施工便道及维修通道跨越既有管道时，应对管道采取保护措施。当交叉处管道上存在铁路杂散电流干扰时应对管道采取排流措施。

第十八条　管道与铁路并行布置时，应同时满足下列要求：

1　管道距铁路用地界的净距不应小于 3 m。

2　埋地管道距邻近铁路线路轨道中心线的净距不应小于 25 m。

3　地上管道与邻近铁路线路轨道中心线的水平净距不应小于 50 m。

第十九条 电气化铁路与管道并行间距在 100 m 以内、并行长度在 1 000 m 以上时，在建设期间应预设必要的排流措施，铁路运行初期应按《埋地钢质管道交流干扰防护技术标准》GB/T 50698 对排流效果进行检测、复核。

第二十条 管道穿（跨）越河流段与上下游铁路桥梁之间的距离应符合《油气输送管道穿越工程设计规范》GB 50423 和《油气输送管道跨越工程设计规范》GB 50459 的规定。

第二十一条 管道专用隧道与铁路隧道并行时，两相邻隧道的净距应符合表 1 规定：

表 1　两隧道间的最小净距（m）

围岩等级	Ⅰ	Ⅱ—Ⅲ	Ⅳ	Ⅴ	Ⅵ
净距	（1.5–2.0）B	（2.0–2.5）B	（2.5–3.0）B	（3.0–5.0）B	＞5.0 B

注：B 为管道隧道或铁路隧道开挖宽度中的较大值（m）。

第二十二条 铁路与管道站场设施的最小距离，应按《石油天然气工程防火设计规范》GB 50183 执行。

油气管道阀室围墙距铁路用地界不应小于 3 m。阀室设置放空立管时，放空管管口应高出周围 25 m 范围内的铁路设施及建（构）筑物 2 m 以上。

石油天然气站场设置放空立管时，其区域布置防火间距宜通过计算可燃气体扩散范围确定，扩散区边界空气中可燃气体浓度不应超过其爆炸下限的 50%，且放空管应高出 10 m 范围内的铁路设施或建筑物顶 2 m 以上。

第二十三条 管道企业与铁路运输企业应建立日常协商机制，协商解决工程建设与运营中有关事项。

第二十四条 遇特殊情况，管道与铁路工程交汇无法满足本规定相关要求时，经双方协商、专家论证和安全评估后，可采取工程类比或其他特殊处理措施。

第二十五条 在工程可行性研究阶段，应充分调研沿线铁路、管道现状分布及规划情况，管道企业和铁路运输企业应积极配合对方，提供有关信息。

根据调研结果，提出新建工程与既有设施交汇关系的处理方案，并征求对方意见；对方企业在接到征求意见函件后，应于 30 日（工作日）内书面回复。

第二十六条 当管道和铁路工程交汇时，应对既有设施的状态进行评价，并根据评价结果提出设计方案。建设方应在初步设计阶段向对方企业提交设计方案，并就建设项目概况、技术参数、交叉位置描述、拟定通过方案、并行间距等作出说明。

在保证安全的前提下，管道与铁路相互交叉应优先选用对既有设施扰动小、施工便利、经济性好的技术方案。并应在接到交叉设计方案后 30 日（工作日）内回复书面意见。

当管道与铁路交汇段同为新建、改（扩）建工程时，双方企业应按照确保安全、互相有利、节省投资和缩短工期的原则，合理选择设计施工方案。

第二十七条 当受地形、地物和周边条件等限制，需要迁移交汇段既有设施时，建设单位应向产权单位提出书面请求，说明迁移需求和理由。

产权单位应积极配合建设单位组织编制迁移方案，在接到迁移方案后 30 日（工作日）内完成审查并出具处理意见。

第二十八条 在符合相关法律法规、强制性标准条文和本规定的条件下，为统一管道穿跨越既有铁路工程或铁路跨越既有管道工程的技术方案，双方共同组织编制交叉穿跨越的标准设计图，并编制概算定额，经两行业专家审查后，在建设项目中推广使用，作为交汇工程设计和概算取费的依据。

第二十九条 交汇工程施工由项目建设单位负责实施，对方企业配合。交汇工程竣工后，应由双方共同进行工程验收，竣工资料由双方存档。

第三十条 交汇工程因施工需要在铁路线路或管道保护区内进行勘探、取土、弃土、堆料、设置临时设施、临时占用对方用地等活动，应经对方企业同意，采取保护措施，并接受对方企业的全过程安全监管和监督，工程施工结束后恢复原貌。

第三十一条 当施工过程中确需在相关法律法规明确的铁路或管道限制爆破区域内进行爆破作业时，除应遵循国家法律法规以及有关强制性标准要求外，建设单位应提前将爆破方案提交对方企业审查，对方同意后方可实施。

第三十二条 交汇工程施工中应采取必要的安全措施，对既有工程及附属设施实施良好的保护。

第三十三条 交汇处应设置相应的警示标志，以及其他必要的安全措施，确保运营安全。

第三十四条 对每一处交汇工程，双方企业运维单位应建立联系机制，对本方设施进行维护、检修时，应保护对方设施，并做好相关的应急预案；当巡检、维护中发现对方设施存在异常现象或安全隐患时，应及时通知对方。防洪期间，双方企业应加强交汇段各自设施的防护。

第三十五条 当交汇段出现紧急事故危及对方运营安全时，应立即通知对方，双方采取有效措施，排除风险。

第三十六条 既有设施企业应自行负担交汇工程段既有设施的评估、检测等相关费用。交汇工程引起的铁路和管道的运营损失费等不得计列。

第三十七条 交汇工程设置的管道保护套管、混凝土盖板等管道防护设施属于管道企业资产；交汇工程设置的铁路桥梁和涵洞属于铁路企业资产，上述设施验收合格后应按照国家有关规定移交有关单位管理、维护。

第三十八条 本规定中相关术语定义如下：

“油气输送管道”是指连接油气产地、储存库及使用单位，用于长距离输送石油、天然气商品介质钢制管道。其中石油包括原油、成品油；天然气包括天然气、煤层气和煤制气。不包括城镇燃气管道和炼油、化工等企业厂区内管道。

“油、气田集输管道”是指服务于油气田开发、生产、加工的各类不同介质的管道。

“铁路”包括高速铁路、客货共线铁路（Ⅰ、Ⅱ、Ⅲ、Ⅳ级）、重载铁路、城际铁路、工业企业专用线等，不包括城市轨道交通。

历次版本：

《原油、天然气长输管道与铁路相互关系的若干规定》（铁基〔1987〕392号）

施行日期：1989年8月15日

作废日期：2005年4月1日

输气管道工程设计规范（GB 50251—2015）

施行日期：2015年10月1日

适用范围：

本规范适用于陆上新建、扩建和改建输气管道工程设计。

节录：

4.1.1　线路的选择应符合下列要求：

4　线路应避开军事禁区、飞机场、铁路及汽车客运站、海（河）港码头等区域；

5　除为管道工程专门修建的隧道、桥梁外，不应在铁路或公路的隧道内及桥梁上敷设输气管道。输气管道从铁路或公路桥下交叉通过时，不应改变桥梁下的水文条件；

6　与公路并行的管道路由宜在公路用地界 3 m 以外，与铁路并行的管道路由宜在铁路用地界 3 m 以外，如地形受限或其他条件限制的局部地段不满足要求时，应征得道路管理部门的同意。

10　埋地管道与建（构）筑物的间距应满足施工和运行管理需求，且管道中心线与建（构）筑物的最小距离不应小于 5 m。

4.2.2　地区等级划分应符合下列规定：

1　沿管线中心线两侧各 200 m 范围内，任意划分成长度为 2 km 并能包括最大聚居户数的若干地段，按划分地段内的户数应划分为四个等级。在乡村人口聚集的村庄、大院及住宅楼，应以每一独立户作为一个供人居住的建筑物计算。地区等级应按下列原则划分：

1）一级一类地区：不经常有人活动及无永久性人员居住的区段；

2）一级二类地区：户数在 15 户或以下的区段；

3）二级地区：户数在 15 户以上 100 户以下的区段；

4）三级地区：户数在 100 户或以上的区段，包括市郊居住区、商业区、工业区、规划发展区以及不够四级地区条件的人口稠密区；

5）四级地区：四层及四层以上楼房（不计地下室层数）普遍集中、交通频繁、地下设施多的区段。

2　当划分地区等级边界线时，边界线距最近一幢建筑物外边不应小于 200 m。

3　在一、二级地区内的学校、医院以及其他公共场所等人群聚集的地方，应按三级地区选取设计系数。

4　当一个地区的发展规划足以改变地区的现有等级时，应按发展规划划分地区等级。

4.2.4 穿越道路的管段以及输气站和阀室内管道的强度设计系数，应符合表 4.2.4 的规定。

表 4.2.4 穿越道路的管段以及输气站和阀室内管道的强度设计系数（节录）

<table>
<tr><th rowspan="3">管段或管道</th><th colspan="5">地区等级</th></tr>
<tr><th colspan="2">一</th><th rowspan="2">二</th><th rowspan="2">三</th><th rowspan="2">四</th></tr>
<tr><th>一类</th><th>二类</th></tr>
<tr><th></th><th colspan="5">强度设计系数</th></tr>
<tr><td>穿越一、二级公路，高速公路，铁路的管道</td><td>0.6</td><td>0.6</td><td>0.6</td><td>0.5</td><td>0.4</td></tr>
</table>

4.3.11 埋地输气管道与其他埋地管道、电力电缆、通信光（电）缆交叉的间距应符合下列规定：

1 输气管道与其他管道交叉时，垂直净距不应小于 0.3 m，当小于 0.3 m 时，两管间交叉处应设置坚固的绝缘隔离物，交叉点两侧各延伸 10 m 以上的管段，应确保管道防腐层无缺陷；

2 输气管道与电力电缆、通信光（电）缆交叉时，垂直净距不应小于 0.5 m，交叉点两侧各延伸 10 m 以上的管段，应确保管道防腐层无缺陷。

4.3.12 埋地输气管道与高压交流输电线路杆（塔）和接地体之间的距离宜符合下列规定：

1 在开阔地区，埋地管道与高压交流输电线路杆（塔）基脚间的最小距离不宜小于杆（塔）高；

2 在路由受限地区，埋地管道与交流输电系统的各种接地装置之间的最小水平距离不宜小于表 4.3.12 的规定。在采取故障屏蔽、接地、隔离等防护措施后，表 4.3.12 规定的距离可适当减小。

表 4.3.12 埋地管道与交流接地体的最小距离（m）

电压等级（kV）	≤ 220	330	500
铁塔或电杆接地	5.0	6.0	7.5

4.3.13 地面敷设的输气管道与架空交流输电线路的距离应符合表 4.3.13 的规定。

4.5.2 线路截断阀（室）应选择在交通方便、地形开阔、地势相对较高的地方，防洪设防标准不应低于重现期 25 年一遇。线路截断阀（室）选址受限时，应符合下列规定（本条规定的距离是指从阀室围墙（栏）的外侧算起）：

表 4.3.13　地面管道与架空输电线路最小距离（m）

<table>
<tr><td colspan="2" rowspan="3">项　目</td><td colspan="9">电压等级（kV）</td></tr>
<tr><td rowspan="2">3~10</td><td rowspan="2">35~66</td><td rowspan="2">110</td><td rowspan="2">220</td><td rowspan="2">330</td><td rowspan="2">500</td><td rowspan="2">750</td><td colspan="2">1 000</td></tr>
<tr><td>单回路</td><td>双回路（逆相序）</td></tr>
<tr><td colspan="2">最小垂直距离</td><td>3.0</td><td>4.0</td><td>4.0</td><td>5.0</td><td>6.0</td><td>7.5</td><td>9.5</td><td>18</td><td>16</td></tr>
<tr><td rowspan="2">最小水平距离</td><td>开阔地区</td><td>最高杆（塔）高</td><td>最高杆（塔）高</td><td>最高杆（塔）高</td><td>最高杆（塔）高</td><td>最高杆（塔）高</td><td>最高杆（塔）高</td><td>最高杆（塔）高</td><td colspan="2">最高杆（塔）高</td></tr>
<tr><td>路径受限地区</td><td>2.0</td><td>4.0</td><td>4.0</td><td>5.0</td><td>6.0</td><td>7.5</td><td>9.5</td><td colspan="2">13</td></tr>
</table>

注：表中最小水平距离为边导线至管道任何部分的水平距离。

1　与电力、通信线路杆（塔）的间距不应小于杆（塔）的高度再加 3 m；

2　距铁路用地界外不应小于 3 m；

3　距公路用地界外不应小于 3 m；

4　与建筑物的水平距离不应小于 12 m。

4.8.1　管道沿线应设置里程桩、转角桩、标志桩、交叉桩和警示牌等永久性标识。

4.8.2　管径相同且并行净距小于 6 m 的埋地管道，以及管径相同共用隧道、涵洞或共用管桥跨越的管道，应有可明显区分识别的标识。

4.8.3　通过人口密集区、易受第三方损坏地段的埋地管道应加密设置标识桩和警示牌，并应在管顶上方连续埋设警示带。

4.8.4　平面改变方向一次转角大于 5° 时，应设置转角桩。平面上弹性敷设的管道，应在弹性敷设段设置加密标识桩。

4.8.5　地面敷设的管段应设警示牌并采取保护措施。

历次版本：

《输气管道工程设计规范》（GB 50251—1994）

施行日期：1994 年 4 月 18 日

作废日期：2003 年 10 月 1 日

《输气管道工程设计规范》（GB 50251—2003）

施行日期：2003 年 10 月 1 日

作废日期：2015 年 10 月 1 日

输油管道工程设计规范（GB 50253—2014）

施行日期：2015 年 4 月 1 日

适用范围：

本规范适用于陆上新建、扩建和改建的输送原油、成品油、液化石油气管道工程的设计。

节录：

4.1.3 **管道不应通过饮用水水源一级保护区、飞机场、火车站、海（河）港码头、军事禁区、国家重点文物保护范围、自然保护区的核心区。**

4.1.6 埋地输油管道同地面建（构）筑物的最小间距应符合下列规定：

1 **原油、成品油管道与城镇居民点或重要公共建筑的距离不应小于 5 m。**

2 原油、成品油管道临近飞机场、海（河）港码头、大中型水库和水工建（构）筑物敷设时，间距不宜小于 20 m。

3 输油管道与铁路并行敷设时，管道应敷设在铁路用地范围边线 3 m 以外，且原油、成品油管道距铁路线不应小于 25 m、液化石油气管道距铁路线不应小于 50 m。如受制于地形或其他条件限制不满足本条要求时，应征得铁路管理部门的同意。

4.1.7 管道与架空输电线路平行敷设时，其距离应符合现行国家标准《66 kV 及以下架空电力线路设计规范》GB 50061 及《110 kV~750 kV 架空输电线路设计规范》GB 50545 的有关规定。管道与干扰源接地体的距离应符合现行国家标准《埋地钢质管道交流干扰防护技术标准》GB/T 50698 的有关规定。埋地输油管道与埋地电力电缆平行敷设的最小距离，应符合现行国家标准《钢质管道外腐蚀控制规范》GB/T 21447 的有关规定。

4.2.11 当埋地输油管道同其他埋地管道或金属构筑物交叉时，其垂直净距不应小于 0.3 m，两条管道的交叉角不宜小于 30°；管道与电力、通信电缆交叉时，其垂直净距不应小于 0.5 m。

4.2.12 输油管道通过人工或天然障碍物（水域、冲沟、铁路、公路等）时，应符合现行国家标准《油气输送管道穿越工程设计规范》GB 50423 和《油气输送管道跨越工程设计规范》GB 50459 的有关规定。液化石油气管道穿越铁路、公路管段的设计系数应按本规范附录 F 的规定选取。

4.6.1 管道沿线应设置里程桩、标志桩、转角桩、阴极保护测试桩和警示牌等永久标志，管道标志的标识、制作和安装应符合现行行业标准《管道管线标记设置技术规范》SY/T6064 的有关规定。

4.6.5 当管道采用地上敷设时，应在行人较多和易遭车辆碰撞的地方，设置标志并采取保护措施。标志应采用具有反光功能的涂料涂刷。

附 录 F

液化石油气（LPG）管道强度设计系数

F.0.1 液化石油气（LPC）管道通过地区等级划分及强度设计系数应符合表 F.0.1 的规定。

表 F.0.1 地区等级及强度设计系数 *K*

地区等级	说 明	强度设计系数 *K*
一级地区	户数在 15 户或以下的区段	0.72
二级地区	户数在 15 户以上、100 户以下的区段	0.6
三级地区	户数在 100 户或以上的区段，包括市郊、商业区、工业区，不够四级的人口稠密区	0.5
四级地区	地面四层及四层以上楼房普遍集中、交通频繁、地下设施多的区段	0.4

地区等级划分为沿管道中心线两侧各 200 m 范围内，任意划分成长度 2 km 并能包括最大聚居户数的若干地段，按划定地段内的户数划分为四个等级。在农村人口聚集的村庄、大院、住宅楼，应以每一独立户作为一个供人居住的建筑物计算。

F.0.2 液化石油气（LPG）穿越铁路、公路和人群聚集场所的管段以及管道站内管段的强度设计系数应符合表 F.0.2 的规定。

表 F.0.2 穿越铁路、公路、人群聚集场所及 LPG 站内的管段强度设计系数（节录）

管道及管段	设计系数 *K*			
	一级地区	二级地区	三级地区	四级地区
有套管或涵洞穿越Ⅰ、Ⅱ级公路、高速公路、铁路的管段	0.6	0.6	0.5	0.4

历次版本：

《输油管道工程设计规范》（GB 50253—1994）

施行日期：1994 年 11 月 1 日

作废日期：2003 年 10 月 1 日

《输油管道工程设计规范》（GB 50253—2003）

施行日期：2003 年 10 月 1 日

作废日期：2006 年 11 月 1 日

《输油管道工程设计规范》（GB 50253—2003）2006 年版

施行日期：2006 年 11 月 1 日

作废日期：2015 年 11 月 1 日

油气输送管道穿越工程设计规范（GB 50423—2013）

施行日期：2014 年 7 月 1 日

适用范围：

本规范适用于油气输送管道在陆上穿越天然或人工障碍的新建和扩建工程设计。

节录：

3.3.7 穿越管段与公路桥梁、铁路桥梁、水下隧道并行敷设的最小距离应根据穿越形式确定，并应符合下列要求：

1 当采用开挖管沟埋设时，管道中线距离特大桥、大桥、中桥、水下隧道最近边缘不应小于 100 m；距离小桥最近边缘不应小于 50 m。

2 当采用水平定向钻穿越时，穿越管段距离桥梁墩台冲刷坑外边缘不宜小于 10 m，且不应影响桥梁墩台安全；距离水下隧道的净距不应小于 30 m。

3 当采用隧道穿越时，隧道的埋深及边缘至墩台的距离不应影响桥梁墩台的安全；管道隧道与公路隧道、铁路隧道净距不宜小于 30 m。

4 当不能满足上述要求时，应协商确定。

3.4.1 山岭隧道与铁路隧道、公路隧道交叉时，竖向净间距不宜小于 30 m。

5 水平定向钻法穿越设计

5.1 敷设要求

5.1.4 穿越深度应符合下列规定：

1 水域穿越管段管顶埋深不宜小于设计洪水冲刷线或疏浚深度线以下 6 m；

2 穿越铁路、公路、堤防建（构）筑物时，穿越深度应符合有关技术规定；

3 穿越管段埋设深度应避开挖砂、采石、抛锚作业的影响。

7.1.1 油气管道不宜与公路、铁路反复交叉穿越；需要与公路、铁路交叉时，其穿越点宜选在公路、铁路的路堤段和管道的直线段，穿越宜避开高填方区、路堑、路两侧为同坡向的陡坡地段。当条件受限时也可从公路、铁路的桥梁下交叉穿越。

7.1.2 在穿越公路、铁路的套管或涵洞内，输送管道不应设置水平或竖向弯管。

7.1.3 穿越铁路或二级及以上公路时，应采用顶进套管、顶进箱涵或水平定向钻穿越方式，并满足路基稳定性的要求。对三级及三级以下公路穿越，可采用挖沟法埋设。当套管或涵洞内空间充填细土将穿越管段埋入时，可不设检漏管及两端的封堵。

7.1.5 新建公路、铁路与已建管道交叉时，应设置保护管道的涵洞，涵洞尺寸应满足管道运营维护要求。

7.1.6 油气管道与公路、铁路宜垂直交叉，在特殊情况下，交角不宜小于 30°。油气管道与公路、铁路桥梁交叉时，在对管道采取防护措施后，交叉角可小于 30°，防护长度应满足公路、铁路用地范围以外 3 m 的要求。

7.1.7 油气管道穿越公路、铁路时，其穿越点四周应有足够的空间，满足管道穿越施工、维护及邻近建（构）筑物和设施安全距离的要求。

7.1.8 油气管道不应利用公路、铁路的排水涵洞进行穿越。

7.1.9 油气管道穿越公路、铁路时，套管顶部最小覆盖层厚度应符合表 7.1.9 的要求。

7.1.10 管道穿越公路、铁路时，输送管道或套管的底部应放置在密实而均匀的地层上。

表 7.1.9 套管顶部最小覆盖层厚度（节录）

穿越分类	位　置	最小覆盖层（m）
铁路穿越	铁路路肩以下	1.7
	自然地面或者边沟以下	1.0

7.1.11 采用套管穿越公路、铁路时，套管内径应大于输送管道外径 300 mm 以上。套管采用人工顶管施工方法时，套管内直径不宜小于 1 m。

7.1.12 采用套管穿越公路、铁路时，套管长度宜伸出路堤坡脚、排水沟外边缘不小于 2 m；当穿过路堑时，应长出路堑顶不小于 5 m。被穿越的公路、铁路有扩建规划时，应按照扩建后的情况确定套管长度。

7.1.13 采用涵洞穿越铁路时，涵洞净空高度不宜小于 1.8 m，涵洞内宽度不宜小于输送管道外径加 2.5 m。

7.1.14 采用直接钻孔法敷设穿越管道或套管时，其钻孔孔洞直径不应超过输送管道或套管外直径 50 mm。

7.2.9 采用无套管的开挖穿越管段。距管顶以上 500 mm 处应埋设钢筋混凝土板；混凝土板上方应埋设警示带。

7.3.1 采用涵洞、套管等保护方法穿越公路、铁路时。宜采用钢筋混凝土涵洞、钢筋混凝土套管或者钢质套管。

7.3.2 钢筋混凝土涵洞、套管的设计应根据穿越公路、铁路的不同要求，分别执行现行行业标准《公路桥涵设计通用规范》JTG D60、《铁路桥涵设计基本规范》TB 10002.1 的有关规定。

8.1.2 水域大、中型穿越管段、山岭长隧道、山岭中长隧道、铁路、二级与二级以上公路的穿越管段，对接接头焊缝均应进行 100% 射线探伤检验和 100% 超声波探伤检验。

8.2.2 水域大、中型穿越，山岭长隧道、铁路、高速公路、一级公路穿越管段应单独进行试压。水域小型穿越管段、山岭中长隧道、山岭短隧道、二级及以下的公路穿越管段，在试压条件许可的前提下可与所在线路段合并进行试压。

历次版本：

《油气输送管道穿越工程设计规范》（GB 50423—2007）

施行日期：2008 年 3 月 1 日

作废日期：2014 年 7 月 1 日

油气输送管道穿越工程施工规范（GB 50424—2015）

施行日期：2016 年 3 月 1 日

适用范围：

本规范适用于新建或改、扩建的输送原油、天然气、煤气、成品油等管道穿越障碍物工程的施工。

节录：

1.0.3 穿越工程施工方法宜采用定向钻法穿越施工、顶管法穿越施工、盾构法穿越施工、开挖穿越施工、矿山法隧道穿越施工。

1.0.4 油气输送管道穿越工程施工除应符合本规范外，尚应符合国家现行有关标准的规定。

5.2.1 **穿越管段无损检测除穿越三级及三级以下公路外，应符合下列规定：**

1 **应进行 100% 超声波检测、100% 射线检测；**

2 **焊缝合格级别均应为 Ⅱ 及以上。**

6 定向钻法穿越施工

6.1.1 穿越深度应符合下列规定：

2 穿越铁路、公路、堤防建（构）筑物时，穿越管段管顶埋深应符合铁路、公路、水利等相关部门的规定。

12.0.1 穿越大中型河流、铁路、二级及以上公路、高速公路、隧道的管段应单独进行试压，试验压力、稳压时间及试压程序应按设计文件执行，单独试压管段的选取，应便于和两侧线路管段连头，不应位于弯管连接处。

12.0.4 定向钻法穿越施工的管段回拖前应进行清管、测径、试压，回拖后应进行测径及严密性试验。

历次版本：

《油气输送管道穿越工程施工规范》（GB 50424—2007）

施行日期：2008 年 5 月 1 日

作废日期：2016 年 3 月 1 日

油气输送管道跨越工程设计标准（GB/T 50459—2017）

施行日期：2018 年 5 月 1 日

适用范围：

本标准适用于基本地震动峰值加速度值小于或等于 0.40 g 地区油气输送管道跨越工程的设计。

当基本地震动峰值加速度值大于 0.40 g 时，应进行专题设计。

节录：

3.0.1　管道跨越工程应划分为甲类和乙类。甲类应为通航河流、电气化铁路和高速公路跨越；乙类应为非通航河流及其他障碍跨越。

3.0.2　管道跨越工程等级应按表 3.0.2 划分。

表 3.0.2　管道跨越工程等级

工程等级	总跨长度 L_1（m）	主跨长度 L_2（m）
大型	≥ 300	≥ 150
中型	$100 \leqslant L_1 < 300$	$50 \leqslant L_2 < 150$
小型	< 100	< 50

3.0.3　跨越管道强度设计系数应符合表 3.0.3 的规定。

表 3.0.3　跨越管道强度设计系数

工程分类	工程等级	输气管道				输油管道
		一级地区	二级地区	三级地区	四级地区	
甲类	大型	0.40	0.40	0.40	0.40	0.40
	中型	0.45	0.45	0.45	0.40	0.50
	小型	0.50	0.50	0.50	0.40	0.55
乙类	大型	0.50	0.50	0.50	0.40	0.50
	中型	0.55	0.55	0.50	0.40	0.60
	小型	0.60	0.60	0.50	0.40	0.65

3.0.5　永久性跨越主体结构的设计使用年限不应低于 50 年，可更换构件的设计使用年限不宜低于 25 年。

3.0.12　当跨越铁路或道路时，架空结构的最下缘净空高度不应低于表 3.0.12 的规定。跨越工程两侧应设置限高标志，宜设置限高构筑物。

表 3.0.12　跨越铁路或道路净空高度（节录）

类　型	净空高度（m）
铁路	12.5
电气化铁路接触网的带电体	4.0

3.0.13　跨越管道与桥梁之间的最小距离应符合表 3.0.13 的规定。

表 3.0.13　跨越管道与桥梁之间的最小距离（m）

管道类型	特大桥		大　桥		中　桥		小　桥	
	铁路	公路	铁路	公路	铁路	公路	铁路	公路
输油管道	100	100	100	100	80	50	40	10
输气管道	100	100	100	100	100	100	50	50

注：1　特大桥、大桥、中桥和小桥的判别应分别按现行行业标准《公路桥涵设计通用规范》JTG D60 和《铁路桥涵设计基本规范》TB 10002.1 的规定执行。

2　当位置受限时，在采取一定的保护措施，并征得相关部门的同意后，可适当减小距离。

3.0.14　跨越管道与架空电力线路之间的最小距离应符合现行国家标准《输气管道工程设计规范》GB 50251 和《输油管道工程设计规范》GB 50253 的有关规定。

12.1.2　跨越管道的对接接头焊缝应进行 100% 射线探伤检验和 100% 超声波探伤检验。

12.2.2　大、中型跨越工程的跨越管道应单独进行试压，单独进行试压的跨越管道试压前应进行清管、测径。

12.3.4　跨越管道邻近电气化铁路时，应分析电气化铁路对管道阴极保护的影响，并采取相应的防护措施。

历次版本：

《油气输送管道跨越工程设计规范》（GB 50459—2009）

施行日期：2009 年 12 月 1 日

作废日期：2018 年 5 月 1 日

油气长输管道工程施工及验收规范（GB 50369—2014）

施行日期：2015 年 3 月 1 日

适用范围：

本规范适用于新建或改建、扩建的陆地长距离输送油气管道、煤（层）气管道、成品油管道线路工程的施工及验收，不适用于油气场站内部的工艺管道、油气田集输管道、工业企业内部的油气管道的施工及验收。

节录：

5.3.6 在河流、沟渠、公路、铁路穿跨越段的两端，地下管道、电缆、光缆穿越段的两端，线路阀室两端及管线直径、壁厚、材质、防腐层变化分界处应设置临时标志桩，其设置位置应在管道组装焊接一侧，施工作业带边界线以内 1 m 处。

10.3.3 **输油管道的无损检测方法及比例应符合下列规定：**

3 **对通过居民区、工矿企业和穿越、跨越大中型水域、一二级公路、铁路、隧道的管道环焊缝，以及所有碰死口焊缝，应进行 100% 超声检测和射线检测。**

10.3.4 输气管道的检测方法及比例应符合下列规定：

3 **穿越、跨越水域、公路、铁路的管道焊缝，弯头与直管段焊缝及未经试压的管道碰死口焊缝，均应进行 100% 超声检测和射线检测。**

14.1.2 河流大中型穿跨越和铁路、高速公路、二级及以上公路穿越的管段应单独进行试压。

历次版本：

《油气长输管道工程施工及验收规范》（GB 50369—2006）

施行日期：2006 年 5 月 1 日

作废日期：2015 年 3 月 1 日

三、城镇油气管道类

城镇燃气管理条例（国务院令〔2010〕583号）

最新版本施行日期：2016年2月6日

适用范围：

城镇燃气发展规划与应急保障、燃气经营与服务、燃气使用、燃气设施保护、燃气安全事故预防与处理及相关管理活动，适用本条例。农村的燃气管理参照本条例的规定执行。

天然气、液化石油气的生产和进口，城市门站以外的天然气管道输送，燃气作为工业生产原料的使用，沼气、秸秆气的生产和使用，不适用本条例。

本条例所称燃气，是指作为燃料使用并符合一定要求的气体燃料，包括天然气（含煤层气）、液化石油气和人工煤气等。

节录：

第五条 国务院建设主管部门负责全国的燃气管理工作。

县级以上地方人民政府燃气管理部门负责本行政区域内的燃气管理工作。

县级以上人民政府其他有关部门依照本条例和其他有关法律、法规的规定，在各自职责范围内负责有关燃气管理工作。

第三十四条 在燃气设施保护范围内，有关单位从事敷设管道、打桩、顶进、挖掘、钻探等可能影响燃气设施安全活动的，应当与燃气经营者共同制定燃气设施保护方案，并采取相应的安全保护措施。

第三十五条 燃气经营者应当按照国家有关工程建设标准和安全生产管理的规定，设置燃气设施防腐、绝缘、防雷、降压、隔离等保护装置和安全警示标志，定期进行巡查、检测、维修和维护，确保燃气设施的安全运行。

第四十八条 违反本条例规定，燃气经营者未按照国家有关工程建设标准和安全生产管理的规定，设置燃气设施防腐、绝缘、防雷、降压、隔离等保护装置和安全警示标志的，或者未定期进行巡查、检测、维修和维护的，或者未采取措施及时消除燃气安全事故隐患的，由燃气管理部门责令限期改正，处1万元以上10万元以下罚款。

第五十二条 违反本条例规定，建设工程施工范围内有地下燃气管线等重要燃气设施，建设单位未会同施工单位与管道燃气经营者共同制定燃气设施保护方案，或者建设单位、施工单位未采取相应的安全保护措施的，由燃气管理部门责令改正，处1万元以上10万元以下罚款；造成损失的，依法承担赔偿责任；构成犯罪的，依法追究刑事责任。

第五十三条 本条例下列用语的含义：

（一）燃气设施，是指人工煤气生产厂、燃气储配站、门站、气化站、混气站、加气站、灌装站、供应站、调压站、市政燃气管网等的总称，包括市政燃气设施、建筑区划内业主专有部分以外的燃气设施以及户内燃气设施等。

（二）燃气燃烧器具，是指以燃气为燃料的燃烧器具，包括居民家庭和商业用户所使用的燃气灶、热水器、沸水器、采暖器、空调器等器具。

历次版本：

《城镇燃气管理条例》（国务院令〔2010〕583号）

施行日期：2011年3月1日

作废日期：2016年2月6日

燃气工程项目规范（GB 55009—2021）

施行日期：2022年1月1日

适用范围：

城市、乡镇、农村的燃气工程项目必须执行本规范。本规范不适用于下列工程项目：

1　城镇燃气门站以前的长距离输气管道工程项目；

2　工业企业内部生产用燃气工程项目；

3　沼气、秸秆气的生产和利用工程项目；

4　海洋和内河轮船、铁路车辆、汽车等运输工具上的燃气应用项目。本条例所称燃气，是指作为燃料使用并符合一定要求的气体燃料，包括天然气

（含煤层气）、液化石油气和人工煤气等。

节录：

2.2.4　在设计工作年限内，燃气设施应保证在正常使用维护条件下的可靠运行。当达到设计工作年限或在遭受地质灾害、运行事故或外力损害后需继续使用时，应对燃气设施进行合于使用评估。

2.2.5　燃气设施应采取防火、防爆、抗震等措施，有效防止事故的发生。

2.2.7　设置燃气设备、管道和燃具的场所不应存在燃气泄漏后聚集的条件。燃气相对密度大于等于 0.75 的燃气管道、调压装置和燃具不得设置在地下室、半地下室、地下箱体、地下综合管廊及其他地下空间内。

2.3.3　燃气设施的施工、运行维护和抢修等场所及重要的燃气设施应设置规范、明显的安全警示标志。

4.1.5　燃气厂站边界应设置围护结构。液化天然气、液化石油气厂站的生产区应设置高度不低于 2.0 m 的不燃性实体围墙。

4.1.6　燃气厂站内建筑物与厂站外建筑物之间的间距应符合防火的相关要求。

5.1.1　输配管道应根据最高工作压力进行分级，并应符合表 5.1.1 的规定。

表 5.1.1　输配管道压力分级

名　称		最高工作压力（MPa）
超高压		$4.0 < P$
高压	A	$2.5 < P \leqslant 4.0$
	B	$1.6 < P \leqslant 2.5$
次高压	A	$0.8 < P \leqslant 1.6$
	B	$0.4 < P \leqslant 0.8$
中压	A	$0.2 < P \leqslant 0.4$
	B	$0.01 < P \leqslant 0.2$
低压		$P \leqslant 0.01$

5.1.3　液态燃气输配管道、高压 A 及高压 A 以上的气态燃气输配管道不应敷设在居住区、商业区和其他人员密集区域、机场车站与港口及其他危化品生产和储存区域内。

5.1.4　输配管道的设计工作年限不应小于 30 年。

5.1.16 输配管道不应在排水管（沟）、供水管渠、热力管沟、电缆沟、城市交通隧道、城市轨道交通隧道和地下人行通道等地下构筑物内敷设。当确需穿过时，应采取有效的防护措施。

5.1.17 当输配管道穿越铁路、公路、河流和主要干道时，应采取不影响交通、水利设施并保证输配管道安全的防护措施。

5.1.28 输配管道沿线应设置管道标志。管道标志毁损或标志不清的，应及时修复或更新。

5.1.29 废弃的输配管道及设施应及时拆除；不能立即拆除的，应及时处置，并应设置明显的标识或采取有效封堵，管道内不应存有燃气。

5.1.30 暂时停用的输配管道应保压并按在用管道进行管理。

历次版本：

《城镇燃气技术规范》（GB 50494—2009）

施行日期：2009 年 8 月 1 日

作废日期：2022 年 1 月 1 日

城镇燃气设计规范（GB 50028—2006）

最新版本施行日期：2020 年 6 月 1 日

适用范围：

本规范适用于向城市、乡镇或居民点供给居民生活、商业、工业企业生产、采暖通风和空调等各类用户作燃料用的新建、扩建或改建的城镇燃气工程设计。

注：1　本规范不适用于城镇燃气门站以前的长距离输气管道工程。

2　本规范不适用于工业企业自建供生产工艺用且燃气质量不符合本规范质量要求的燃气工程设计，但自建供生产工艺用且燃气质量符合本规范要求的燃气工程设计，可按本规范执行。工业企业内部自供燃气给居民使用时，供居民使用的燃气质量和工程设计应按本规范执行。

3　本规范不适用于海洋和内河轮船、铁路车辆、汽车等运输工具上的燃气装置设计。

节录：

2.0.1　城镇燃气

从城市、乡镇或居民点中的地区性气源点，通过输配系统供给居民生活、商业、工业企业生产、采暖通风和空调等各类用户公共性质的，且符合本规范燃气质量要求的可燃气体。城镇燃气一般包括天然气、液化石油气和人工煤气。

6.3　压力不大于 1.6 MPa 的室外燃气管道

6.3.9　燃气管道穿越铁路、高速公路、电车轨道或城镇主要干道时应符合下列要求：

1　穿越铁路或高速公路的燃气管道，应加套管。

注：当燃气管道采用定向钻穿越并取得铁路或高速公路部门同意时，可不加套管。

2　穿越铁路的燃气管道的套管，应符合下列要求：

1）套管埋设的深度：铁路轨底至套管顶不应小于 1.20 m，并应符合铁路管理部门的要求；

2）套管宜采用钢管或钢筋混凝土管；

3）套管内径应比燃气管道外径大 100 mm 以上；

4）套管两端与燃气管的间隙应采用柔性的防腐、防水材料密封，其一端应装设检漏管；

5）套管端部距路堤坡脚外的距离不应小于 2.0 m。

4　燃气管道宜垂直穿越铁路、高速公路、电车轨道或城镇主要干道。

6.4　压力大于 1.6 MPa 的室外燃气管道

6.4.1　本节适用于压力大于 1.6 MPa（表压）但不大于 4.0 MPa（表压）的城镇燃气（不包括液态燃气）室外管道工程的设计。

6.4.3　城镇燃气挂机到地区等级的划分应符合下列规定：

1　沿管道中心线两侧各 200 m 范围内，任意划分为 1.6 km 长并能包括最多供人居住的独立建筑物数量的地段，作为地区分级单元。

注：在多单元住宅建筑物内，每个独立住宅单元按一个供人居住的独立建筑物计算。

2　管道地区等级应根据地区分级单元内建筑物的密集程度划分，并应符合下列规定：

1）一级地区：有 12 个或 12 个以下供人居住的独立建筑物。

2）二级地区：有 12 个以上，80 个以下供人居住的独立建筑物。

3）三级地区：介入二级和四级之间的中间地区。有 80 个或 80 个以上供人居住的独立建筑物但不够四级地区条件的地区、工业区或距人员聚集的室外场所 90 m 内铺设管线的区域。

4）四级地区：4 层或 4 层以上建筑物（不计地下室层数）普遍且占多数、交通频繁、地下设施多的城市中心城区（或镇的中心区域等）。

3　二、三、四级地区的长度应按下列规定调整：

1）四级地区垂直于管道的边界线距最近地上 4 层或 4 层以上建筑物不应小于 200 m。

2）二、三级地区垂直于管道的边界线距该地区最近建筑物不应小于 200 m。

4　确定城镇燃气管道地区等级，宜按城市规划为该地区的今后发展留有余地。

6.4.9　穿越铁路、公路和人员聚集场所的管道以及门站、储配站、调压站内管道的强度设计系数，应符合表 6.4.9 的规定。

表 6.4.9　穿越铁路、公路和人员聚集场所的管道以及门站、储配站、调压站内管道的强度设计系数（F）

<table>
<tr><th rowspan="2">管道及管段</th><th colspan="4">地区等级</th></tr>
<tr><th>一</th><th>二</th><th>三</th><th>四</th></tr>
<tr><td>有套管穿越Ⅲ、Ⅳ级公路的管道</td><td>0.72</td><td>0.6</td><td rowspan="2">0.4</td><td rowspan="2">0.3</td></tr>
<tr><td>无套管穿越Ⅲ、Ⅳ级公路的管道</td><td>0.6</td><td>0.5</td></tr>
<tr><td>有套管穿越Ⅰ、Ⅱ级公路、高速公路、铁路的管道</td><td>0.6</td><td>0.6</td><td rowspan="3">0.4</td><td rowspan="3">0.3</td></tr>
<tr><td>门站、储配站、调压站内管道及其上、下游各 200 m 管道，截断阀室管道及其上、下游各 50 m 管道（其距离从站和阀室边界线起算）</td><td>0.5</td><td>0.5</td></tr>
<tr><td>人员聚集场所的管道</td><td>0.4</td><td>0.4</td></tr>
</table>

6.4.14　四级地区地下燃气管道输配压力不宜大于 1.6 MPa（表压）。其设计应遵守本规范 6.3 节的有关规定。

四级地区地下燃气管道输配压力不应大于 4.0 MPa（表压）。

6.4.15　高压燃气管道的布置应符合下列要求：

1　高压燃气管道不宜进入四级地区；当受条件限制需要进入或通过四级地区时，应遵守下列规定：

1）高压 A 地下燃气管道与建筑物外墙面之间的水平净距不应小于 30 m（当管壁厚度 $\delta \geq 9.5$ mm 或对燃气管道采取有效的保护措施时，不应小于 15 m）；

2）高压 B 地下燃气管道与建筑物外墙面之间的水平净距不应小于 16 m（当管壁厚度 $\delta \geq 9.5$ mm 或对燃气管道采取有效的保护措施时，不应小于 10 m）；

3）管道分段阀门应采用遥控或自动控制。

2　高压燃气管道不应通过军事设施、易燃易爆仓库、国家重点文物保护单位的安全保护区、飞机场、火车站、海（河）港码头。当受条件限制管道必须在本款所列区域通过时，必须采取安全防护措施。

3　高压燃气管道宜采用埋地方式敷设。当个别地段需要采用架空敷设时，必须采取安全防护措施。

6.4.22　高压燃气管道的地基、埋设的最小覆土厚度、穿越铁路和电车轨道、穿越高速公路和城镇主要干道、通过河流的形式和要求等应符合本规范 6.3 节的有关规定。

6.7.5　地下燃气管道与交流电力线接地体的净距不应小于表 6.7.5 的规定。

表 6.7.5　地下燃气管道与交流电力线接地体的净距（m）

电压等级（kV）	10	35	110	220
铁塔或电杆接地体	1	3	5	10
电站或变电所接地体	5	10	15	30

版本更新：

本标准中的强制性条文，被国家标准《燃气工程项目规范》GB 55009—2021，自 2022 年 1 月 1 日代替废止。

《燃气工程项目规范》（GB 55009—2021）

施行日期：2022 年 1 月 1 日

历次版本：

《城镇燃气设计规范》（GB 50028—1993）

施行日期：1993 年 11 月 1 日
作废日期：1998 年 10 月 1 日
《城镇燃气设计规范》（GB 50028—1993）1998 年版
施行日期：1998 年 10 月 1 日
作废日期：2002 年 8 月 1 日
《城镇燃气设计规范》（GB 50028—1993）2002 年版
施行日期：2002 年 8 月 1 日
作废日期：2006 年 11 月 1 日
《城镇燃气设计规范》（GB 50028—2006）
施行日期：2006 年 11 月 1 日
作废日期：2020 年 6 月 1 日

城镇燃气管道穿跨越工程技术规程（CJJ/T 250—2016）

施行日期：2016 年 12 月 1 日

适用范围：

本规程适用于下列新建、扩建和改建的城镇燃气管道的穿越工程：

1　设计压力不大于 4.0 MPa 城镇燃气管道穿越工程和管桥跨越工程；

2　随桥梁敷设的设计压力不大于 0.4 MPa 城镇燃气管道跨越工程。

节录：

3.0.5　穿跨越燃气管道的材料应根据输送介质、设计压力、设计温度、设计使用寿命以及环境条件等因素确定，并应符合下列规定：

1　高压、次高压燃气管道应采用钢管，管材性能应符合现行国家标准《石油天然气工业管线输送系统用钢管》GB/T 9711，三级和四级地区，高压燃气管道材料钢级不应低于 L245。管径小于等于 *DN* 300 的钢管，可采用符合现行国家标准《输送流体用无缝钢管》GB/T 8163、《高压化肥设备用无缝钢管》GB 6479 和《高压锅炉用无缝钢管》GB 5310 规定的无缝钢管。

2　当中压和低压燃气管道应采用钢管时，管材性能应符合现行国家标准《输送流体用无缝钢管》GB/T 8163、《高压化肥设备用无缝钢管》GB 6479 和《高压锅炉用无缝钢管》GB 5310、《低压流体输送用焊接钢管》GB/T 3091

的有关规定。

3　当中压和低压燃气管道采用 PE 管时，管材性能应符合现行国家标准《燃气用埋地聚乙烯（PE）管道系统　第一部分：管材》GB 15558.1 的有关规定。

4.1.1　燃气管道穿越铁路、公路、城市道路、河流时，穿越位置的选择应满足管道穿越施工和维护对空间和环境的要求。

4.1.2　燃气管道穿越铁路、高速公路时，应加设套管。当采用水平定向站穿越时，在征得铁路或高速公路管理部门同意后，可不加设套管。

4.1.4　燃气管道穿越采用的套管宜为钢管或钢筋混凝土管，套管内径应比燃气管道外径大 100 mm 以上。

4.1.5　当燃气管道利用现有铁路、公路、涵洞穿越时，应征得相关管理部门的批准。

4.1.6　燃气管道不得在铁路站场、有人值守道口、变电所、隧道设施的下方穿越。穿越铁路、道路应避开土石方区、高填方区、路堑、道路两侧为坡向的陡坡等地段。

4.1.7　燃气管道穿越铁路、公路、城市道路、河流时，与周围建筑物、构筑物或其他管线的水平和垂直净距应符合现行国家标准《城镇燃气设计规范》GB 50028 的有关规定。

4.1.10　当燃气管道穿越铁路、地面轨道交通设施时，燃气管道或套管顶部最小覆土厚度应符合下列规定：

1　距铁路路肩、地面轨道交通设施轨底不得小于 1.7 m；

2　距自然地面或者边沟底不得小于 1.0 m；

3　当不能满足以上要求时，应采取有效的防护措施。

4.1.11　当燃气管道采用加设套管穿越铁路、电车轨道、城镇主要干道时，套管端部距铁路堤坡脚、电车道边轨的净距不应小于 2 m，距路边缘的净距不应小于 1 m。套管两端应密封，重要地段，套管易安装检漏管。

4.1.14　燃气管道不得在穿越管段上设置弯头或弯管。

4.1.16　当钢质燃气管道穿越位置处于直流干扰源影响范围内或交流电力系统接地体附近时，应对管道采取防护措施，并应符合现行行业标准《城镇燃气埋地钢制管道腐蚀控制技术规范》CJJ 95 的有关规定。

4.2.2 采用非大型机具开挖法穿越水域时，应符合本规程第 4.2.1 条中、小型等级的要求，且穿越管段与桥梁的水平净距应符合下列规定：

1 高压 A 燃气管道与桥梁基础之间的水平净距不应小于 30.0 m；

2 高压 B 燃气管道与桥梁基础之间的水平净距不应小于 16.0 m；

3 次高压 A 与燃气管道与桥梁基础之间的水平净距不应小于 13.5 m；

4 次高压 B 与燃气管道与桥梁基础之间的水平净距不应小于 5.0 m；

5 中压和低压燃气管道与桥梁基础之间的水平净距不应小于 1.5 m；

6 应满足桥梁检修和燃气管线施工、维修所需空间，且不应影响桥梁墩台安全；

7 除满足上述要求外，还应征得桥梁等管理部门的批准。

4.3.2 采用水平定向钻法穿越时，穿越管段与桥梁的水平净距应符合下列规定：

1 穿越管段与桥梁墩台冲刷坑外边缘的水平净距不宜小于 10 m，且不应影响桥梁墩台安全；

2 当穿越小型水域（水沟），且燃气管道设计压力小于等于 0.4 MPa 时，在保证桥梁和燃气管道安全情况下，穿越管段与城市桥梁墩台冲刷坑外边缘不应小于 4.5 m，并应征得桥梁等管理部门的同意。

4.4.1 顶管法穿越的地质勘察勘探孔的布置应符合下列规定：

4 勘探孔的间距应符合下列规定：

4）当穿越铁路、公路、城市道路和河流的地段时，勘探孔的间距应能控制地层土质变化，且宜为 30 m~100 m；

5）当穿越铁道、公路、城市道路地段时，勘探孔不宜少于 2 个。

4.4.11 顶管法穿越的燃气管道应在顶进套管内安装绝缘支撑架，顶进套管和内穿燃气管道之间应设检漏管。套管两端应采用柔性的防腐、防水材料将顶进套管和燃气管道的间隙密封，密封长度应大于 200 mm。

5.3.16 穿越铁路、重要道路施工时，应进行地表沉降监测，并应做好记录。

6.1.11 设置阴极保护的埋地钢管和与之相接的随桥敷设管道之间、随桥敷设管道与桥梁金属支座（架）间均应设置绝缘装置，且宜设置在桥梁范围外。当随桥梁敷设的燃气管道与桥梁两端的燃气管道之间设有钢塑接头或绝缘接头时，跨越管道应设置防静电接地设施，并应符合现行行业标准《石油化工静电接地设计规范》SH 3097 的有关规定。

6.1.12 跨越管道及其附属金属支撑结构等应设置防雷和防静电接地设施，且应符合现行国家标准《建筑物防雷设计规范》GB 50057 的有关规定。

6.1.13 跨越管道两端出入地面的位置宜设置保护隔离和防船撞设施，并应设置安全警示标志。管桥跨越通航河流时应采取防船撞措施，并应设置安全警示标志。

8.0.1 燃气管道穿跨越铁路、高速公路、二级以上公路和大中型河流时，应单独进行压力试验。

8.0.12 竣工资料的收集、整理工作应与工程建设过程同步，工程完工后应及时作好整理和移交工作。整体工程竣工资料中的交工技术资料应包括下列内容：

1 工程依据文件：

3）建设工程规划许可证、施工许可证、穿跨越水库河道、公路、城市道路、铁路等政府主管部门批文，质量监督注册文件、报建审核书、报建图、竣工测量验收合格证、工程质量评估报告。

四、矿场集输油气管道类

油田油气集输设计规范（GB 50350—2015）

施行日期：2016 年 8 月 1 日

适用范围：

本规范适用于陆上油田、滩海陆采油田和海上油田陆岸终端油气集输工程设计。

节录：

10.4.4 当架空管道跨越道路、铁路时，桁架底或管底高度应符合下列规定：

2　距铁路轨顶不应低于 5.5 m。

10.4.7　当管道与电缆交叉时，其最小垂直距离应符合下列规定：

1　距 35 kV 以下的直埋电力电缆不应小于 0.5 m。

2　距直埋通信电缆不应小于 0.5 m。

历次版本：

《油田油气集输设计规范》（GB 50350—2005）

施行日期：2005 年 9 月 1 日

作废日期：2016 年 8 月 1 日

长输油气管道站场布置规范（SH/T 3169—2022）

施行日期：2022 年 4 月 8 日

适用范围：

本规范规定了长输油气管道工程中各类站场及阀室布置的基本要求和站址选择与区域布置、平面布置、竖向布置、管线综合、绿化、安全及环境保护要求。

本规范适用于陆上长输油气管道新建、扩建和改建工程站场及阀室的布置。

节录：

3.1　长输油气管道

产地、储存库、使用单位之间的由于输送油气介质的管道，一般具有线路长、管径大、站场及阀室多等特点，并能独立运营管理的运输方式。

4.1　火灾危险性分类

长输油气管道输送介质火灾危险性应按表 4.1 分类，分类示例见附录 A。

表 4.1　石油天然气火灾危险性分类

类别		特征
甲	A	37.8 ℃时的蒸气压力＞ 200 kPa 的烃类液体
	B	1. 闪点＜ 28 ℃的液体（甲 A 类和液化天然气除外） 2. 爆炸下限＜ 10%（体积分数）的气体

续上表

<table>
<tr><th colspan="2">类别</th><th>特征</th></tr>
<tr><td rowspan="2">乙</td><td>A</td><td>1.28 ℃≤闪点＜ 45 ℃的液体
2. 爆炸下限≥ 10%（体积分数）的气体</td></tr>
<tr><td>B</td><td>45 ℃≤闪点＜ 60 ℃的液体</td></tr>
<tr><td rowspan="2">丙</td><td>A</td><td>60 ℃≤闪点≤ 120 ℃的液体</td></tr>
<tr><td>B</td><td>闪点＞ 120℃的液体</td></tr>
</table>

a）操作温度超过其闪点的乙类液体应视为甲$_B$类液体；

b）操作温度超过其闪点的丙类液体应视为乙$_A$类液体；

c）操作温度超过其闪点的丙$_B$类液体应视为乙$_B$类液体；操作温度超过其沸点的丙$_B$类液体应视为乙$_A$类液体；

d）在原油储运系统中，闪点等于或大于 60 ℃且初馏点等于或大于 180 ℃的原油，宜划分为丙类。

5 站址选择与区域布置

5.1.6 站址宜远离居民区、学校、医疗区、科研机构、各类保护区和军事区等。

5.4.5 输油管道线路截断阀室围墙或围栏外缘与周围设施的区域布置防火间距除应符合表 5.4.5 的规定外，还应满足其他相关规范要求。

表 5.4.5 输油管道线路截断阀室围墙或围栏外缘与周围设施的防火间距（m）（节录）

<table>
<tr><th>阀室名称</th><th>铁路用地边界线</th><th>铁路最近一侧钢轨外援</th><th>架空电力线路边导线</th><th>架空通信线路中心线</th></tr>
<tr><td>油品管道线路截断阀（室）</td><td>3</td><td>25</td><td colspan="2" rowspan="2">杆（塔）高度再加 3 m</td></tr>
<tr><td>液化石油气、天然气凝液管道线路截断阀（室）</td><td>3</td><td>50</td></tr>
</table>

附　录　B

防火间距起算点的规定

各类建（构）筑物、设备、设施等的防火间距起算点规定如下：

b）铁路从中心线算起；

f）各种机泵、变压器等设备从外缘算起；

g）火车、汽车装卸油鹤管从中心线算起；

1）架空电力线、通信线从杆、塔的中心线算起；

历次版本：

《长输油气管道站场布置规范》（SH/T 3069—2012）

施行日期：2013 年 3 月 1 日

作废日期：2022 年 10 月 1 日

五、城镇供热管道类

城镇供热管网设计标准（CJJ 34—2022）

施行日期：2022 年 8 月 1 日

适用范围：

本标准适用于设计压力小于或等于 2.5 MPa，热水介质设计温度小于或等于 200 ℃、蒸汽介质设计温度小于或等于 350 ℃的热源出口至建筑物热力入口的新建、扩建或改建的城镇供热管网的设计。

节录：

8.1.2　城镇供热管网管道的位置应符合下列规定：

7　供热管道宜与铁路或公路的隧道及桥梁合建。

8.2.10　供热管网管沟的外表面、直埋敷设管道或地上敷设管道的保温结构表面与建（构）筑物、道路、铁路及其他管线的最小水平净距、垂直净距应符合本标准附件 A 的规定。

附　录　A

供热管网与建（构）筑武及其他管线的距离

表 A-1　地下敷设供热管道与建（构）筑物及其他管线的最小距离（m）（节录）

建（构）筑物或管线名称	供热管线形式	最小水平净距	最小垂直净距
铁路钢轨（或坡脚）	管沟、直埋管道	5.0	轨底 1.20
电气铁路接触网电杆基础	管沟、直埋管道	3.0	—

表 A-2　地上敷设供热管道与建（构）筑物及其他管线的最小距离（m）（节录）

建（构）筑物或管线名称	最小水平净距	最小垂直净距
铁路钢轨	轨外侧 3.0	轨顶 6.0，电气铁路 10.5

8.2.13　供热管道同河流、铁路、公路等交叉时易垂直相交。管道与铁路或地下铁路交叉角度不得小于 60°；管道与河流或公路交叉角度不得小于 45°。

8.2.14　地下敷设供热管道与铁路或不允许开挖的公路交叉时，交叉段的一侧应留有抽管检修地段。

12.2.9　架空敷设供热管道同架空输电线或电气化铁路交叉时，交叉点两侧 5 m 范围内的管道、支架、结构钢筋等导电体均应接地，接地电阻不应大于 10 Ω。

历次版本：

《城镇供热管网设计规范》（CJJ 34—2010）

施行日期：2011 年 11 月 1 日

作废日期：2022 年 8 月 1 日

城镇供热直埋热水管道技术规程（CJJ/T 81—2013）

施行日期：2014 年 2 月 1 日

适用范围：

本规程适用于新建、改建、扩建的设计温度小于或等于 150 ℃、设计压力小于或等于 2.5 MPa、管道公称直径小于或等于 1 200 mm 城镇供热直埋热水管道的设计、施工、验收和运行管理。

节录：

7.1.13　管道及管路附件安装应按现行行业标准《城镇供热管网工程施工及验收规范》CJJ 28 的相关规定执行，并应符合下列规定：

5　焊缝内部质量检验应采用射线探伤，当不能采用射线探伤时，应经质检部门同意后，方可采用超声波探伤。焊缝内部质量检验数量应符合下列规定：

2）对穿越铁路、公路、河流、桥梁、有轨电车及非开挖敷设的直埋管道，焊缝应进行 100% 焊缝内部质量检验。

历次版本：

《城镇直埋供热管道工程技术规程》（CJJ/T 81—1998）

施行日期：1999 年 6 月 1 日

作废日期：2014 年 2 月 1 日

城镇供热管网工程施工及验收规范（CJJ 28—2014）

施行日期：2014 年 10 月 1 日

适用范围：

本规范适用于采用明挖、暗挖、顶管、定向钻等施工工艺，并符合下列参数的城镇供热管网工程施工及验收：

1　工作压力小于或等于 1.6 MPa，介质温度小于或等于 350 ℃的蒸汽管网；

2　工作压力小于或等于 2.5 MPa，介质温度小于或等于 200 ℃的热气管网。

节录：

4.1.4　当穿越既有设施或建（构）筑物时，其施工方案应取得相关产权或管理单位的同意。

4.1.6　受施工影响范围内的建（构）筑物，应对建（构）筑物的状态进行第三方监控量测。

5.7.27　焊缝应进行无损检测，并应符合下列规定：

3　无损检测应符合设计的要求，当设计未规定时应符合下列规定：

2）穿越铁路、高速公路的管道在铁路路基两侧各 10 m 范围内的焊缝应进行 100% 无损检测。

历次版本：

《城镇供热管网工程施工及验收规范》（CJJ 28—2004）

施行日期：2005 年 2 月 1 日

作废日期：2014 年 10 月 1 日

交叉并行类

一、通用类

中华人民共和国安全生产法

最新版本施行日期：2021 年 9 月 1 日

节录：

第三十五条 生产经营单位应当在有较大危险因素的生产经营场所和有关设施、设备上，设置明显的安全警示标志。

第四十八条 两个以上生产经营单位在同一作业区域内进行生产经营活动，可能危及对方生产安全的，应当签订安全生产管理协议，明确各自的安全生产管理职责和应当采取的安全措施，并指定专职安全生产管理人员进行安全检查与协调。

第九十九条 生产经营单位有下列行为之一的，责令限期改正，处五万元以下的罚款；逾期未改正的，处五万元以上二十万元以下的罚款，对其直接负责的主管人员和其他直接责任人员处一万元以上二万元以下的罚款；情节严重的，责令停产停业整顿；构成犯罪的，依照刑法有关规定追究刑事责任：

（一）未在有较大危险因素的生产经营场所和有关设施、设备上设置明显的安全警示标志的；

中华人民共和国铁路法

最新版本施行日期：2015 年 4 月 24 日

节录：

第四十条 铁路与道路交叉处，应当优先考虑设置立体交叉；未设立体交叉的，可以根据国家有关规定设置平交道口或者人行过道。在城市规划区内设置平交道口或者人行过道，由铁路运输企业或者建有专用铁路、铁路专用线的企业或者其他单位和城市规划主管部门共同决定。

拆除已经设置的平交道口或者人行过道，由铁路运输企业或者建有专用铁路、铁路专用线的企业或者其他单位和当地人民政府商定。

第四十六条 在铁路弯道内侧、平交道口和人行过道附近，不得修建妨碍行车瞭望的建筑物和种植妨碍行车瞭望的树木。修建妨碍行车瞭望的建筑物的，由县级以上地方人民政府责令限期拆除。种植妨碍行车瞭望的树木的，由县级以上地方人民政府责令有关单位或者个人限期迁移或者修剪、砍伐。

第四十七条 禁止擅自在铁路线路上铺设平交道口和人行过道。

平交道口和人行过道必须按照规定设置必要的标志和防护设施。

行人和车辆通过铁路平交道口和人行过道时，必须遵守有关通行的规定。

第五十八条 违章通过平交道口或者人行过道，或者在铁路线路上行走、坐卧造成的人身伤亡，属于受害人自身的原因造成的人身伤亡。

第六十八条 擅自在铁路线路上铺设平交道口、人行过道的，由铁路公安机关或者地方公安机关责令限期拆除，可以并处罚款。

中华人民共和国公路法

最新版本施行日期：2017 年 11 月 5 日

适用范围：

在中华人民共和国境内从事公路的规划、建设、养护、经营、使用和管理，适用本法。

本法所称公路，包括公路桥梁、公路隧道和公路渡口。

节录：

第六条 公路按其在公路网中的地位分为国道、省道、县道和乡道，并按技术等级分为高速公路、一级公路、二级公路、三级公路和四级公路。具体划分标准由国务院交通主管部门规定。

新建公路应当符合技术等级的要求。原有不符合最低技术等级要求的等外公路，应当采取措施，逐步改造为符合技术等级要求的公路。

第三十一条 因建设公路影响铁路、水利、电力、邮电设施和其他设施正常使用时，公路建设单位应当事先征得有关部门的同意；因公路建设对有关设施造成损坏的，公路建设单位应当按照不低于该设施原有的技术标准予以修复，或者给予相应的经济补偿。

中华人民共和国道路交通安全法

最新版本施行日期：2021 年 4 月 29 日

节录：

第二十五条 全国实行统一的道路交通信号。

交通信号灯、交通标志、交通标线的设置应当符合道路交通安全、畅通的要求和国家标准，并保持清晰、醒目、准确、完好。

第二十七条 铁路与道路平面交叉的道口，应当设置警示灯、警示标志或者安全防护设施。无人看守的铁路道口，应当在距道口一定距离处设置警示标志。

第二十八条 任何单位和个人不得擅自设置、移动、占用、损毁交通信号灯、交通标志、交通标线。

第三十三条 建成的公路，应当国务院交通主管部门的规定设置明显的标志、标线。

第四十三条 同车道行驶的机动车，后车应当与前车保持足以采取紧急制动措施的安全距离。有下列情形之一的，不得超车：

（四）行经铁路道口、交叉路口、窄桥、弯道、陡坡、隧道、人行横道、市区交通流量大的路段等没有超车条件的。

第四十六条 机动车通过铁路道口时，应当按照交通信号或者管理人员的指挥通行；没有交通信号或者管理人员的，应当减速或者停车，在确认安全后通过。

第四十八条 机动车载物应当符合核定的载质量，严禁超载；载物的长、宽、高不得违反装载要求，不得遗洒、飘散载运物。在公路上运载超限的不可解体的物品，并应当依照公路法的规定执行。

第六十五条 行人通过铁路道口时，应当按照交通信号或者管理人员的指挥通行；没有交通信号和管理人员的，应当在确认无火车驶临后，迅速通过。

第一百一十九条　本法中下列用语的含义：

（一）“道路”，是指公路、城市道路和虽在单位管辖范围但允许社会机动车通行的地方，包括广场、公共停车场等用于公众通行的场所。

中华人民共和国道路交通安全法实施条例（国务院令〔2004〕405号）

最新版本施行日期：2017年10月23日

适用范围：

中华人民共和国境内的车辆驾驶人、行人、乘车人以及与道路交通活动有关的单位和个人，应当遵守道路交通安全法和本条例。

节录：

第二十九条　交通信号灯分为：机动车信号灯、非机动车信号灯、人行横道信号灯、车道信号灯、方向指示信号灯、闪光警告信号灯、道路与铁路平面交叉道口信号灯。

第三十六条　道路或者交通设施养护部门、管理部门应当在急弯、陡坡、临崖、临水等危险路段，按照国家标准设置警告标志和安全防护设施。

第三十七条　道路交通标志、标线不规范，机动车驾驶人容易发生辨认错误的，交通标志、标线的主管部门应当及时予以改善。

第四十三条　道路与铁路平面交叉道口有两个红灯交替闪烁或者一个红灯亮时，表示禁止车辆、行人通行；红灯熄灭时，表示允许车辆、行人通行。

第四十六条　机动车行驶中遇有下列情形之一的，最高行驶速度不得超过每小时30公里，其中拖拉机、电瓶车、轮式专用机械车不得超过每小时15公里：

（一）进出非机动车道，通过铁路道口、急弯路、窄路、窄桥时；

第四十九条　机动车在有禁止掉头或者禁止左转弯标志、标线的地点以及在铁路道口、人行横道、桥梁、急弯、陡坡、隧道或者容易发生危险的路段，不得掉头。

第五十条　机动车倒车时，应当察明车后情况，确认安全后倒车。不得在铁路道口、交叉路口、单行路、桥梁、急弯、陡坡或者隧道中倒车。

第五十六条 机动车牵引挂车应当符合下列规定：

（一）载货汽车、半挂牵引车、拖拉机只允许牵引1辆挂车。挂车的灯光信号、制动、连接、安全防护等装置应当符合国家标准；

第六十三条 机动车在道路上临时停车，应当遵守下列规定：

（一）交叉路口、铁路道口、急弯路、宽度不足4米的窄路、桥梁、陡坡、隧道以及距离上述地点50米以内的路段，不得停车；

第六十五条 机动车载运超限物品行经铁路道口的，应当按照当地铁路部门指定的铁路道口、时间通过。

第七十三条 在道路上驾驭畜力车应当年满16周岁，并遵守下列规定：

（三）行经繁华路段、交叉路口、铁路道口、人行横道、急弯路、宽度不足4米的窄路或者窄桥、陡坡、隧道或者容易发生危险的路段，不得超车。驾驭两轮畜力车应当下车牵引牲畜。

高速铁路安全防护管理办法（交通运输部令〔2020〕8号）

施行日期：2020年7月1日

节录：

第十四条 高速铁路与道路立体交叉设施及其附属安全设施竣工验收合格后，应当按照国家规定移交有关单位管理、维护。

上跨高速铁路的道路桥梁及其他建筑物、构筑物的管理部门或者经营企业应当建立定期检查及维护机制，定期检查道路桥梁及其他建筑物、构筑物，以及相关的安全防护设施、警示标志，加强风险研判，采取有效措施，防止道路桥梁构筑物、附着物等坠入高速铁路线路。

对可能影响高速铁路安全的检查、维护行为，应当提前与铁路运输企业沟通，共同制定安全保障措施。铁路运输企业应当提供便利条件。

第三十一条 在下列地点，应当按照国家有关规定安装、设置防止车辆以及其他物体进入、坠入高速铁路线路的安全防护设施和警示标志：

（一）高速铁路路堑上的道路；

（二）位于高速铁路线路安全保护区内的道路；

（三）跨越高速铁路线路的道路桥梁及其他建筑物、构筑物。

关于公铁立交和公铁并行路段护栏建设与维护管理相关问题的通知（铁运〔2012〕139号）

施行日期：2012年6月18日

二、公铁并行类

公路铁路并行路段设计技术规范（JT/T 1116—2017）

施行日期：2017年8月1日

适用范围：

本标准适用于公路与铁路并行路段的公路、铁路设计，涵盖的公路包括高速公路、一级公路、二级公路、三级公路、四级公路，涵盖的铁路包括高速铁路、城际铁路、客货共线铁路、重载铁路。

节录：

3.1　公铁并行

公路与铁路以路基与路基、桥梁与桥梁或路基与桥梁相邻平行布设路段。

4.1　公铁并行分类

公铁并行分为以下3种类型：

a）公铁路基并行：公路与铁路均以路基形式实现并行，包括公铁路堤并行、公铁路堑并行和公铁路堑与路堤并行；

b）公铁桥梁并行：公路与铁路均以桥梁形式实现并行；

c）公铁路基与桥梁并行：公路与铁路以公路路基和铁路桥梁或以铁路路基和公路桥梁的形式实现并行。

4.2　公铁并行分级

按照不同等级的公路与铁路并行，公铁并行分为Ⅰ级公铁并行、Ⅱ级公铁并行、Ⅲ级公铁并行、Ⅳ级公铁并行、Ⅴ级公铁并行共5个技术等级，具体规定见表 1。

表 1　公铁并行分级

类　型	高速铁路或设计速度等于 200 km/h 的城际铁路	设计速度小于 200 km/h 的城际铁路或重载铁路或 Ⅰ 级、Ⅱ 级铁路	Ⅲ级、Ⅳ级铁路
高速公路或设计速度等于 100 km/h 的一级公路	Ⅰ级	Ⅱ级	Ⅱ级
设计速度小于 100 km/h 的一级公路或二级公路	Ⅱ级	Ⅲ级	Ⅳ级
三级公路或四级公路	Ⅲ级	Ⅳ级	Ⅴ级

注 1：高速公路为专供汽车分方向、分车道行驶，全部控制出入的多车道公路。
注 2：一级公路为供汽车分方向、分车道行驶，可根据需要控制出入的多车道公路。
注 3：二级公路为供汽车行驶的双车道公路。
注 4：三级公路为供汽车、非汽车交通混合行驶的双车道公路。
注 5：四级公路为供汽车、非汽车交通混合行驶的双车道或单车道公路。
注 6：高速铁路为设计速度 250 km/h（含预留）及以上动车组列车，初期运营速度不小于 200 km/h 的客运专线铁路。
注 7：城际铁路为专门服务于相邻城市间或城市群，设计速度 200 km/h 及以下的快速、便捷、高密度客运专线铁路。
注 8：客货共线铁路为旅客列车与货物列车共线运营、旅客列车设计行车速度 200 km/h 及以下的铁路。
注 9：重载铁路为满足列车牵引质量 8 000 t 及以上、轴重为 27 t 及以上、在至少 150 km 线路区段上年运量大于 4 000 万 t 三项条件中两项的铁路。

4.3　公铁并行间距

各级公铁并行间距应符合表 2 的规定，并符合下列规定：

a）一般情况下，公铁并行间距不宜小于一般值；若小于一般值时，应对公铁并行进行交通安全性评价；

b）公铁并行位于平缓路段，受条件限制时，其间距应大于极限值；

c）公铁并行位于陡坡路段，受条件限制时，其间距不应小于最小值；困难条件下，经综合技术经济论证，其间距可小于最小值，但应大于极限值，并且应进行工程安全风险评估、交通安全性评价、防灾与救援评价。

表 2　公铁并行间距　　单位为米

项　目	公铁并行等级				
	Ⅰ级	Ⅱ级	Ⅲ级	Ⅳ级	Ⅴ级
一般值	50	40	35	25	20

续上表

项　目	公铁并行等级				
	Ⅰ级	Ⅱ级	Ⅲ级	Ⅳ级	Ⅴ级
最小值	35	30	25	15	10
极限值	20	15	15	10	5

7.1.1 公铁并行的铁路桥梁上部结构宜采用整体性较好的结构形式，并应采取措施加强结构的整体性。

7.1.2 铁路桥墩应采用防撞能力较强的实体结构，并设置相应的防护工程。

7.2.3 各级公铁并行间距小于一般值时，后建铁路桥梁墩台及基础设计应考虑汽车撞击力，并设置有效的防撞设施；后建公路应对既有的铁路桥梁墩台采取有效的防撞设施。

7.3.4 公路为路堤或浅路堑（靠近铁路的公路路堑边坡高度小于 1.0 m），公铁并行间距小于一般值时，后建铁路桥梁墩台及基础设计应考虑汽车撞击力，并设置有效的防撞设施；后建公路应对既有的铁路桥梁墩台采取有效的防撞措施。

8.1.1 公铁并行安全防护设施的设置应结合公路与铁路的空间位置关系，按照安全合理、技术先进、质量可靠、经济适用的原则进行设计。

8.1.2 应结合公路与铁路的空间位置关系、功能、等级、交通量以及公路上车辆的运行速度等情况，对公铁并行的交通安全设施进行安全性评价。

8.2.1 公铁并行间距小于一般值时，应对公路运行车辆在碰撞条件下护栏的安全性以及对铁路运营的安全性进行评价。

8.2.2 公铁并行位于平级路段，公路采用桥梁、路堤或浅路堑（靠近铁路的公路路堑边坡高度小于 1.0 m），并且公路路肩高程高于铁路路肩高程，或低于铁路路肩高程 1.0 m 以内时，应在靠近铁路的公路路侧设置护栏，并符合下列规定：

a）当公铁并行间距（D）大于或等于最小值并且小于一般值时，其护栏应根据运行速度，按照 JTG D81 中“车辆驶出路外有可能造成二次特大事故”规定的防护等级进行设计；

b）当公铁并行间距（D）大于极限值并且小于最小值时，其护栏的防护等级应按表 3 的规定选取。

表 3　靠近铁路的公路路侧护栏防护等级及适用条件

公铁并行等级	平缓路段		陡坡路段			
	极限值＜ D ＜最小值		最小值≤ D ＜一般值			
	公路路肩高于铁路路肩，或低于铁路路肩 1.0 m 以内		铁路以路堤或桥梁布设于低线位（图 12）		铁路以路堑布设于低线位（图 13）	
	双层护栏	单层护栏	双层护栏	单层护栏	单层护栏	单层护栏
Ⅰ级	内侧 SS 级 外侧 SS 级	HB 级	内侧 SS 级 外侧 SS 级	HB 级	内侧 HB 级 外侧 SS 级	HA 级
Ⅱ级	内侧 SS 级 外侧 SA 级	HB 级	内侧 SS 级 外侧 SA 级	HB 级	内侧 SS 级 外侧 SS 级	HB 级
Ⅲ级	—	SS 级	—	SS 级	—	SS 级
Ⅳ级 Ⅴ级	—	JTG D81“车辆驶出路外有可能造成二次特大事故”规定的防护等级提高一个等级	—	JTG D81“车辆驶出路外有可能造成二次特大事故”规定的防护等级提高一个等级	—	SS 级

注 1：SA 级为 JTG B05—01 规定的五级防护等级，其设计防护能量为 400 kJ。
注 2：SS 级为 JTG B05—01 规定的六级防护等级，其设计防护能量为 520 kJ。
注 3：HB 级为 JTG B05—01 规定的七级防护等级，其设计防护能量为 640 kJ。
注 4：HA 级为 JTG B05—01 规定的八级防护等级，其设计防护能量为 760 kJ。

8.2.3　公铁并行位于陡坡路段，公路以桥梁、路堤或浅路堑（靠近铁路的公路路堑边坡高度小于 1.0 m）布设于高线位，铁路以路堤或桥梁布设于低线位（图 12），或铁路以路堑布设于低线位（图 13）时，应在靠近铁路的公路路侧设置护栏，并符合下列规定：

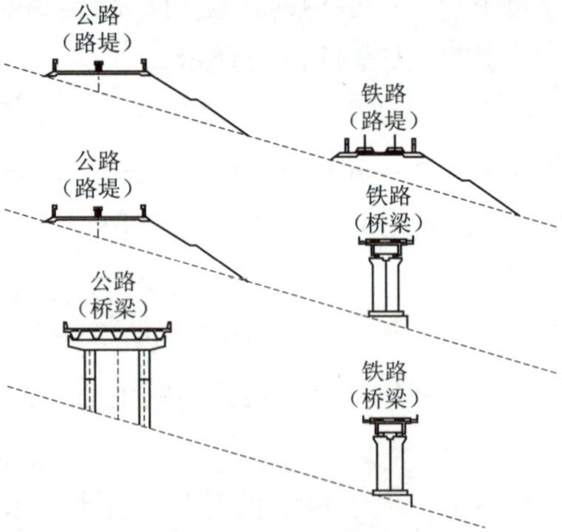

图 12　铁路以路堤或桥梁布设于低线位示例

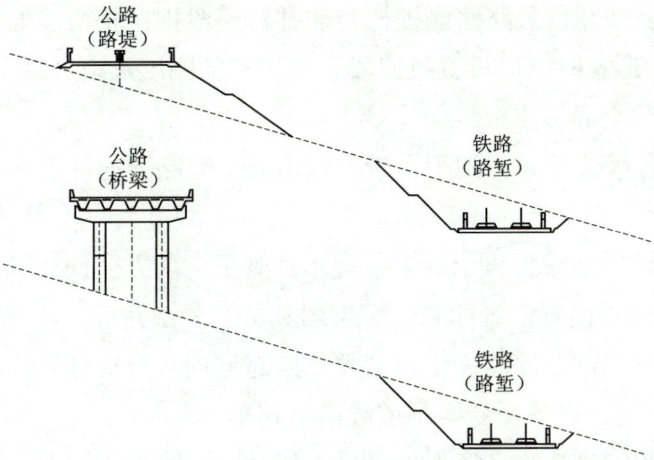

图 13 铁路以路堑布设于低线位示例

a）当公铁并行间距（D）大于或等于最小值且小于一般值时，其护栏的防护等级应按表 3 的规定选取；

b）当公铁并行间距（D）大于极限值且小于最小值时，应根据公铁并行的空间位置，对护栏形式和防护等级进行专题论证。

8.2.4 靠近铁路的公路路侧护栏应优先设置双层护栏，双层护栏之间距离不宜小于 1.5 m，内侧护栏宜采用半刚性护栏，外侧护栏宜采用刚性护栏（参见图 14）；已建公路加宽困难或新建公路受条件限制时，经技术论证后可采用单层护栏，单层护栏宜采用刚性护栏。其护栏的防护等级应按表 3 的规定选取。

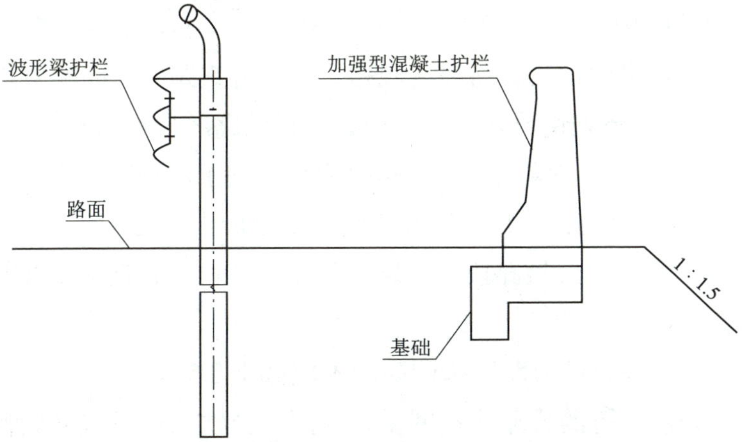

图 14 靠近铁路的公路路侧双层护栏布置示例

8.2.5　公铁并行公路路侧护栏与非并行路段护栏相衔接处为不同防护等级或不同结构形式时，应设置过渡段，使护栏的刚度逐渐过渡。

8.3　公路交通标志标线

8.3.1　各级公铁并行间距小于一般值时，公路交通标志标线设计符合下列规定：

a）应在该段前设置告示标志，提示驾驶员“前方公铁并行，严禁超速”；

b）应在该段设置警告标志，警告驾驶员“公铁并行，谨慎驾驶”；

c）宜在该段的公路路面上设置严禁跨越同向车行道分界线或严禁跨越对向车行道分界线，以禁止变换车道或借道超车。

8.3.2　各级公铁并行间距小于最小值时，公路交通标志标线设计符合下列规定：

a）应在该段前设置告示标志，提示驾驶员“前方公铁并行，减速慢行”；

b）应在该段设置警告标志，警告驾驶员“公铁并行，谨慎驾驶”；

c）当公路设计速度或运行速度大于 100 km/h 时，应在该段前设置限制速度标志，小客车限速为 100 km/h，大货车限速为 80 km/h，并在该段后设置解除限制速度标志；

d）应在该段的公路路面上设置严禁跨越同向车行道分界线或严禁跨越对向车行道分界线，以禁止变换车道或借道超车；

e）宜在该段的公路路面上设置振动车道边缘线，以提醒车辆不能偏离车道行驶。

8.5　公路防护网

8.5.1　公路采用桥梁、路堤或浅路堑（靠近铁路的公路路堑边坡高度小于 2.0 m），凡符合下列情况之一时，应在靠近铁路的公路路侧设置防护网：

a）公铁并行位于平缓路段，公路路肩高程高于铁路路肩高程，或低于铁路路肩高程 2.0 m 以内，并且公铁并行间距小于最小值的路段；

b）公铁并行位于陡坡路段，铁路布设于低线位，并且公铁并行间距小于一般值的路段。

8.5.2　公铁并行的公路防护网高度不应低于 2.5 m。

8.5.3　公铁并行的公路防护网设置范围为公铁并行段起终点各向外延长 10 m。

8.5.4　防护网应做防雷接地处理，接地电阻应小于 10 Ω。

8.7　铁路桥梁墩台防撞设施

8.7.1　公路采用桥梁、路堤或浅路堑（靠近铁路的公路路堑边坡高度小于 1.0 m），凡符合下列情况之一时，应在靠近公路的铁路桥梁墩台侧设置防撞设施：

a）公铁并行位于平缓路段，并且公铁并行间距小于最小值的路段；

b）公铁并行位于陡坡路段，铁路以桥梁布设于低线位，并且公铁并行间距小于一般值的路段。

8.7.2　铁路桥梁墩台防撞设施应根据防撞要求采用相应结构的护栏。

8.8　铁路安全防护设施

8.8.1　公铁并行位于平缓路段，铁路采用桥梁、路堤或浅路堑（靠近公路的铁路路堑边坡高度小于 1.0 m），铁路路肩高程高于公路路肩高程，或低于公路路肩高程 1.0 m 以内，并且公铁并行间距小于最小值时，铁路安全防护设施符合下列规定：

a）设计速度大于或等于 200 km/h 的有砟轨道铁路上应设置防护墙（可兼作挡砟墙），其设置要求应满足相关铁路规范的规定；

b）设计速度小于 200 km/h 的铁路基本轨内侧应铺设护轨，其铺设长度及要求应满足相关铁路规范的规定；

c）设计速度大于或等于 200 km/h 的铁路上应设置铁路异物侵限监测设施；

d）宜在靠近公路的有砟轨道铁路路侧设置防护网。

8.8.2　公铁并行位于陡坡路段，铁路以桥梁、路堤或浅路堑（靠近铁路的公路路堑边坡高度小于 1.0 m）布设于高线位，公路布设于低线位，并且公铁并行间距小于一般值时，铁路安全防护设施符合下列规定：

a）设计速度大于或等于 200 km/h 的有砟轨道铁路上应设置防护墙（可兼作挡砟墙），其设置要求应满足相关铁路规范的规定；

b）设计速度小于 200 km/h 的铁路基本轨内侧应铺设护轨，其铺设长度及要求应满足相关铁路规范的规定；

c）设计速度大于或等于 200 km/h 的铁路上应设置铁路异物侵限监测设施；

d）宜在靠近公路的有砟轨道铁路路侧设置防护网。

8.8.3　公铁并行位于陡坡路段，铁路以桥梁、路堤或浅路堑（靠近铁路的公路路堑边坡高度小于 1.0 m）布设于高线位，公路以桥梁布设于低线位，并且公铁并行间距小于一般值时，应在靠近铁路的公路桥梁墩台侧设置防撞设施。

8.8.4　公铁并行位于陡坡路段，铁路以桥梁、路堤或浅路堑（靠近铁路的公路路堑边坡高度小于 1.0 m）布设于高线位，受条件限制公路以路堑布设于低线位，并且公铁并行间距小于一般值时，应在靠近铁路的公路路堑坡顶截水沟外边缘（无截水沟则为坡顶）5 m 以外设置隔离墙。

公路交通安全设施设计规范（JTG D81—2017）

施行日期：2018 年 1 月 1 日

适用范围：

本规范适用于新建和改扩建的各等级公路交通安全设施的设计。

节录：

4.3.4　当采用现行《道路交通标志和标线》(GB 5768）规定以外的图形或标志时，除应符合现行《道路交通标志和标线》(GB 5768）中的建议程序规定外，还应满足下列要求：

1　标志内容宜采用图形方式，并应辅以文字说明。

2　文字类禁令标志应为白底、红圈、红杠、黑文字，形状为圆形或矩形。

3　文字类警告标志应为黄底、黑边、黑文字，形状为三角形或矩形。

6　护栏和栏杆

6.1　一般规定

6.1.4　护栏的任何部分不得侵入公路建筑限界。

6.1.5　路侧护栏宜位于公路土路肩内。应根据路侧护栏和缓冲设施需要的宽度加宽路基或采取其他措施。

6.2　路基护栏

6.2.3　路侧计算净区宽度范围内有高速铁路、高速公路、高压输电线塔、危险品储藏仓库等设施时，事故严重程度等级为高，必须设置护栏。

6.2.4　路侧计算净区宽度范围内有下列情况时，事故严重程度等级为中，应设置护栏：

3　有Ⅰ级铁路、一级公路等；

4　高速公路、一级公路路外设有车辆不能安全越过的照明灯、摄像机、交通标志、声屏障、上跨桥梁的桥墩或桥台、隧道入口处的检修道或洞门等设施的路段。

6.2.21　护栏最小结构长度应根据下列因素确定：

1　发挥护栏整体作用的最小结构长度应符合表 6.2.21 的规定，或根据护栏产品使用说明书确定。

2　护栏最小防护长度应根据车辆驶出路外的轨迹和计算净区宽度内障碍物的位置、宽度确定。

3　护栏最小结构长度应同时满足以上两个要求。

4　相邻两段护栏的间距小于护栏最小结构长度时宜连续设置。

5　通过过渡段连接的两种形式护栏的长度之和不应小于两种形式护栏的最小结构长度的大值。

表 6.2.21　护栏最小结构长度

公路等级	护栏类型	最小长度（m）
高速公路、一级公路	波形梁护栏	70
	混凝土护栏	36
	缆索护栏	300
二级公路	波形梁护栏	48
	混凝土护栏	24
	缆索护栏	120
三级公路、四级公路	波形梁护栏	28
	混凝土护栏	12
	缆索护栏	120

历次版本：

《公路交通安全设施设计规范》（JTG D81—2006）

施行日期：2006 年 9 月 1 日

作废日期：2018 年 1 月 1 日

公路交通安全设施设计细则（JTG/T D81—2017）

施行日期：2018 年 1 月 1 日

适用范围：

本细则适用于新建和改扩建的各等级公路交通安全设施的设计。

节录：

6.2.8　混土护栏的混凝土强度等级、配筋量和基础设置应通过设计计算确定。高速公路、一级公路混凝土强度等级不应低于 C30。混凝土护栏设计应符合下列规定：

1　路侧混凝土护栏按构造可分为 F 型、单坡型等，应结合路侧危险情况、车辆构成比例和远期路面养护方案等因素选用。

1）F 型路侧混凝土护栏构造要求如图 6.2.8-1、表 6.2.8-1 所示。可根据需要在护栏顶部设置阻坎，如图 6.2.8-2 所示。其构造要求除 H_1 减去 20 cm 外，其他规格同表 6.2.8-1。

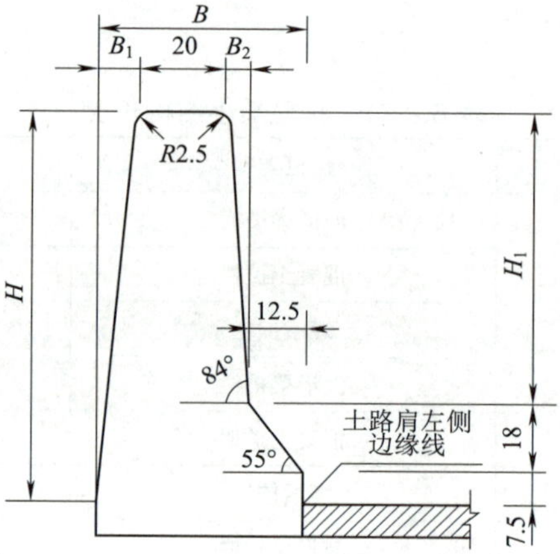

图 6.2.8-1　F 型混凝土护栏（尺寸单位：cm）

表 6.2.8-1　F 型混凝土护栏构造要求（单位：cm）

防护等级	代码	H	H_1	B	B_1	B_2
三	A	81	55.5	46.4	8.1	5.8
四	SB	90	64.5	48.3	9	6.8
五	SA	100	74.5	50.3	10	7.8

续上表

防护等级	代码	H	H_1	B	B_1	B_2
六	SS	110	84.5	52.5	11	8.9
七	HB	120	94.5	54.5	12	9.9
八	HA	130	104.5	56.5	13	10.9

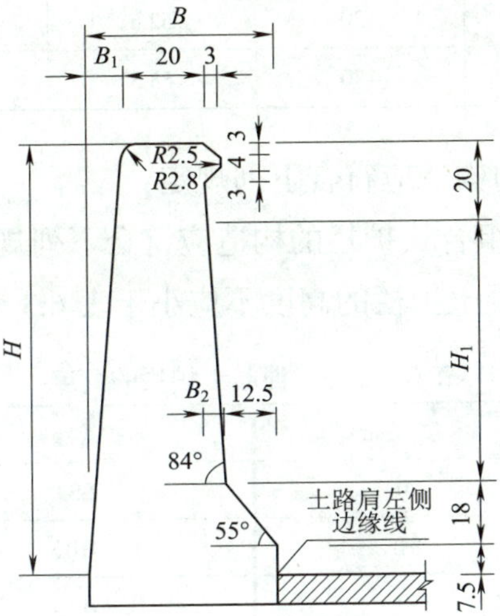

图 6.2.8-2　加强型混凝土护栏（尺寸单位：cm）

注：图中 H、B 等应满足表 6.2.8-1 的规定。

2）单坡型路侧混凝土护栏构造要求如图 6.2.8-3、表 6.2.8-2 所示。

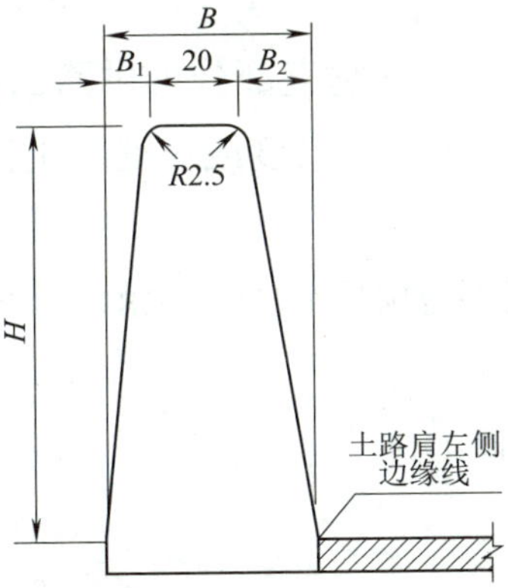

图 6.2.8-3　单坡型混凝土护栏（尺寸单位：cm）

表 6.2.8-2　单坡型混凝土护栏构造要求（单位：cm）

防护等级	代码	H	B	B_1	B_2
三	A	81	42.1	8.1	14.0
四	SB	90	44.5	9	15.5
五	SA	100	47.2	10	17.2
六	SS	110	49.9	11	18.9
七	HB	120	52.6	12	20.6
八	HA	130	55.5	13	23.5

6.3.5　桥梁护栏的构造应符合下列规定：

2　混凝土护栏和组合式护栏的构造应符合下列规定：

2）各防护等级混凝土护栏的高度不应小于表 6.3.5-3 的规定值。

表 6.3.5-3　混凝土护栏的高度

防护等级	高度（cm）	防护等级	高度（cm）
二（B）	70	六（SS）	110
三（A）	81	七（HB）	120
四（SB）	90	八（HA）	130
五（SA）	100		

注：混凝土护栏高度的基线为内侧与路面的相交线。

各防护等级组合式护栏的高度可在表 6.3.5-3 规定的高度基础上增加 10 cm。

F 型混凝土护栏内侧 7.5 cm 垂直部分可供路面加铺用。路面加铺厚度超过 7.5 cm 时，应调整混凝土护栏的高度或对混凝土护栏的防护性能进行评价。

历次版本：

《公路交通安全设施设计细则》（JTG/T D81—2006）

施行日期：2006 年 9 月 1 日

作废日期：2018 年 1 月 1 日

公路工程技术标准（JTG B01—2014）

施行日期：2014 年 9 月 30 日

适用范围：

本标准适用于新建和改扩建公路。

节录：

9.3.6 铁路与公路平行相邻时，铁路用地界与高速公路用地界间距不宜小于 30 m，与一、二级公路用地界间距不应小于 15 m，与三、四级公路用地界间距不应小于 5 m。

历次版本：

《公路工程技术标准》（JTJ 001—1997）

施行日期：1998 年 1 月 1 日

作废日期：2004 年 1 月 1 日

《公路工程技术标准》（JTG B01—2003）

施行日期：2004 年 3 月 1 日

作废日期：2015 年 1 月 1 日

公路护栏安全性能评价标准（JTG B05—01—2013）

施行日期：2013 年 12 月 1 日

适用范围：

本标准适用于公路护的护准段护过带开口护栏以及护栏端头和防撞垫的安全性能评价。

节录：

2.0.1 公路护栏

设置于公路行车道外侧或中央分隔带的一种带状吸能结构，车辆碰撞时通过自体变形或车辆爬升吸收碰撞能量，从而降低乘员的伤害程度。

2.0.3 护栏过渡段

设置于两种不同结构形式或不同护栏等级的公路护栏之间，连接平顺、结构刚度平稳过渡的公路护栏结构段。

2.0.9 公路护栏安全性能

公路护栏所具有的对碰撞车辆的阻挡功能、缓冲功能和导向功能。

2.0.10 阻挡功能

公路护栏阻挡碰撞车辆穿越、翻越和骑跨的能力。

2.0.11　缓冲功能

公路护栏降低对碰撞车辆和车内乘员冲击程度的能力。

2.0.13　公路护栏防护等级

按照设计防护能量或设计防护速度对公路护栏安全性能划分的等级。

3　防护等级

3.0.1　护栏标准段、护栏过渡段和中央分隔带开口护栏的防护等级按设计防护能力划分为八级，见表 3.0.1。

表 3.0.1　护栏标准段、护栏过渡段和中央分隔带开口护栏的防护等级

防护等级	一	二	三	四	五	六	七	八
代码	C	B	A	SB	SA	SS	HB	HA
设计防护能量（kJ）	40	70	160	280	400	520	640	760

3.0.2　护栏端头和防撞垫的防护等级按设计防护速度划分为三级，见表 3.0.2。

表 3.0.2　护栏端头和防撞垫的防护等级

防护等级	一	二	三
代码	TB	TA	TS
设计防护速度（km/h）	60	80	100

4.1　护栏标准段、护栏过渡段和中央分隔带开口护栏的安全性能指标

4.1.1　阻挡功能应符合下列要求：

1　应能够阻挡车辆穿越、翻越和骑跨。

2　试验护栏构件及其脱离件不得侵入车辆乘员舱。

4.1.3　导向功能应符合下列要求：

1　车辆碰撞后不得翻车。

4.2　护栏端头的安全性能指标

1　护栏端头构件及其脱离件不得侵入车辆乘员舱。

4.2.3　导向功能应符合下列要求：

1　车辆碰撞后不得翻车。

历次版本：

《公路护栏安全性能评价标准》（JTG/T F83—01—2004）

施行日期：2004 年 12 月 31 日

作废日期：2013 年 12 月 1 日

道路交通标志和标线　第 2 部分：道路交通标志（GB 5768.2—2022）

施行日期：2022 年 10 月 1 日

适用范围：

本文件适用于公路、城市道路和虽在单位管辖范围但允许社会机动车通行的地方，包括广场、公共停车场等用于公众通行的场所等各类道路上交通标志。

节录：

7.3　急弯路标志（警 2）

用以警告车辆驾驶人前方有急弯，见图 141。设计车速小于 60 km/h 的道路上，圆曲线半径小于表 11 规定且停车视距小于表 11 规定时应设急弯路标志。设置位置为圆曲线起点前，但不应进入相邻的圆曲线内。此标志可与“建议速度标志”（警 38）联合使用，示例见图 142。

7.6　陡坡标志（警 5）

用以提醒车辆驾驶人前方有陡坡。见图 149。当纵坡坡度大于表 14 规定时，在纵坡坡脚或坡顶前适当位置设置。纵坡坡度小于表 14 规定，经常发生制动失效事故的下坡路段也可以根据现场条件设置“下陡坡标志”。可用辅助标志说明陡坡的坡度和坡长，也可将坡度值标在警告标志图形上，示例见图 150。

（a）向左急变路（警2-1）　　（b）向右急变路（警2-2）

图 141　急弯路（警 2）

图 142　急弯路标志和建议速度标志联合使用示例

（a）上陡坡（警5-1）　　（b）下陡坡（警5-2）

图 149　陡坡（警 5）

图 150　陡坡标志加坡度值及辅助标志示例

7.7　连续下坡标志（警 6）

用以提醒车辆驾驶人前方为连续下坡。见图 151。设在连续两个及以上纵坡坡度大于表 14 规定且连续下坡长度超过 3 km/h 的坡顶前适当位置。如果纵坡坡度小于表 14 规定或者连续下坡长度未超过 3 km/h，但是经常发生制动失效事故的连续下坡路段也可以根据现场条件设置“连续下坡标志”。当连续下坡总长大 3 km/h 后，应重复设置，或以辅助标志表示连续下坡的坡长。

图 151　连续下坡（警 6）

表 14　纵坡坡度值

设计速度 km/h			20	30	40	60	80	100	120
纵坡坡度 %	上坡	海拔 3 000 m 以下	7	7	7	6	5	4	3
		海拔 3 000 m ~ 4 000 m	7	7	6	5	4		
纵坡坡度 %	上坡	海拔 4 000 m ~ 5 000 m	7	6	5	4	4	4	3
		海拔 5 000 以上	6	5	4	4	4		
	下坡	—	7	7	7	6	5	4	3

11.5　告示标志的设置

告示标志的设置不应影响禁令、指示、警告和指路标志的设置和视认。

告示标志之间以及告示标志与其他标志之间的距离不宜小于表 20 的规定。

表 20　告示标志之间以及告示标志与其他标志之间的距离

速度 km/h	40	50	60	70	80
距离 m	160	200	240	280	320

三、立体交叉类

铁路安全管理条例（国务院令〔2013〕639号）

施行日期：2014年1月1日

节录：

第十七条 新建、改建设计开行时速120公里以上列车的铁路或者设计运输量达到国务院铁路行业监督管理部门规定的较大运输量标准的铁路，需要与道路交叉的，应当设置立体交叉设施。

新建、改建高速公路、一级公路或者城市道路中的快速路，需要与铁路交叉的，应当设置立体交叉设施，并优先选择下穿铁路的方案。

已建成的属于前两款规定情形的铁路、道路为平面交叉的，应当逐步改造为立体交叉。

新建、改建高速铁路需要与普通铁路、道路、渡槽、管线等设施交叉的，应当优先选择高速铁路上跨方案。

第十八条 设置铁路与道路立体交叉设施及其附属安全设施所需费用的承担，按照下列原则确定：

（一）新建、改建铁路与既有道路交叉的，由铁路方承担建设费用；道路方要求超过既有道路建设标准建设所增加的费用，由道路方承担；

（二）新建、改建道路与既有铁路交叉的，由道路方承担建设费用；铁路方要求超过既有铁路线路建设标准建设所增加的费用，由铁路方承担；

（三）同步建设的铁路和道路需要设置立体交叉设施以及既有铁路道口改造为立体交叉的，由铁路方和道路方按照公平合理的原则分担建设费用。

第十九条 铁路与道路立体交叉设施及其附属安全设施竣工验收合格后，应当按照国家有关规定移交有关单位管理、维护。

第四十三条 下穿铁路桥梁、涵洞的道路应当按照国家标准设置车辆通过限高、限宽标志和限高防护架。城市道路的限高、限宽标志由当地人民政府指定的部门设置并维护，公路的限高、限宽标志由公路管理部门设置并维护。限高防护架在铁路桥梁、涵洞、道路建设时设置，由铁路运输企业负责维护。

机动车通过下穿铁路桥梁、涵洞的道路，应当遵守限高、限宽规定。

下穿铁路涵洞的管理单位负责涵洞的日常管理、维护，防止淤塞、积水。

第四十四条 铁路线路安全保护区内的道路和铁路线路路堑上的道路、跨越铁路线路的道路桥梁，应当按照国家有关规定设置防止车辆以及其他物体进入、坠入铁路线路的安全防护设施和警示标志，并由道路管理部门或者道路经营企业维护、管理。

历次版本：参见通用部分。

违反《铁路安全管理条例》行政处罚实施办法（交通运输部令〔2023〕22号）

最新版本施行日期：2021年11月19日

节录：

第二十九条 违反《条例》第四十四条规定，铁路线路安全保护区内的道路和铁路线路路堑上的道路、跨越铁路线路的道路桥梁，未按照国家有关规定和标准设置、维护、管理防止车辆以及其他物体进入、坠入铁路线路的安全防护设施和警示标志的，由地区铁路监督管理局依照《条例》第八十七条规定责令改正，视情节处以相应罚款。

（一）违法情节较轻的，处2万元以上5万元以下的罚款；

（二）违法情节较重的，处5万元以上7万元以下的罚款；

（三）违法情节严重的，处7万元以上10万元以下的罚款。

公路铁路交叉路段技术要求（JT/T 1311—2020）

施行日期：2020年11月1日

适用范围：

本标准适用于公路与铁路交叉路段的公路、铁路设计。

节录：

5 公铁交叉分类

5.2 按照公路和铁路的功能、等级、设计速度，将公路与铁路分别分为三个级别，不同级别的公路和铁路交叉形成五大类、九小类公铁交叉类型，具体见表 1 。

表 1 公路交叉分类

级 别	高速铁路、城际铁路	设计速度 120 km/h 及以上的客货共线铁路、重载铁路	设计速度 120 km/h 以下的铁路
高速公路（80 km/h、100 km/h、120 km/h） 一级公路（80 km/h、100 km/h）	Ⅰ类	Ⅱ b类	Ⅲ c类
一级公路（60 km/h） 二级公路（60 km/h、80 km/h）	Ⅱ a类	Ⅲ b类	Ⅳ b类
三级公路（30 km/h、40 km/h） 四级公路（20 km/h、30 km/h）	Ⅲ a类	Ⅳ a类	Ⅴ类

5.3 公铁交叉形式选用符合下列规定：

a）Ⅰ、Ⅱ、Ⅲ、Ⅳ类公铁交叉应设置公铁立体交叉或特殊公铁立体交叉；

b）Ⅴ类公铁交叉宜设置公铁立体交叉或特殊公铁立体交叉，困难条件下，经论证后可设置公铁平面交叉，并采取安全可靠的防护措施。

6.2.3 设置人行道或非机动车道的公路不宜上跨铁路；困难条件下，经专项论证可采用公路上跨铁路的方式。

6.2.4 铁路与既有公路交叉时，应优先采用铁路上跨公路的方式，原则上不应改变既有公路高程并满足公路远期改扩建的条件。

6.2.5 公路与既有铁路交叉时，应优先利用既有铁路桥孔下穿；困难条件下，应进行技术、经济和安全等综合比选后，合理选用交叉方式。

6.4.1.5 铁路跨线桥的桥墩宜采用防撞能力较强的实体墩，当采用空心墩时，在可能撞击点 +1.0 m 高程之下进行灌实处理。应在桥墩临近公路一侧设置防撞设施。

6.4.1.6 铁路跨线桥应设置完整通畅的排水系统，并将水引至公路范围以外排出。铁路排水系统应与公路排水系统各自独立。

6.4.3.1 上跨公路的有砟铁路跨线桥两侧应设置防砟墙，防砟墙的设置范围应为下穿公路建筑控制区宽度（当斜交时，应取最大的斜交宽度）并分别向外延长 20 m。

6.4.3.2 上跨公路的铁路跨线桥应设置防落物网，并符合下列规定：

a）防落物网距路面的高度不应低于 2.5 m；

b）防落物网设置范围应根据影响范围确定；

c）防落物网设置还应满足 JTG D81 的规定。

6.4.3.3 应分析相交铁路列车光源对公路行车的眩光影响，在铁路外侧设置相应的防眩设施。

6.4.3.4 铁路跨线桥安全防护设施的设置还应符合现行铁路标准的相关规定。

6.4.4.1 铁路跨线桥桥墩位于公路路侧计算净区宽度范围内时，公铁交叉范围内的公路路侧护栏满足下列要求：

a）公路应设置路侧护栏，护栏的防护等级应在 JTG D81 规定的基础上提高一个等级，且不应低于六（SS）级；

b）路侧护栏面距桥墩的净距应大于护栏最大横向动态位移外延值（W）和车辆最大动态外倾当量值（VIn）；

c）路侧护栏的结构形式宜采用刚性护栏。

6.4.4.2 铁路跨线桥桥墩位于公路路侧计算净区宽度范围外时，公路应设置路侧护栏，护栏的防护等级宜在 JTG D81 规定的基础上提高一个等级，且不应低于三（A）级。

6.4.4.3 当铁路跨线桥桥墩设置在公路中央分隔带时，桥墩两侧应设置防撞护栏，并满足下列要求：

a）防撞护栏的防护等级应在 JTG D81 规定的基础上提高一个等级，且不应低于六（SS）级；

b）防撞护栏面距桥墩的净距应大于护栏最大横向动态位移外延值（W）和车辆最大动态外倾当量值（VIn）；

c）防撞护栏的结构形式应采用刚性护栏。

6.4.4.4 护栏的设置范围应为铁路线路安全保护区宽度（当斜交时，应取最大的斜交宽度）并分别向外延长 20 m。

6.4.4.7 公路下穿铁路且净空高度小于 5 m 时，应设置车辆通过限高防护架及限高、限宽标志。

6.5.1.1 公路上跨铁路时，应根据公路与铁路的几何条件、结构变形和施工误差等因素，对跨线桥的四个周边的铁路建筑限界予以检核，不得侵入铁路建筑限界。

6.5.1.2 公路跨线桥的桥孔布置应根据地形地质、桥下净空、铁路排水体系、沿线路敷设的专用管线和接触网杆柱位置及高度等因素综合确定。

6.5.1.3 公路上跨电气化铁路时，其跨线桥结构形式、施工工艺应按不中断牵引供电的方式确定。

6.5.1.4 公路跨线桥应预留安全防护设施、异物侵限监测及防灾监控等的设置条件。

6.5.1.5 公路跨线桥采用分离式结构时，分幅之间的空隙不宜大于 1.5 m，并应采取防抛洒措施。

6.5.1.6 公路跨线桥应设置完整通畅的排水系统，并将水引至铁路范围以外排出。公路排水系统应与铁路排水系统各自独立。

6.5.3.1 上跨铁路的公路跨线桥应设置护栏，并符合下列规定：

a）上跨高速铁路和城际铁路的公路跨线桥路侧护栏应采用两道护栏，两道护栏间距不宜小于 1.5 m；

b）上跨其他等级铁路的公路跨线桥路侧护栏宜采用两道护栏，两道护栏间距不宜小于 1.0 m，已建公路加宽困难或新建公路受条件限制时，经技术论证后可采用一道护栏；

c）不同类型的公铁立体交叉，公路路侧护栏的防护等级应按表 2 的规定选取；

表 2 公路跨线桥的路侧护栏防护等级及适用条件

公铁立交分类	护栏形式及防护等级		
	双护栏		单护栏
	内侧护栏	外侧护栏	
Ⅰ	八（HA）级	六（SS）级	—
Ⅱ、Ⅲ	七（HB）级	六（SS）级	八（HA）级
Ⅳ	六（SS）级	六（SS）级	七（HB）级
Ⅴ	—	—	六（SS）级

d）上跨铁路的高速公路、一级公路跨线桥应设置中央分隔带护栏，护栏的防护等级不应低于六（SS）级；

e）路侧护栏除在铁路正上方的桥梁路段进行设置外，还应在车辆来向方向和去向方向一定距离内连续设置，跨线桥护栏车辆来向设置长度可参见附录A，跨线桥护栏车辆去向设置长度应沿铁路线路安全保护区宽度向外延长20 m；

f）护栏与相邻路段的结构形式或防护等级不同时，应进行过渡段设计；

g）护栏设置还应符合JTG D81的相关规定。

6.5.3.2　上跨铁路的公路路段交通标志标线设置满足下列要求：

a）宜在跨线桥前设置“前方跨越铁路”的告示标志；

b）跨线桥路段应设置禁止跨越同向车行道分界线和禁止跨越对向车行道分界线，并在路侧设置禁止超车标志；

c）跨线桥路段应设置禁止停车线，并配合“禁止停车”标志一起使用。

6.5.3.3　上跨铁路的公路跨线桥应设置防落物网，并符合下列规定：

a）公路跨线桥路侧护栏采用两道护栏时，防落物网宜设置在外侧护栏上；

b）公路跨线桥采用分离式结构时，应在桥梁内侧设置防落物网，或采用钢板盖板封闭中央分隔带之间的空隙；

c）上跨高速铁路和城际铁路的公路跨线桥防落物网距路面的高度不应低于4 m，上跨铁路的公路跨线桥防落物网距路面的高度不应低于2.5 m；

d）上跨铁路电气化区段的公路跨线桥防落物网应设置“高压危险”警示标志；

e）防落物网设置还应满足JTG D81的规定。

6.5.3.4　上跨高速铁路和城际铁路的公路跨线桥应设置异物侵限监测系统和视频监控系统，并符合下列规定：

a）异物侵限监测装置宜垂直安装在桥面上，且设置专用检修通道，净宽不应小于0.75 m；

b）异物侵限监测装置顶面距桥面高度不应低于2 m。

6.5.3.5　公路跨线桥跨越范围内桥梁梁底、防撞护栏外侧、栏杆及防落网上严禁附挂标牌、标志或管线、槽道等附属设施。

6.5.3.6　公路跨线桥跨越范围内桥面灯杆不宜设在桥面外侧，并采取防止灯杆倾覆侵入桥下铁路建筑限界的措施。

6.5.3.7 公路跨线桥不应铺设高压电缆、燃气管和其他可燃（易爆）、有毒或有腐蚀性液（气）体管道。

6.5.3.8 公路跨线桥上的所有金属物均应接地，接地电阻应小于 10 Ω。

公路交通安全设施设计规范（JTG D81—2017）

施行日期：2018 年 1 月 1 日

适用范围：

本规范适用于新建和改扩建的各等级公路交通安全设施的设计。

节录：

6.3 桥梁护栏和栏杆

6.3.2 根据车辆驶出桥外或进入对向车行道可能造成的事故严重程度等级，应按表 6.3.2 的规定选取桥梁护栏的防护等级，并应符合下列规定：

3 因桥梁线形、桥梁高度、交通量、车辆构成、运行速度或其他不利现场条件等因素易造成更严重碰撞后果的路段，经综合论证，可在表 6.3.2 的基础上提高 1 个或以上等级。其中，跨越大型饮用水水源一级保护区和高速铁路的桥梁以及特大悬索桥、斜拉桥等缆索承重桥梁，防护等级宜采用八（HA）级。

表 6.3.2 桥梁护栏防护等级的选取

<table>
<tr><th rowspan="2">公路等级</th><th rowspan="2">设计速度
（km/h）</th><th colspan="2">车辆驶出桥外或进入对向车行道的事故严重程度等级</th></tr>
<tr><th>高：跨越公路、铁路或饮用水水源一级保护区等路段的桥梁</th><th>中：其他桥梁</th></tr>
<tr><td rowspan="2">高速公路</td><td>120</td><td>六（SS、SSm）级</td><td>五（SA、SAm）级</td></tr>
<tr><td>100、80</td><td>五（SA、SAm）级</td><td>四（SB、SBm）级</td></tr>
<tr><td>一级公路</td><td>60</td><td>四（SB、SBm）级</td><td>三（A、Am）级</td></tr>
<tr><td>二级公路</td><td>80、60</td><td>四（SB）级</td><td>三（A）级</td></tr>
<tr><td>三级公路</td><td>40、30</td><td rowspan="2">三（A）级</td><td rowspan="2">二（B）级</td></tr>
<tr><td>四级公路</td><td>20</td></tr>
</table>

注：括号内为护栏防护等级的代码。

6.3.4 桥梁护栏的构造应符合下列规定：

1 金属梁柱式护栏的构造应满足下列规定：

2）车辆与护栏的位置关系如图 6.3.4–1。各防护等级护栏的高度应满足下列规定：

①所有横梁横向承载力距桥面的加权平均高度$\overline{Y}$不应小于表 6.3.4–1 的规定值，$\overline{Y}$的计算方法如式（6.3.4）。

$$\overline{Y}=\frac{\sum(R_iY_i)}{\overline{R}} \tag{6.3.4}$$

式中：R_i——第 i 根横梁的横向承载力（kN）；

Y_i——第 i 根横梁距桥面板的高度（m）。

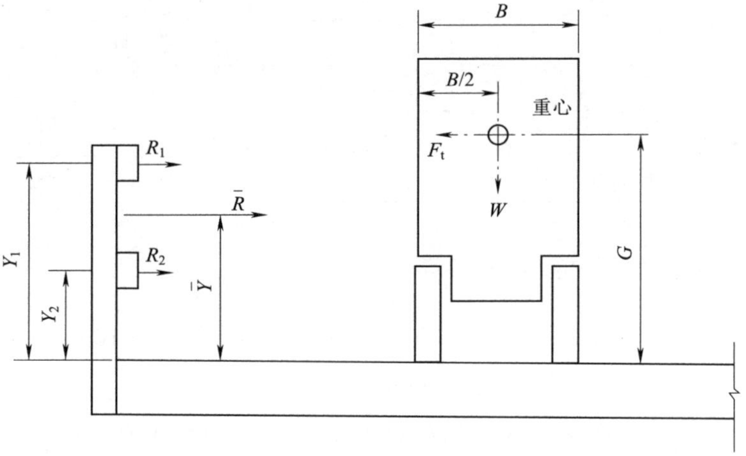

图 6.3.4–1　车辆与护栏的位置关系

注：$\overline{Y}$和 Y_i 的计算基线为：护栏迎撞面与桥面板平面的相交线。
如该处有路缘石，则应为护栏迎撞面与路缘石顶面的相交线。

表 6.3.4–1　金属梁柱式护栏横梁横向承载力距桥面的加权平均高度$\overline{Y}$

防护等级	最小高度（cm）
二（B）	60
三（A）	60
四（SB）	70
五（SA）	80
六（SS）	90
七（HB）	100
八（HA）	110

②四（SB）级及以下防护等级的金属梁柱式护栏总高度不应小于 1.00 m；五（SA）级金属梁柱式护栏总高度不应小于 1.25 m；六（SS）级及以上防护等级的金属梁柱式护栏高度不应小于 1.5 m。

2　混凝土护栏和组合式护栏的构造应符合下列规定：

2）各防护等级混凝土护栏的高度不应小于表 6.3.4–3 的规定值。

表 6.3.4–3　混凝土护栏的高度

防护等级	高度（cm）
二（B）	70
三（A）	81
四（SB）	90
五（SA）	100
六（SS）	110
七（HB）	120
八（HA）	130

注：混凝土护栏高度的基线为内侧与路面的相交线。

各等级组合式护栏的总高度可在上述高度基础上增加 10 cm。

6.3.5　位于桥梁人行道的栏杆构造应符合下列规定：

1　从人行道顶面起，人行道栏杆的最小高度应为 110 cm。

2　栏杆构件间的最大净间距不得大于 14 cm，且不宜采用横线条栏杆。采用金属网状栏杆时，网状开口不应大于 5 cm。

3　栏杆结构设计必须安全可靠，栏杆底座应设置锚筋。其受力条件应满足现行《公路桥涵设计通用规范》（JTG D60）的规定。

4　人行道栏杆构件之间的连接应采用能有效避免人员伤害且不易拆卸的方式。

5　兼具桥梁护栏与人行道栏杆功能的组合式护栏应同时满足人行道栏杆和桥梁护栏的构造要求。

9　防落网

9.1.1　防落网应能阻止公路上的落物进入饮用水保护区、铁路、高速公路、需要控制出入的一级公路等建筑限界以内，或阻止挖方路段落石进入公路建筑限界以内。

9.1.2 防落物网距桥面的高度不宜低于 1.8 m。

9.2.1 防落物网设置应符合下列要求：

1 上跨饮用水水源保护区、铁路、高速公路、需要控制出入的一级公路的车行或人行构造物两侧均应设置防落物网。

2 公路跨越通航河流、交通量较大的其他公路时，应设置防落物网。

3 需要设置防落物网的桥梁采用分离式结构时，应在桥梁内侧设置防落物网。

4 防落物网应进行防腐和防雷接地处理，防雷接地的电阻应小于 10 Ω。

5 防落物网的设置范围为下穿铁路、公路等被保护区的宽度（当上跨构造物与公路斜交时，应取斜交宽度）并各向路外延长 10~20 m，其中上跨铁路的防落物网的设置范围还应符合相关规定。

历次版本：参见本章第二部分

公路交通安全设施施工技术规范（JTG/T 3671—2021）

施行日期：2021 年 7 月 1 日

适用范围：

本细则适用于新建和改扩建的各等级公路交通安全设施的设计。

节录：

8.1.2 除设计文件另行规定外，防落物网应在桥梁护栏施工完毕后开始施工，防落石网应在公路路堑边坡施工完毕后开始施工。

8.1.3 防落物网设置于跨越已通车的公路、铁路和航道上方的桥梁时，应编制专项安全施工方案，经评审通过后方可施工。

8.1.5 防落物网施工前应对预埋件的设置位置、强度、腐蚀程度进行检查，不符合设计要求的应整改。

8.3.1 防落物网的施工应符合下列规定：

1 防落物网应以上跨桥梁与公路、铁路等设施的交叉点为控制点，向两侧对称进行施工。当上跨桥梁为斜交时，防落物网的长度应根据设计文件的要求作相应调整。

2 应根据立柱预埋基础的位置安装立柱。

3　防落物网的网片应牢固地安装在立柱上，网片应平整、绷紧，螺栓应在防落物网的线性达到规定要求时方能拧紧。

4　应根据设计文件的规定对防落物网做防雷接地处理。

历次版本：

《公路交通安全设施施工技术规范》（JTG F71—2006）

施行日期：2006 年 9 月 1 日

作废日期：2021 年 7 月 1 日

城市道路交叉口规划规范（GB 50647—2011）

施行日期：2012 年 1 月 1 日

适用范围：

本规范适用于城市规划各阶段相应的道路交叉口规划，以及城市道路平面交叉口或立体交叉的新建、改建与交通治理专项规划。

节录：

6　道路与铁路交叉规划

6.3　道路与铁路立体交叉

6.3.1　道路与铁路立体交叉应符合下列规定：

1　**城市快速路、主干路、行驶无轨电车和轨道交通的道路与铁路交叉，必须规划布设立体交叉。**

2　**其他道路与设计车速大于或等于 120 km/h 的铁路交叉，应规划布设立体交叉。**

3　地形条件有利于布设立体交叉或不利于布设平面交叉时，应规划布设立体交叉。

4　被铁路分割的中小城市，可选择部分干路规划布设立体交叉。

5　铁路调车作业对道路行驶车辆造成延误较严重时，应规划布设立体交叉。

6.3.2　机动车、非机动车共用道路与铁路立体交叉，可选用机动车道上跨铁路、非机动车道与人行道下穿铁路的立体交叉形式。

6.3.3　道路与铁路立体交叉，道路主线及其引道的规划线型标准应与道路路段标准一致。

6.3.4 道路上跨铁路立体交叉应符合下列规定：

1 横断面规划应符合下列规定：

1）上跨铁路的道路规划横断面应与道路路段规划横断面一致。人行道的宽度应根据人流量需要确定，每侧人行道宽度不应小于 1.5 m。

2）上跨铁路的道路应符合现行国家标准《标准轨距铁路建筑界限》GB 146.2 的有关规定。

2 跨越铁路的道路及其引道，规划平面线形应顺直。需布设弯道时，规划弯道半径应符合表 6.3.4 的规定。

表 6.3.4 跨越铁路的道路及其引道规划弯道半径

规划弯道半径（m）	道路类别	
	快速道路	干路
推荐半径	2 000	1 000
最小半径	1 000	600

6.3.6 上跨或下穿铁路的道路与平行铁路的道路立体交叉，应符合下列规定：

1 交叉口不宜布设在铁路立体交叉的引道上；当平行铁路的道路距铁路较远时，交叉口应规划在铁路立体交叉引道的缓坡段，交叉口范围内的纵坡不宜大于 1%，交叉口前后坡段的纵坡不宜大于 2%；当平行铁路的道路距铁路较近且道路标高与铁路标高相近时，宜将道路立体交叉与铁路立体交叉合并规划。

2 新建道路与铁路立体交叉规划时，道路引道段两侧不得规划建筑物出入口；改建道路与铁路立体交叉规划中不能改变原有出入口时，应在道路引道旁规划辅路，出入口应设在辅路与道路引道标高相近处。

城市道路交通工程项目规范（GB 55011—2021）

施行日期：2022 年 1 月 1 日

适用范围：

城市道路交通工程项目必须执行本规范。

节录：

4.0.3 当道路与道路或轨道交通线路交叉符合下列条件时，应设置立体交叉：

1　城市快速路与所有等级道路交叉；

2　道路与全封闭运行的城市轨道交通线路交叉；

3　道路与高速铁路、客运专线、铁路车站、铁路编组站交叉；

4　行驶有轨或无轨电车的道路与铁路交叉。

历次版本：

《城市道路工程技术规范》（GB 51286—2018）

施行日期：2018 年 9 月 1 日

作废日期：2022 年 1 月 1 日

公路工程技术标准（JTG B01—2014）

施行日期：2014 年 9 月 30 日

适用范围：

本标准适用于新建和改扩建公路。

节录：

9.3　公路与铁路相交叉

9.3.1　高速公路、一级公路与铁路相交叉时，必须设置立体交叉。

9.3.2　高速铁路、准高速铁路和路段旅客列车设计行车速度为 140 km/h 的铁路与公路相交叉时，必须设置立体交叉。

9.3.3　公路、铁路相交叉，符合下列情况之一者应设置立体交叉：

1　铁路与二级公路相交叉时。

2　路段旅客列车设计行车速度为 120 km/h 的铁路与公路相交叉时。

3　由于铁路调车作业对公路上行驶车辆会造成严重延误时。

4　受地形等条件限制，采用平面交叉会危及行车安全时。

9.3.4　铁路跨越公路上方时，其跨线桥下净空及布孔应符合本标准第 3.6.1 条公路建筑界、第 4.0.15 条视距的规定，以及对前方信息识别的要求。

铁路穿越公路下方时，公路跨线桥下净空应符合现行铁路净空限界标准的规定。

条文说明有关内容

9.3　公路与铁路相交叉

9.3.1~9.3.2　设置公路与铁路立体交叉是消除平交道口安全隐患的主要

途径，因而铁路与公路交叉应优先考虑设置立体交叉。

高速公路为控制出入公路，一级公路为根据需要控制出入的公路，与铁路交叉时必须设置立体交叉。

路段旅客列车设计速度 140 km/h 的地段，列车速度高、密度大，若设平面交叉安全性很差，因此同公路交叉亦必须设置立体交叉。本条修订增加了“高速铁路”的内容。

历次版本：参见本章第二部分。

高速铁路设计规范（TB 10621—2014）

施行日期：2015 年 1 月 1 日

适用范围：

本规范适用于新建设计速度为 250 km/h~350 km/h、运行动车组列车的标准轨距客运专线铁路，设计速度分为 250 km/h、300 km/h、350 km/h 三级。

节录：

7.6.2　上跨高速铁路立交桥的新建公（道）路桥梁，其安全防护应符合下列规定：

1　安全防护范围内桥梁护栏应采用两道防护，并按不低于《公路交通安全设施设计规范》JTG D81 规定的最高防撞等级进行特殊设计。

2　桥上应设置安全警示标志和接地系统。

3　桥上应设置防落物网。

4　桥面应采用集中排水方式，引出铁路范围以外。

5　跨线范围内桥面灯杆不宜设在桥面外侧，并采取防止灯杆倾覆坠落桥下的措施。

铁路桥涵设计规范（TB 10002—2017）

施行日期：2017 年 5 月 1 日

适用范围：

本规范适用于新建和改建标准轨距的高速铁路、城际铁路、客货共线 I

级和Ⅱ级铁路、重载铁路桥涵的设计。

节录：

3.7 铁路线路交叉越桥梁结构设计与安全防护

3.7.4 上跨铁路立交桥的新建公（道）路桥梁，其安全防护应符合下列规定：

1 高速铁路安全防护范围内的桥面应采用两道防护，桥梁护栏应按不低于《公路交通安全设施设计规范》JTG D81 规定的最高防撞等级进行设计；其余等级铁路安全防扩范围内桥梁可采用一道防护，并按提高一级防撞等级设计。

铁路工程设计防火规范（TB 10063—2016）

最新版本施行日期：2020 年 6 月 9 日

适用范围：

本规范适用于新建、改建铁路工程的防火设计。

节录：

6.4.3 上跨铁路的人行天桥应设置防护网，并应符合下列规定：

1 防护网应延伸至距最外铁路线路外侧轨道 6.0 m 以外。

2 与铁路贴邻的人行天桥应在天桥的铁路侧设置防护网。

3 铁路站场范围内的天桥，防护网应延引至桥下。

4 防护网高度不应小于 2.2 m，网眼不应大于 0.25 cm^2。

机动车运行安全技术条件（GB 7258—2017）

施行日期：2018 年 1 月 1 日

适用范围：

本标准适用于在我国道路上行驶的所有机动车，但不适用于有轨电车及并非为在道路上行驶和使用而设计和制造、主要用于封闭道路和场所作业施工的轮式专用机械车。

本标准的全部技术内容为强制性。

节录：

10.5.2　三轴及三轴以上货车（具有限速功能或配备有限速装置，且限速功能或装置符合规定的除外）应具有超速报警功能，当行驶速度对混凝土搅拌运输车大于或等于 60 km/h、对其他货车大于或等于 100 km/h 时，能通过视觉和声觉信号报警。

11.10.6　自卸车等装有液压举升装置的机动车，应装备有车厢举升的声响报警装置和（车厢举升状态下）防止车厢自降保险装置；并且，在设计和制造上应保证机动车在行驶过程中不会出现车厢自动举升现象。

公路与市政工程下穿高速铁路技术规程（TB 10182—2017）

施行日期：2018 年 4 月 1 日

适用范围：

本规程适用于下穿运营高速铁路桥梁的新建、改建公路与市政工程的设计、施工及监测。

节录：

1.0.3　下穿工程的规划应考虑其对高速铁路的影响，并征求铁路运输企业的意见。

1.0.4　下穿工程的结构形式和安全防护措施应根据高速铁路设备情况、地质条件等因素，经多方案比选后确定。

1.0.5　下穿工程应按规定对设计方案进行专项咨询，实施前应征得铁路运输企业同意。

1.0.6　下穿工程施工应选择安全可靠、对高速铁路运营影响小的方法和工艺。

1.0.7　下穿工程施工应对高速铁路桥梁结构变形进行全过程监测，并根据动态评估结果调整施工工艺和工程措施。

1.0.8　下穿工程施工应针对影响高速铁路运营的安全风险制定应急预案。

1.0.9　下穿工程设计施工除应执行本规程外，尚应符合国家现行有关标准的规定。

3.0.5　下穿工程宜采用正交穿越高速铁路。

3.0.15　下穿工程弃土应堆放在高速铁路影响区外。施工设备不得碰撞高速铁路桥梁。

10.0.1　下穿管线应统筹考虑各管线与高速铁路桥梁及其他下穿构筑物的位置关系，并宜采用综合管廊。

10.0.2　管线宜采用地下敷设。

10.0.3　管线不宜设置在高速铁路桥梁跨越河流主河道区段。

10.0.4　管线的最小覆土深度除应符合相关管线设计规范外，还应满足高速铁路安全要求。

10.0.5　管线与高速铁路桥梁承台边缘的水平净距不宜小于 3 m。

10.0.6　管线在高速铁路影响区内可采用外加保护套管的方式下穿，套管与管线之间应充砂注浆填实；通信和电力电缆可采用钢筋混凝土封包保护直埋通过。

10.0.7　管线宜采用非开挖技术施工。管线直径大于等于 0.8 m 时，宜采用顶管法施工；直径 0.8 m 以下可采用水平定向钻法施工。

10.0.8　管线采用顶管法或水平定向钻法施工时，工作井和接收井宜设置于高速铁路影响区以外。

10.0.9　气体、液体管线应在高速铁路影响区两端设置安全阀门。

铁路上跨道路立交桥涵限高防护架管理办法（TG/GW 212—2017）

施行日期：2018 年 1 月 1 日

适用范围：

本办法适用于普速和高速铁路铁跨公限高架的管理。

节录：

第六条　铁路上跨道路立交桥涵其净空高度不足 5 m 时，应设置铁跨公限高架，并函商公路管理部门或当地人民政府指定的部门同步设置限高、限宽标志。

第七条　立交桥涵非机动车道若不能确保其不通过中型或大型机动车辆的，应设置铁跨公限高架。

第八条　铁跨公限高架的设置位置不能影响其他相邻道路的正常通行，

设置宽度不得小于道路路面的实际宽度，距桥涵外侧边缘的距离满足《铁路安全管理条例》关于铁路安全保护区距离的规定；因条件限制无法满足规定距离要求时，可适当调整。

第九条 铁跨公限高架设置净空高度（横梁底至路面）在任何情况下都应低于桥涵净空高度 20 mm 至 100 mm。

第十条 新建、改建铁跨公限高架结构形式及材料应符合《铁路桥限高防护架设计图》（专桥设〔05〕8184）要求。不符合该图纸要求的既有铁跨公限高架，应结合更新改造逐步更换或大修。特殊情况需个别设计时，应由具备相应资质的设计单位设计。

第十二条 新建、改建铁路和道路时，铁跨公限高架和限高、限宽标志与立交桥涵主体工程同时设计、同时施工、同时投入使用。立交桥涵开通前，建设单位按标准完成铁跨公限高架的设置，并函商当地人民政府指定的部门或公路管理部门设置限高、限宽标志。凡符合设置条件而未设或设置不符合要求的，应抓紧或协商有关部门限期整改；整改未完成的，建设单位不得组织验收、立交桥涵不得开通。

第十三条 新建、改建下穿道路，引起铁跨公限高架改设或增设的，由道路建设单位负责；新建、改建铁路上跨既有道路，引起铁跨公限高架改设或增设的，由铁路建设单位负责，改设或增设后的铁跨公限高架应无偿移交所在铁路局（已明确维护单位的除外），并由其管理和维护。

第十四条 新建铁路上跨道路立交桥涵施工期间，符合铁跨公限高架安设条件而尚未安设之前，建设单位应督促施工单位采取相应可靠措施，禁止超限机动车辆通行。

既有下穿道路改建施工期间，需要临时拆除铁跨公限高架的，道路建设单位要采取相应可靠措施，禁止超限机动车辆通行，并与设备管理单位签订相关安全协议，明确安全管理责任。

道路交通标志和标线 第 2 部分：道路交通标志（GB 5768.2—2022）

施行日期：2022 年 10 月 1 日

适用范围：

本文件适用于公路、城市道路和虽在单位管辖范围但允许社会机动车通行的地方，包括广场、公共停车场等用于公众通行的场所等各类道路上交通标志。

节录：

5.29 禁止车辆停放标志（禁 32）

表示在限定的范围内，禁止一切车辆停放，无论驾驶人是否离开车辆，见图 54。设在禁止车辆停放的地方，标志颜色为蓝底、红圈、红斜杠。禁止车辆停放的时段、车种和范围可用辅助标志说明。

5.32 限制宽度标志（禁 35）

表示禁止车货总体外廓宽度超过标志所示数值的车辆通行，见图 59，图中的数字为示例，表示禁止车货总体外廓宽度超过 3 m 的车辆进入。设在最大容许宽度受限制的地方。

道路净宽符合标准规范时不需设此标志。设置此标志的路段，在进入此路段的路口前宜设置相应的指路标志提示绕道行驶。

图 54 禁止车辆停放（标 32）

图 59 限制宽度（禁 35）

5.33 限制宽度标志（禁 36）

表示禁止车货总体外廓高度超过标志所示数值的车辆通行，见图 60，图中数字为示例，表示禁止车货总体外廓高度超过 3.5 m 的车辆进入，设在最大容许高度受限制的地方。

图 60 限制高度（禁 36）

道路净高符合标准规范时不需设此标志，设置此标志的路段，在进入此路段的路口前宜设置相应的指路标志提示绕道行驶，示例见图 61。

在最大容许高度受限制的地方，如果易发生车辆碰撞事故、碰撞可能导致结构安全时，除了设置限制高度标志外，可在标志处设置立面标记和其他警示设施。

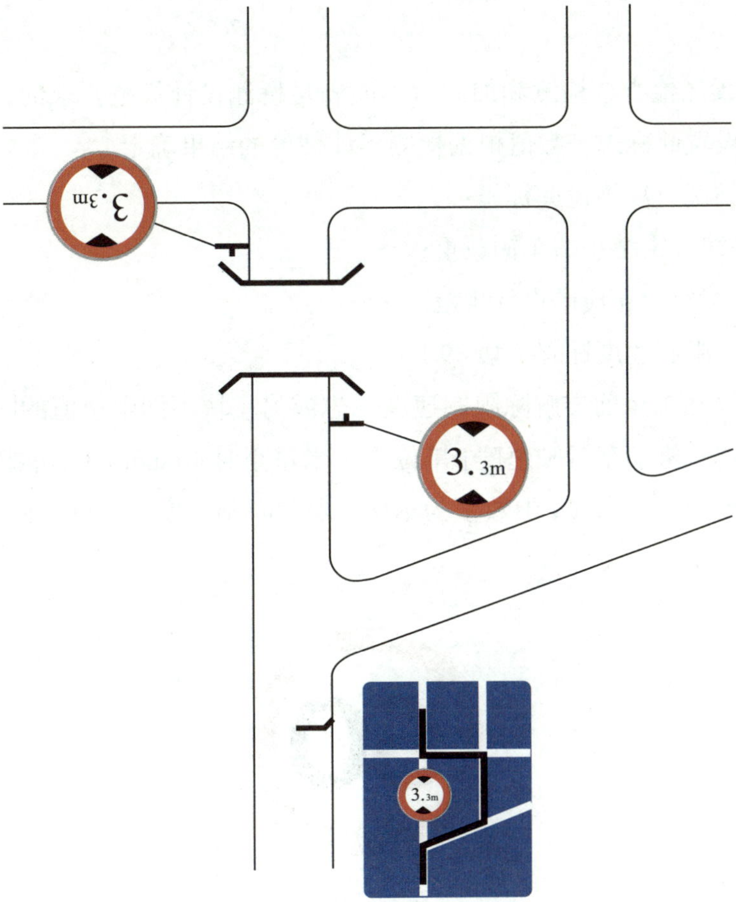

图 61　限制高度路段绕行示例

5.34　限制质量标志（禁 37）

表示禁止总质量超过标志所示数值的车辆通行，见图 62，图中数字为示例，表示禁止装载总质量超过 10 t 的车辆通过。设在需要限制车辆质量的桥梁两端。设置此标志的路段，在进入此路段的路口前宜设置相应的指路标志提示，使总质量超过标志所示数值的车辆能够提前绕道行驶。

图 62　限制质量（禁 37）

如桥梁经检查、检测和加固后不能满足桥涵设计规范要求的，需要在桥梁的两端设置此标志，数值根据检测、评估等的结果确定。

以下情况可以不设此标志：

a）法律规定禁止的车辆载重；

b）桥梁符合相应的设计规范。

5.36　限制速度标志（禁 39）

表示该标志至前方解除限制速度标志或另一块不同限速值的限制速度标志的路段内，机动车行驶速度 [单位为千米每小时（km/h）] 不准超过标志所示数值，见图 64，图 64 中数字为示例，表示限制速度为 60 km/h。限速值不宜低于 30 km/h。

图 64　限制速度（禁 39）

道路交通标志和标线　第 3 部分：道路交通标线（GB 5768.3—2009）

施行日期：2009 年 7 月 1 日

适用范围：

本部分适用于公路、城镇道路和虽在单位管辖范围但允许社会机动车通行的地方，包括广场、公共停车场等用于公众通行的场所等的交通标线的制作和设置。其他机动车通行的地方、停车场等设置的交通标线可参照执行。

节录：

4.2 可跨越对向车行道分界线

4.2.1 可跨越对向车行道分界线（也可称为可跨越道路中心线）为黄色虚线，用于分隔对向行驶的交通流。一般设在道路中心线上，但不限于一定设在道路的几何中心线上。车辆在保证安全的情况下，可以越线超车或转弯。

四、平面交叉类

铁路安全管理条例（国务院令〔2013〕639号）

施行日期：2014年1月1日

节录：

第四十六条 设置或者拓宽铁路道口、铁路人行过道，应当征得铁路运输企业的同意。

第四十七条 铁路与道路交叉的无人看守道口应当按照国家标准设置警示标志；有人看守道口应当设置移动栏杆、列车接近报警装置、警示灯、警示标志、铁路道口路段标线等安全防护设施。

道口移动栏杆、列车接近报警装置、警示灯等安全防护设施由铁路运输企业设置、维护；警示标志、铁路道口路段标线由铁路道口所在地的道路管理部门设置、维护。

第四十八条 机动车或者非机动车在铁路道口内发生故障或者装载物掉落的，应当立即将故障车辆或者掉落的装载物移至铁路道口停止线以外或者铁路线路最外侧钢轨5米以外的安全地点。无法立即移至安全地点的，应当立即报告铁路道口看守人员；在无人看守道口，应当立即在道口两端采取措施拦停列车，并就近通知铁路车站或者公安机关。

第四十九条 履带车辆等可能损坏铁路设施设备的车辆、物体通过铁路道口，应当提前通知铁路道口管理单位，在其协助、指导下通过，并采取相应的安全防护措施。

第七十七条 禁止实施下列危害铁路安全的行为：

（七）在铁路线路上行走、坐卧或者在未设道口、人行过道的铁路线路上通过。

第九十四条 违反本条例第四十八条、第四十九条关于铁路道口安全管理的规定的，由铁路监督管理机构责令改正，处1 000元以上5 000元以下的罚款。

国务院办公厅转发交通运输部等单位关于加强铁路沿安全环境治理工作意见的通知（国办函〔2021〕49号）

施行日期：2021年6月1日

节录：

三、坚持问题导向，实施专项行动，全力消除安全隐患

（五）……加快完成铁路道口“平改立”，优先实施时速120公里以上线路、旅客列车径路、机动车通行繁忙道口的改造工程，有效提高安全防护能力。

（六）……依法严厉查处在铁路线路安全保护区内未经批准擅自生产储存危险化学品、采石采矿、开采地下水、挖砂挖沟采空作业、穿越油气电管线、堆放垃圾渣土、私设道口或平过道，以及盗割铁路器材、破坏防护设施等违法行为。

铁道部运输局关于加强专用线道口管理的通知（运工线路电〔2012〕2520号）

施行日期：2012年10月18日

全文：

近年来，专用线道口多次发生交通事故，给铁路运输和人民生命财产造成较大损失。2012 年 10 月 17 日 13 时 25 分，济南局沧口站机场专用线调车作业时，在 K0+478 无人看守道口处撞上一辆抢道公交车，造成多人受伤。为加强对专用线道口的管理，现要求如下：

1　专用线道口在机车车辆通过时要进行看守。非路产专用线上的道口，由产权单位自行看守管理；与正线并行需共同看守的，产权单位要与铁路看守单位签订安全协议，执行正线看守标准。路产专用线上的道口，由路局决定看守管理单位。仅由一个单位使用的道口，由使用单位看守管理，一般以栏杆（栏门）关闭为定位。通行公共汽车、中巴以上大客车的道口，宜安设道口栏杆（栏门）。

2　机车车辆通过专用线临时派人看守的道口前须一度停车，在机车司机或调车指挥人确认道口防护人员已到位、没有安全威胁后，再启动通过道口。

3　道口看守单位要与车务段（或车站）签订道口通知等协议。车站在调车作业前要通知道口看守单位，道口看守单位应提前 30 分钟派人在道口处疏导交通，并加强瞭望。机车车辆通过道口前 5 分钟，看守人员要关闭栏杆（栏门）或拉设防护绳。车站要将有关规定纳入《站细》。

铁路道口管理暂行规定（经交〔1986〕161 号）

施行日期：1986 年 3 月 31 日

适用范围：

本规定适用于全国道路与铁路相交的“道口”以及“人行过道”和“平过道”。

城市道路交通工程项目规范（GB 55011—2021）

施行日期：2022 年 1 月 1 日

适用范围：

城市道路交通工程项目必须执行本规范。

节录：

4.0.6　无人看守或未设置自动信号的铁路道口应根据列车设计速度确定瞭望视距三角形。视距三角形范围内，不应有任何妨碍机动车驾驶员视线的障碍物。

历次版本：参见本章第三部分。

公路工程技术标准（JTG B01—2014）

施行日期：2014 年 9 月 30 日

适用范围：

本标准适用于新建和改扩建公路。

节录：

9.3.5　公路、铁路平面相交时，宜为正交；必须斜交时，交叉角度应大于 45°，且道口应符合侧向瞭望视距的规定。

条文说明有关内容

9.3　公路与铁路相交叉

9.3.5　公路、铁路平面相交时，应以正交或接近正交为宜。当必须斜交时，交叉角应大于 45°，以缩短道口的长度与宽度，避免小型机动车和非机动车的车轮陷入铁轨轮缘槽内。

汽车驾驶者侧向最小瞭望视距是指汽车驾驶者在距道口相当于该级公路停车视距并不小于 50 m 处，应能看到两侧铁路上火车的范围。火车司机相对应的最小瞭望视距如表 9-1。

表 9-1　最小瞭望视距

路段旅客列车设计行车速度（km/h）	火车司机最小瞭望视距（m）	汽车驾驶员侧向最小瞭望视距（m）
140	1 200	470
120	900	400
100	850	340
80	850	270

城市道路交叉口规划规范（GB 50467—2011）

施行日期：2012 年 1 月 1 日

适用范围：

本规范适用于城市规划各阶段相应的道路交叉口规划，以及城市道路平面交叉口或立体交叉的新建、改建与交通治理专项规划。

节录：

6 道路与铁路交叉规划

6.1 一般规定

6.1.1 城市道路系统布设道路与铁路交叉道口的位置，应符合下列规定：

1 **道路与铁路平面交叉道口，不应设在铁路曲线段、视距条件不符合安全行车要求的路段、车站、桥梁、隧道两端及进站信号处外侧 100 m 范围内；**

2 道路与铁路平面交叉道口应选在铁路轨线最少且以后不增设新线处，不应设在铁路道岔处；

3 道路与铁路平面交叉道口处有多股轨线时，应避开轨道标高有高差的地方；

4 道路与铁路平面交叉道口处有平行于铁路轨道的道路时，规划平面交叉道口宜选在平行道路与铁路轨道距离最远处；规划立体交叉道口宜选在平行道路与铁路轨道距离最近处；

5 道路与铁路立体交叉道口应满足布设立体交叉的要求。

6.1.2 道路与铁路交叉道口的交叉形式选择，应根据道路和铁路的性质、等级、设计行车速度、交通量和安全要求、地形条件，以及经济效益等因素综合确定，应选用立体交叉。

6.1.3 道路与铁路交叉宜布设成正交形式。当布设为斜交形式时，交叉角不宜小于 70°；困难地段交叉角不应小于 60°。

6.2 道路与铁路平面交叉道口

6.2.1 平面交叉道口道路横断面规划应符合下列规定：

1 平面交叉道口进出口道的机动车道数应比路段至少增加一条车道，非机动车道宽度应适当加宽；困难条件下，人行道部分宽度可按高峰小时人流量的需求确定，但每侧宽度不得小于 2.0 m。

2 当平面交叉道口宽度超过 20 m、不能采用标准栏木时，可局部变更道路横断面形式，但不得压缩各种车行道与人行道宽度，断面变更处两端应设过渡段。

6.2.2 平面交叉道口平面规划应符合下列规定：

1 道路与铁路平面交叉道口的道路线形应为直线。直线段从最外侧钢轨外缘算起不应小于 50 m。困难条件下，道路设计车速不大于 50 km/h 时，不应小于 30 m。平面交叉道口两侧有道路平面交叉口时，其缘石转弯曲线切点距最外侧钢轨外缘不应小于 50 m；

2 无栏木设施的平面交叉道口，道路上停止线位置距最外侧钢轨外缘应大于 5 m。

6.2.3 无人看守或未设置自动信号的平面交叉道口，在距平面交叉道口停止线的停车视距 S_s，且不小于 50 m 处，应能看到两侧各不小于表 6.2.3 规定的侧向最小视距 S_c 处的列车（图 6.2.3）。

表 6.2.3 平面交叉道口侧向视距

铁路设计行车速度（km/h）	侧向最小视距 S_C（m）
100	340
80	270

注：表中侧向视距是按道路视距 50 m 计算的，道路视距大于 50 m 时，应另行计算。

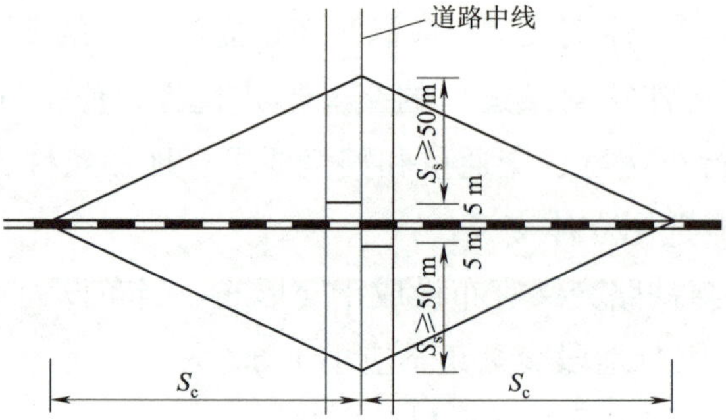

图 6.2.3 平面交叉道口视距三角形

6.2.4 平面交叉道口竖向规划应符合下列规定：

1 平面交叉道口两侧应设置平台，并应符合下列规定：

1）自最外侧钢轨外缘到最近竖曲线切点间的平台长度，当通行大型车、特大型车时，不应小于 20 m；当通行中型车、小型车时，不应小于 16 m。

2）平台纵坡不应大于 0.5%。

3）紧接平面交叉道口平台两端的道路纵坡度不应大于表 6.2.4 的规定。

表 6.2.4　紧接平面交叉道口平台两端的道路纵坡度（%）

道路类型	通行大型车、特大型车或小型车与非机动车混行道路	通行中型车、小型车道路
一般值	2.5	3.0
极限值	3.5	5.0

2　平面交叉道口处有两股或两股以上轨线时，轨面不宜有高差。困难条件下，两线轨面高差不应大于 10 cm；线间距大于 5 m 的并肩平面交叉道口中，相邻两线轨面标高形成的道路纵坡度不应大于 2%。

9.1.4　铁路平面交叉道口交通安全设施的布设，应符合下列规定：

1　下列铁路平面交叉道口应规划布设为有人看守道口：

1）直接通向飞机场或易燃易爆品仓库道路上的平面交叉道口；

2）在距最外侧钢轨 5 m 处停车，驾驶员侧向瞭望视距小于本规范第 6.2.3 条规定的平面交叉道口。

2　有人看守道口应规划布设道口看守房和电力照明，以及栏木、通信、道口自动通知、信号等安全预警设施。

3　无人看守平面交叉道口应布设道口自动信号。

道路交通信号灯设置与安装规范（GB 14886—2016）

施行日期：2017 年 7 月 1 日

适用范围：

本标准适用于道路交通信号灯的设置和安装。其他场所交通信号灯的设置和安装可参照执行。

节录：

5.1.8　道口信号灯设置条件

达到以下条件之一的道路与铁路的平面交叉口（以下简称道口），应设置道口信号灯：

a）日间连续 12 h 内，通过道口的车辆平均小时流量达到 500 PCU/h（PCU 指当量小汽车）以上，且瞭望条件良好的道口；

b）日间连续 12 h 内，通过道口的车辆平均小时流量达到 200 PCU/h 以上，且瞭望条件不良的道口；

c）近 5 年内发生过较大事故或重复发生事故的道口；

d）有通勤汽车或公交车通过的道口。

7.4.6　道口信号灯安装位置

宜采用柱式安装在道口前路侧。

7.5.5　道口信号灯

安装高度不应低于 3 m。

历次版本：

《道路交通信号灯设置与安装规范》（GB 14886—2006）

施行日期：2006 年 12 月 1 日

作废日期：2017 年 7 月 1 日

铁路区间道口信号设备技术条件（GB 10494—2018）

施行日期：2019 年 2 月 1 日

适用范围：

本标准适用于设于铁路区间的道口。本标准的全部技术内容为强制性。

历次版本：

《铁路区间道口信号设备技术条件》（GB 10494—1989）

施行日期：1989 年 10 月 1 日

作废日期：2019 年 2 月 1 日

铁路技术管理规程（普速铁路部分）

最新版本施行日期：2021 年 12 月 1 日

节录：

第 50 条　列车运行速度 120 km/h 及以上线路全封闭、全立交，线路两侧按标准进行栅栏封闭，并设置相应的警示标志。

列车运行速度 120 km/h 以下的线路，铁路道口、人行过道的设置或拓宽按照铁路总公司有关规定办理。铁路道口、人行过道的等级、标准、铺设、拆除及需否看守，由铁路局决定。

第 51 条　铁路道口应设置警示标志、铁路道口路段标线、司机鸣笛标及护桩；人行过道应设置路障、鸣笛标；站内道口、人行过道两端不设鸣笛标。根据需要设置栅栏或其他安全设施。有人看守道口应修建道口看守房，设置照明灯、列车接近报警装置、警示灯、遮断色灯信号机和道口自动通知设备，并督促地方道路管理部门设置、维护警示标志、铁路道口路段标线。根据需要设置列车无线调度通信设备。

铁路道口的铺面、两侧道路的坡度及平台长度应符合要求。

站内平过道必须与站外道路和人行道路断开，禁止社会车辆、非工作人员通行，平过道不得设在车站两端咽喉区内。

在电气化铁路上，铁路道口通路两面应设限高架，其通过高度不得超过 4.5 m。道口两侧不宜设置接触网锚段关节，不应设置锚柱。

栏杆（门）以对道路开放为定位。特殊情况下需要以对道路关闭为定位时，由铁路局规定。

第 52 条　一切车辆、自动走行机械和牲畜，均须在立体交叉或平交道口处通过铁路。铁路工作人员发现有违反上述情况时，应予制止。

特别笨重、巨大的物件和可能破坏铁路设备、干扰行车的物体通过道口时，应提前通知铁路道口管理部门，采取安全和防护措施，并在其协助指导下通过。

第 75 条　有人看守道口设遮断信号机；在有人看守的桥隧建（构）筑物及可能危及行车安全的坍方落石地点，根据需要设遮断信号机。该信号机距防护地点不得小于 50 m。

第 119 条　道口自动信号，应在列车接近道口时，向道路方向显示停止通行信号，并发出音响通知；如附有自动栏杆（门），栏杆（门）应自动关闭。

在列车全部通过道口前，道口信号应始终保持禁止通行状态，自动栏杆（门）应始终保持关闭状态。道口信号设备停用或故障时，应向道口看守人员提示。

道口自动通知（含无线道口报警）设备，应在列车接近道口时，以音响和灯光显示通知道口看守人员。

铁路道口管理办法（铁总运〔2013〕121 号）

施行日期：2013 年 10 月 1 日

适用范围：

本办法适用于国家铁路、国铁控股的合资铁路上的道口、人行过道和平过道。

道路交通标志和标线　第 2 部分：道路交通标志（GB 5768.2—2022）

施行日期：2022 年 10 月 1 日

适用范围：

本文件适用于公路、城市道路和虽在单位管辖范围但允许社会机动车通行的地方，包括广场、公共停车场等用于公众通行的场所等各类道路上交通标志。

节录：

7.30　铁路道口标志（警 29、警 30、警 31、警 32）

用以警告车辆驾驶人注意前方有铁路道口，应减速慢行或及时停车。

有人看守铁路道口标志，设在车辆驾驶人不易发现的道口前适当位置，见图 178；无人看守铁路道口标志，设在无人看守铁路道口前适当位置，见图 179。

图 178　有人看守铁路道口（警 29）

图 179　无人看守铁路道口（警 30）

如果多股铁路与道路相交，则应在铁路道口标志上方设置叉形符号，见图 180。叉形符号交叉点到警告标志三角形顶点的距离为 40 cm。

如果未设置“铁路平交道口标线”，则需要在“无人看守铁路道口”标志下设置“斜杠符号”，表示距铁路道口的距离。应设置的斜杠符号共有三块，见图 181，一道斜杠的标志设在距铁路道口 50 m 的位置，二道、三道斜杠标志分别设在距铁路道口 100 m 和 150 m 位置。铁路道口标志和叉形符号、斜杠符号应联合使用，示例见图 182。

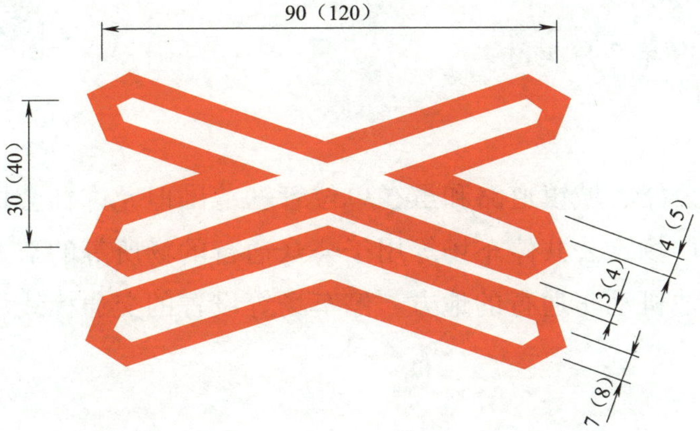

图 180　叉形符号（警 31）

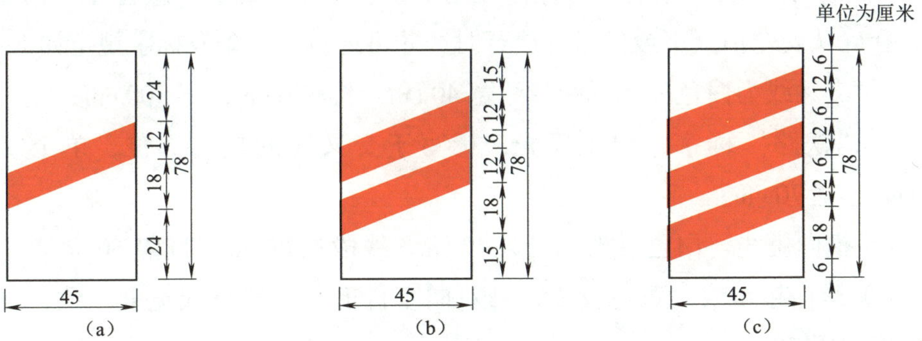

图 181　斜杠符号（警 32）

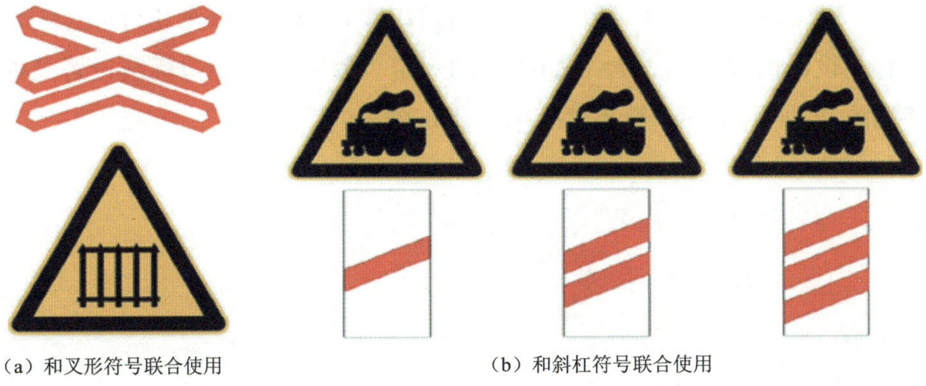

图 182　铁路道口标志和叉形符号（警 31）、斜杠符号（警 32）联合使用示例

道路交通标志和标线　第3部分：道路交通标线（GB 5768.3—2009）

施行日期：2009年7月1日

适用范围：

本部分适用于公路、城镇道路和虽在单位管辖范围但允许社会机动车通行的地方，包括广场、公共停车场等用于公众通行的场所等的交通标线的制作和设置。其他机动车通行的地方、停车场等设置的交通标线可参照执行。

节录：

6.4　铁路平交道口标线

6.4.1　用以指示前方有铁路平交道口，警告车辆驾驶人应在停车线处停车，在确认安全情况下或信号灯放行时，才可通过。线条及标字规定如下：

a）交叉线为白色反光标线，线宽40 cm，长600 cm，宽300 cm；

b）“铁路”标字，白色反光，标写于交叉线的左右部位，单个字高200 cm，宽70 cm；

c）横向虚线，白色反光，线宽40 cm，线段长60 cm，间隔60 cm。

d）禁止超车线，黄色反光，与对向车行道分界线标线宽度一致，每侧长度应大于30 m；

e）停止线，白色反光，线宽40 cm。

6.4.2　铁路平交道口标线应与铁路道口警告标志及停车让行标志配合设置，有关设施的设置应符合GB 6389的规定。铁路平交道口标线设置及铁路标字如图96所示（图中箭头仅表示车流行驶方向）。

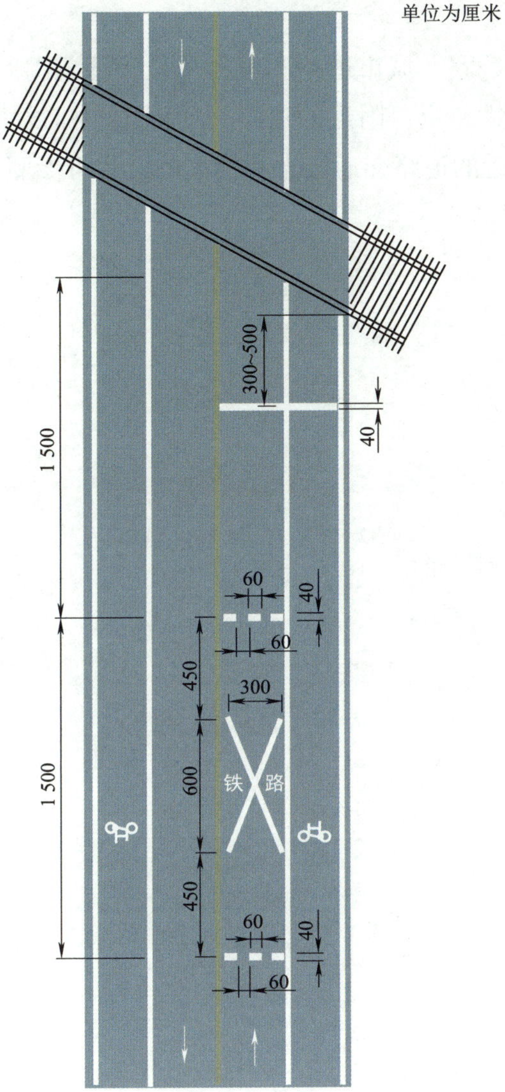

图 96　线 67 铁路平交道口标线

道路交通标志和标线　第 6 部分：铁路道口（GB 5768.6—2017）

施行日期：2018 年 2 月 1 日

适用范围：

本部分适用于公路、城市道路和虽在单位管辖范围但允许社会机动车通行的各类道路上的铁路道口附近的道路交通标志和标线的设置。其他机动车通行的铁路道口附近的道路交通标志和标线的设置可参照执行。

其他类

一、违法排放

铁路安全管理条例（国务院令〔2013〕639号）

施行日期：2014年1月1日

节录：

第二十九条　禁止向铁路线路安全保护区排污、倾倒垃圾以及其他危害铁路安全的物质。

第三十六条　在电气化铁路附近从事排放粉尘、烟尘及腐蚀性气体的生产活动，超过国家规定的排放标准，危及铁路运输安全的，由县级以上地方人民政府有关部门依法责令整改，消除安全隐患。

历次版本：参见通用部分。

高速铁路安全防护管理办法（交通运输部令〔2020〕8号）

施行日期：2020年7月1日

节录：

第二十条　在高速铁路附近从事排放粉尘、烟尘及腐蚀性气体的生产活动，应当严格执行国家规定的排放标准。

二、非法烧荒

铁路安全管理条例（国务院令〔2013〕639号）

施行日期：2014年1月1日

节录：

第二十九条　禁止在铁路线路安全保护区内烧荒。

历次版本：参见通用部分。

高速铁路安全防护管理办法（交通运输部令〔2020〕8号）

施行日期：2020年7月1日

节录：

第十三条　禁止在高速铁路线路安全保护区内烧荒。

三、放养牲畜

中华人民共和国民法典

施行日期：2021年1月1日

节录：

第一千二百四十六条　饲养的动物造成他人损害的，动物饲养人或者管理人应当承担侵权责任。

中华人民共和国铁路法

最新版本施行日期：2015年4月24日

节录：

第五十二条　禁止在铁路线路两侧二十米以内或者铁路防护林地内放牧。

铁路安全管理条例（国务院令〔2013〕639号）

施行日期：2014年1月1日

节录：

第二十九条　禁止在铁路线路安全保护区内放养牲畜。

历次版本：参见通用部分。

高速铁路安全防护管理办法（交通运输部令〔2020〕第8号）

施行日期：2020年7月1日

节录：

第十三条　禁止在高速铁路线路安全保护区内放养牲畜。

四、危害电气化铁路设施

电力设施保护条例（国务院令〔1998〕239号）

最新版本施行日期：2011年1月8日

节录：

第十条　电力线路保护区：

（一）架空电力线路保护区：导线边线向外侧水平延伸并垂直于地面所形成的两平行面内的区域，在一般地区各级电压导线的边线延伸距离如下：

1–10千伏	5米
35–110千伏	10米
154–330千伏	15米
500千伏	20米

在厂矿、城镇等人口密集地区，架空电力线路保护区的区域可略小于上述规定。但各级电压导线边线延伸的距离，不应小于导线边线在最大计算弧垂及最大计算风偏后的水平距离和风偏后距建筑物的安全距离之和。

第十四条　任何单位或个人，不得从事下列危害电力线路设施的行为：

（一）向电力线路设施射击；
（二）向导线抛掷物体；
（三）在架空电力线路导线两侧各 300 米的区域内放风筝；
（四）擅自在导线上接用电器设备；
（五）擅自攀登杆塔或在杆塔上架设电力线、通信线、广播线，安装广播喇叭；
（六）利用杆塔、拉线作起重牵引地锚；
（七）在杆塔、拉线上拴牲畜、悬挂物体、攀附农作物；
（八）在杆塔、拉线基础的规定范围内取土、打桩、钻探、开挖或倾倒酸、碱、盐及其他有害化学物品；
（九）在杆塔内（不含杆塔与杆塔之间）或杆塔与拉线之间修筑道路；
（十）拆卸杆塔或拉线上的器材，移动、损坏永久性标志或标志牌；
（十一）其他危害电力线路设施的行为。

第十五条 任何单位或个人在架空电力线路保护区内，必须遵守下列规定：
（一）不得堆放谷物、草料、垃圾、矿渣、易燃物、易爆物及其他影响安全供电的物品；
（二）不得烧窑、烧荒；
（三）不得兴建建筑物、构筑物；
（四）不得种植可能危及电力设施安全的植物。

第十六条 任何单位或个人在电力电缆线路保护区内，必须遵守下列规定：
（一）不得在地下电缆保护区内堆放垃圾、矿渣、易燃物、易爆物，倾倒酸、碱、盐及其他有害化学物品，兴建建筑物、构筑物或种植树木、竹子；
（二）不得在海底电缆保护区内抛锚、拖锚；
（三）不得在江河电缆保护区内抛锚、拖锚、炸鱼、挖沙。

铁路安全管理条例（国务院令〔2013〕639 号）

施行日期：2014 年 1 月 1 日

节录：

第五十三条 禁止实施危害电气化铁路设施的行为。

历次版本：参见通用部分。

五、危害铁路通信信号设施

铁路安全管理条例（国务院令〔2013〕639号）

施行日期：2014年1月1日

节录：

第五十二条　禁止实施危及铁路通信、信号设施安全的行为。

历次版本：参见通用部分。

中华人民共和国无线电管理条例（国务院　中央军委令〔2016〕672号）

施行日期：2016年12月1日

适用范围：

在中华人民共和国境内使用无线电频率，设置、使用无线电台（站），研制、生产、进口、销售和维修无线电发射设备，以及使用辐射无线电波的非无线电设备，应当遵守本条例。

节录：

第六十四条　国家对船舶、航天器、航空器、铁路机车专用的无线电导航、遇险救助和安全通信等涉及人身安全的无线电频率予以特别保护。任何无线电发射设备和辐射无线电波的非无线电设备对其产生有害干扰的，应当立即消除有害干扰。

铁路无线电管理办法（工信部　交通运输部令〔2021〕56号）

施行日期：2021年10月1日

适用范围：

铁路行业使用无线电频率，设置、使用无线电台（站），研制、生产、进口、销售和维修无线电发射设备，应当遵守本办法。

节录：

第三十四条　国家对依法使用的用于铁路运营指挥调度、列车运行控制、安全通信等涉及人身安全的无线电频率予以特别保护。任何无线电发射设备和辐射无线电波的非无线电设备对其产生有害干扰时，应当立即消除有害干扰。